DuMont
REISE-TASCHENBÜCHER

Korfu

Lefkas • Ithaki • Kefallinia • Zakinthos

In der vorderen Umschlagklappe: Übersichtskarte Ionische Inseln

In der hinteren Umschlagklappe: Stadtplan Korfu-Stadt

Korfu

Lefkas · Ithaki · Kefallinia · Zakinthos

Klaus Bötig

DUMONT

Umschlagvorderseite: Inselkloster Wlacherna vor der Halbinsel Analipsis auf Korfu
Vordere Umschlaginnenklappe: Fischerboote im Hafen von Vathi auf Meganissi
Vignette Seite 1: Immer noch wichtiges Transportmittel: der Esel
Abbildung Seite 2/3: Küste bei Ipsos

Hinweis zur Aussprache des Griechischen: Das griechische Thita (Θ/θ Umschrift: th) wird wie das ›harte‹ englische th in *thief* ausgesprochen, das griechische Delta (Δ/δ, Umschrift: d) fast immer wie ein ›weiches‹ englisches th in *the*. Weitere Hinweise zu Umschrift und Aussprache s. S. 231

Über den Autor: Klaus Bötig, geboren 1948, ist seit 1973 als Reisejournalist tätig. Seine besondere Liebe gilt der griechischen Inselwelt, die er jedes Jahr mehrmals bereist. Von Klaus Bötig erschienen im DuMont Buchverlag die Reise-Taschenbücher ›Samos • Chios • Lesbos‹ und ›Kos‹ sowie ›Richtig reisen: Zypern‹.

Fremde Kulturen kennenlernen und gastfreundlichen Menschen begegnen – wie sehr genießen wir das auf Reisen. Zu Hause bei uns jedoch wird mancher Ausländer von einer kleinen Minderheit beschimpft, bedroht und sogar mißhandelt. Alle, die in fremden Ländern Gastrecht genossen haben, tragen hier besondere Verantwortung. Deshalb: Lassen Sie es nicht zu, daß Ausländer diffamiert und angegriffen werden. Lassen Sie uns gemeinsam für die Würde des Menschen einstehen.

Verlagsleitung und Mitarbeiter des DuMont Buchverlages

© DuMont Buchverlag, Köln
4. Auflage 1995
Alle Rechte vorbehalten
Satz und Druck: Rasch, Bramsche
Buchbinderische Verarbeitung: Bramscher Buchbinder Betriebe

Printed in Germany ISBN 3-7701-2599-1

Inhalt

Land und Leute

Erste Begegnung mit den Ionischen Inseln

Gesellschaft und Kultur

Insel für Insel

Tips und Adressen

Land und Leute

»Nirgendwo sonst haben sich diese beiden Teile des vollkommenen Ganzen, Mars und Venus, so vollkommen vereint wie im strengen und lächelnd-freundlichen Griechenland, wo die Landschaft hier herb, ernst und stolz, dort weiblich und voller Zärtlichkeit, heiter und anmutig ist.«

Nikos Kazantzakis

Erste Begegnung mit den Ionischen Inseln

Die Landschaften

Natur und Umwelt

Schutz für die Schildkröten

Griechenland heute –
vor dem Kollaps?

Was kostet der Tourismus?

Spiegelglatt ist die See an der Küste bei
Paleokastritsa bei Sonnenuntergang

Erste Begegnung mit den Ionischen Inseln

Die Landschaften

Wer von den Griechischen Inseln spricht, denkt häufig nur an die Inseln in der Ägäis: die Kykladen, den Dodekanes oder die Sporaden. Dabei müssen die 13 bewohnten Inseln vor der Westküste Griechenlands, im Ionischen Meer, sich keinesfalls vor dem ägäischen Klischee verstecken.

Tatsächlich bietet dieser Archipel aber in mancherlei Beziehung ein ganz anderes Bild als die ägäischen Eilande. Die Unterschiede beruhen zum einen auf der geschichtlichen Entwicklung: die Ionischen Inseln waren bis auf Lefkas nie für längere Zeit in türkischer, dafür aber lange in venezianischer und schließlich zu Beginn des 19. Jhs. über 50 Jahre lang in britischer Hand. Venedig und Großbritannien haben ihr architektonisches Gesicht daher maßgeblich mitgestaltet.

Zum anderen sorgt auch die Natur für einen Unterschied. Die Ionischen Inseln gehören zu den grünsten Griechenlands. Es regnet mehr als in der Ägäis, die Sonne läßt sich etwas seltener sehen. Und die Venezianer, die die meisten der Inseln jahrhundertelang beherrschten, brachten die Insulaner mit Prämien dazu, weite Landstriche mit Olivenbäumen zu bepflanzen, die wiederum das Mikroklima günstig beeinflussen.

Das Ionische Meer bildet den Übergang vom Mittelmeer zur Adria. Die nördlichste der Ionischen Inseln, Othoni, liegt nur wenig südlich der Hafenstadt Otranto am Absatz des italienischen Stiefels; Korfu nähert sich in seinem Nordteil bis auf 2 km der albanischen Küste auf der Höhe des Städtchens Butrint. Die Südspitze von Kefallinia liegt auf der Höhe der sizilianischen Stadt Messina, Zakinthos auf der Höhe von Taormina. Alle Ionischen Inseln sind der griechischen Festlandsküste unmittelbar vorgelagert; in keinem Fall dauert die Überfahrt von einer Insel zum Festland länger als zwei Stunden.

Der Ionische Archipel stellt denn auch den aus dem Wasser ragenden Teil der westlichsten Kette einer Reihe von Gebirgszügen dar, die sich von Jugoslawien über Griechenland und die Ägäis bis zur Türkei erstrecken. Zum Festland hin ist das Meer relativ flach; gen Westen fällt es dagegen bis auf Tiefen von 4100 m ab. Ähnlich unterschiedlich geben sich auch die Inselküsten selbst: Während sie nach Osten hin meist sanft absinken,

Die schönsten Ausflugsziele der Ionischen Inseln

Korfu
- Schloß Achillion
- Bergdorf Ano Korakiana
- Aussichtspunkt Kaizer's Throne
- Issos Beach
- Binnendorf Lefkimi
- Festung Gardiki
- Paleokastritsa mit Kloster Panagia Theotoku
- Festung Angelokastro
- Badefelsen bei Sidari
- Küstenort Kassiopi
- Agios Stefanos gegenüber der albanischen Küste

Lefkas
- Steilfelsen des Kap Dukato
- Küstenort Vassiliki
- Wasserfall bei Nidri

Ithaki
- Quelle der Arethusa
- Fischerdorf Kioni
- Kirche der Panagia in Anogi

Kefallinia
- Kloster Agios Gerassimos
- Mirtos Beach
- Fischerdorf Fiskardo
- Höhle von Melissani
- Kloster Iperagias Theotoku Atru bei Poros
- Bucht von Assos

Zakinthos
- Festung Bochali
- Schiffswrack-Strand
- Blaue Grotten

stürzen im Westen grandiose Steilküsten bis zu 500 m schroff ins Meer. Der höchste Gipfel der Ionischen Inseln, der Enos auf Kefallinia, erreicht eine Höhe von 1628 m, und auch Lefkas und Korfu besitzen Berge von rund 1000 m.

In den Gebirgen der Inseln gibt es eine Reihe kleiner, fruchtbarer Hochebenen. Fruchtbar wie sie sind auch die Küstenebenen. Trotz des im Vergleich zu den Ägäischen Inseln feuchteren Klimas leiden aller-

dings auch die Ionischen Eilande unter Wassernot. Ganzjährig wasserführende Flüsse gibt es nicht; und die Quellen genügen dem durch moderne Ansprüche und den Tourismus gestiegenen Bedarf fast schon nicht mehr. Auf Ithaki sorgt eine Meerwasserentsalzungsanlage für etwas Abhilfe, Paxos wird im Hochsommer von einem Tanker mit Süßwasser versorgt.

Geologisch gesehen bestehen die Inseln aus Kalk- und Flyschge-

Ölbäume – wie hier auf Lefkas –
prägen das Gesicht der Natur auf
allen Ionischen Inseln

birgen. Sie sind im Jungtertiär entstanden und haben ihre heutige
Form weitgehend am Übergang
vom Tertiär zum Quartär erhalten.
Daß die Erde im Bereich der Ionischen Inseln noch nicht zur Ruhe
gekommen ist, beweisen zahlreiche historisch überlieferte Erdbeben. Eins der schwersten traf 1953
die Inseln Zakinthos, Kefallinia und
Lefkas und zerstörte einen Großteil
der Gebäude: Auf den südlichen

Inseln haben sich daher sehr viel
weniger historische Bauten erhalten als auf dem nördlicher gelegenen Korfu.

Der Name des Ionischen Meeres
geht zurück auf die mythologische
Figur der Io, einer Priesterin der
Hera, die von Zeus verführt und in
eine Kuh verwandelt wurde. Eifer-
süchtig versetzt Hera sie durch eine
Bremse in Raserei, bis Io sich durch
den Sprung in das Meer, das nun
ihren Namen trägt, zu retten sucht.
Tatsächlich mag die Bezeichnung
aber abgeleitet sein vom Stamm
der Ionier, deren frühe Siedlungs-
landschaft der nördliche Peloponnes war.

Naturschutz chancenlos?
Der Kampf um die Schildkrötenstrände von Zakinthos

Noch vor 20 Jahren waren die insgesamt 7 km langen Sandstrände im Süden von Zakinthos zwischen Laganas und Gerakas eins der wichtigsten Eiablagegebiete der Meeresschildkröten von der Art *Caretta caretta*, der Unechten Karettschildkröte. Zwischen Juni und August legten pro Jahr etwa 1300 Muttertiere ihre Eier im Sand ab – heute sind es noch schätzungsweise 700. Sie schaufeln im Schutz der Nacht Nester in 50 bis 100 cm Tiefe, legen darin rund 100 Eier ab, glätten mit ihren schweren Leibern den Sand, so daß ihr Gelege nicht auffällt, und verschwinden wieder im Meer. Die Muttertiere kommen zwar nur alle zwei bis drei Jahre zur Eiablage, dann aber in einem Sommer gleich mehrmals. Aus den weichschaligen Eiern schlüpfen nach sieben bis acht Wochen wiederum nachts die Jungen und streben dem Meer zu. Sie erkennen die richtige Richtung, weil das Wasser Sterne und Mond reflektiert und dadurch heller wirkt als das Land. Die ersten Lebensminuten sind die gefährlichsten für die Kleinen: Füchse, Hunde und Vögel stellen ihnen nach; auch manche Krebsarten können ihnen gefährlich werden.

Inzwischen haben sie einen neuen Feind bekommen: Die langen Sandstrände machen die Insel für den Massentourismus attraktiv; die Einheimischen nutzen gern die Gelegenheit, auf ihrer Heimatinsel endlich ein besseres Auskommen zu finden. Mittlerweile wird die Hälfte dieser Küste touristisch so intensiv ausgebeutet, daß sie als Nistplatz für die Unechten Karettschildkröten nicht mehr in Frage kommt.

Gegen diese Entwicklung kämpft bereits seit 1983 eine kleine griechische Organisation, die ›Sea Turtle Protection Society of Greece‹ (S. T. P. S.). Die Meeresschildkröten stehen zwar auch in Griechenland seit 1981 unter gesetzlichem Schutz, die Einhaltung der Schutzbestimmungen wurde staatlicherseits jedoch nie überwacht. Die S. T. P. S. mit inzwischen 300 griechischen und 1000 ausländischen Mitgliedern hat auf der Insel keinen leichten Stand. Die Landbesitzer an den Schildkrötenstränden wollen der Natur zuliebe keineswegs auf wirtschaftliche Vorteile verzichten. Zudem sind alle im Fremdenverkehr engagierten Zakinthier erbost über die Naturschützer, nachdem diese angeblich vor einigen Jahren zu einem Boykott der Urlaubsinsel aufgerufen hatten. Auch wird den zumeist auswärtigen Mitgliedern rundweg das Recht abgesprochen, sich in die insularen Angelegenheiten einzumischen. Man nennt sie denn auch abwertend häufig nur die ›Leute aus Kifissia‹, einem vornehmen Athener Stadtviertel.

Die Freiwilligen aus aller Welt, die von Mai bis Oktober auf der Insel weilen, leben gefährlich. Die Einheimischen gehen manchmal auch mit körperlicher Gewalt gegen sie vor. Die Polizei ist den Leuten von der S.T.P.S. keine Hilfe: sie erklärt sich kurzerhand für unfähig, sie zu schützen; will sich in Wahrheit aber das Leben auf der eigenen Insel nicht wegen ein paar ›verrückter Fremder‹ erschweren. Und von den Politikern ist auch keine Hilfe zu erwarten: Weil die beiden großen Parteien sich auf der Insel bei Wahlen ständig ein Kopf-an-Kopf-Rennen liefern, kommt es schließlich auf jede einheimische Stimme an.

Gefahren für die Schildkröten gehen von Hotels, Tavernen und anderen Bauten in Strandnähe aus, weil ihre Lichter die gerade geschlüpften Jungtiere in die falsche Richtung locken und sie so zur leichten Beute ihrer Feinde machen oder in der heraufziehenden Sonne vertrocknen lassen. Neugierige und filmwütige Urlauber, die sich von Einheimischen nachts gegen Bezahlung an die Eiablageplätze führen lassen, stören die Muttertiere und verhindern die Eiablage. Sonnenschirme, die in den Sand gesteckt werden, können Gelege zerstören oder mit ihrem Schatten die Entwicklung der Eier behindern. Die Schiffsschrauben der zahlreichen Vergnügungsboote verletzen viele Schildkröten tödlich oder vertreiben sie mit ihrem Lärm.

Natur und Umwelt

Auf den ersten Blick wird die Vegetation der Ionischen Inseln von Ölbäumen und Zypressen beherrscht. Dazwischen eingestreut finden sich aber auch zahlreiche andere Bäume. Wo es feucht genug ist, wachsen Platanen; vor allem an Straßenrändern und Plätzen wurden seit dem letzten Jahrhundert Eukalyptusbäume gepflanzt. Typische Bäume auf nicht kultivierten Flächen sind Steineichen und Erd-

beerbäume; in Gärten werden zahlreiche Obstsorten, Mandeln und Nüsse angebaut. Der Weinanbau spielt insbesondere auf Zakinthos und Kefallinia eine Rolle. Eine ursprünglich nur auf den Ionischen Inseln heimische Baumart ist die dunkle Kefallinia-Tanne, die in den Bergregionen überall noch einen dichten Wald bildet.

Vor allem im Frühjahr sind die Inseln von Blüten übersät. Neben Klatschmohn und Zistrosen, Anemonen, Gladiolen und Asphodelen gibt es auch eine Reihe von Orchideenarten; im Herbst blühen Alpenveilchen und Meerzwiebeln.

Wildlebenden Säugetieren begegnet man auf den Ionischen Inseln nur noch selten. Die Jagdleidenschaft der Griechen und der zunehmende Autoverkehr haben die Bestände an Füchsen und Kaninchen, Igeln, Mardern und Wieseln stark reduziert. Am ehesten sieht oder hört man noch Vögel, darunter nicht nur Möwen und Sperlinge, sondern auch Pirole und Wiedehopfe, Elstern und Eichelhäher, Kuckucke, Schwalben und Käuze. Bussarde und Falken sind hingegen nur noch selten zu erspähen.

Eidechsen kommen recht häufig vor; Schlangen begegnet man dagegen nur selten. Giftig ist nur die Sandotter, weitere Arten sind die Eidechsen-, die Schlank- und die Zornnatter. Gelegentlich stößt man

auf eine Griechische Landschildkröte; in feuchten Niederungen kommen auch Europäische Sumpf- und Kaspische Wasserschildkröten vor. An den Sandstränden von Zakinthos legt die große Meeresschildkröte *Caretta caretta* ihre Eier ab.

Fische sind im Ionischen Meer selten geworden. Zu rücksichtslos haben Berufsfischer in vergangenen Zeiten mit Dynamit gearbeitet, zu emsig schießen heute Sporttaucher, was ihnen vor die Harpune kommt. Delphine sieht man noch gelegentlich, doch sind auch sie durch die kilometerlangen, mit großen Haken gespickten Angelleinen der Schwertfischfänger gefähr-

Fischerei: ein wichtiger Erwerbszweig

Fischer in Benitses

det. Haie werden im Ionischen Meer nur selten beobachtet; Zwischenfälle an den Stränden sind bisher nicht bekannt geworden.

Griechenland heute

Ökonomische Probleme überall

Griechenland steht heute vor dem wirtschaftlichen Kollaps. Ohne die Gelder von EU und Weltbank so-

wie die Deviseneinnahmen aus dem Tourismus hätte wahrscheinlich schon längst der Staatsbankrott angemeldet werden müssen. Der Staat hat in den 80er Jahren eine hemmungslose Ausgabenpolitik betrieben. Mittlerweile machen die Staatsausgaben über 50 % des Bruttoinlandproduktes aus, also über die Hälfte des Wertes aller im Inland erzeugten Güter und erbrachten Dienstleistungen. Es gibt über 270 000 Beamte, dazu noch einmal so viele Staatsdiener auf Zeit und Beamtenanwärter sowie über 160 000 Arbeiter und Angestellte der staatlichen Unternehmen. Da viele Staatsangestellte nur aus parteipolitischen Gründen eingestellt oder weiterbeschäftigt werden, gilt die Verwaltung als eine der uneffektivsten der Welt.

Über die Hälfte aller Großunternehmen Griechenlands befinden sich in staatlicher Hand; viele davon arbeiten mit hohen Verlusten. Um diese Kosten decken zu können, hat sich der Staat immer stärker verschuldet. Fast 60 % der Staatseinnahmen muß die Regierung inzwischen allein für den Schuldendienst einsetzen.

Die Ausgabenpolitik des Staates ließ die Inflationsrate Ende der 80er Jahre auf etwa 18 % steigen, heute liegt sie bei 11 %. Inzwischen investiert kaum noch ein wohlhabender Grieche im Land selbst. Die privaten Investitionen sind heute niedriger als Ende der 70er Jahre. Demgegenüber wurden umgerechnet mehr als 7,5 Mio.

›Steckbrief‹ Griechenland

• Fläche	131 944 km²
– Ionische Inseln	2 260 km²
• Bevölkerung	10,3 Mio.
– Ionische Inseln	ca. 187 000
• Bevölkerungsdichte	78 Einw./km²
– Ionische Inseln	82 Einw./km²
• Städtische Bevölkerung	63 %
• Bevölkerungswachstum	0,5 % per anno
• Religionen:	
– Griechisch-orthodoxe	98 %
– Moslems	1 %
– Katholiken	0,4 %
• Lebenserwartung	77 Jahre
• Hauptstadt	Athen
• Bruttoinlandsprodukt je Einwohner ('91)	1 253 000 Drs.
• Anteile am BIP	
– Landwirtschaft	12,6 %
– Industrie	29,4 %
– Dienstleistungen	58,1 %
• Anteile der Erwerbstätigen	
– in der Landwirtschaft	23,9 %
– in der Industrie	27,7 %
– Dienstleistungen	48,4 %
• Inflationsrate ('94)	ca. 11 %
• Ausländische Touristen ('93)	ca. 10 Mio.

Dollar von Griechen auf Auslandskonten deponiert.

Daher veralten die Industrieanlagen immer mehr, und für den Umweltschutz ist überhaupt kein Geld da. Die Industrieproduktion sinkt, so daß die Lücke in der Außenhandelsbilanz immer größer wird.

Landwirtschaft – nur für die Alten?

Die Landwirtschaft ist einer der ganz großen Problemfälle der griechischen Wirtschaft. Ein Grund dafür ist die Zersplitterung des Landbesitzes. 80 % aller Bauern besitzen weniger als 5 ha Land. Gerade der

19

Segen oder Fluch?
Griechenland und der Fremdenverkehr

1950 war Griechenland noch ein Volk von Bauern, Hirten, Seeleuten und Händlern. Damals besuchten gerade einmal 479 Deutsche das Land. Als ich 1972 zum erstenmal nach Athen reiste, zählte Griechenland schon fast 250 000 bundesdeutsche Urlauber per anno; wieder zehn Jahre später waren es bereits 625 000 Landsleute. Dabei stellten die Deutschen noch nicht einmal das größte Kontingent der Griechenland-Touristen: 1981 machten sie nur 12 Prozent der Gesamtbesucherzahl aus, die damals gerade die 5-Millionen-Marke überschritten hatte.

1993 kamen etwa zwei Millionen Deutsche nach Hellas – und das bei einer griechischen Gesamtbevölkerung von nur 10 Millionen Köpfen. Damit ist nahezu jeder fünfte Griechenlandreisende ein Deutscher; denn insgesamt zählt man ebenso viele Touristen, wie es Einheimische gibt. Über vier Milliarden US-Dollar haben die Griechen im Jahr an Deviseneinnahmen aus dem Tourismus erwirtschaftet. Offizielle Schätzungen besagen, daß 400 000 Hellenen im Fremdenverkehr beschäftigt sind. Er gilt als Segen für das Land – zumindest auf Regierungsebene.

Doch was bringt der Tourismus wirklich? Nun gut, statistisch gesehen nimmt jeder Grieche über 350 US-Dollar pro Jahr durch den Fremdenverkehr ein. Doch in Wirklichkeit merkt die Mehrzahl der Menschen von diesem statistischen Segen nichts. Die steigenden Touristenzahlen machen sich zwar auch in ihrem Geldbeutel bemerkbar, keineswegs aber im positiven Sinn. Wo zahlungskräftige Ausländer nach frischen Weintrauben und Pfirsichen Ausschau halten, steigen die Preise. Wo, wie in den griechischen Meeren, guter Fisch ohnehin knapp ist, liefert der Fischhändler seine beste Ware nicht mehr zu bezahlbaren Preisen in die Dörfer, sondern nur noch für etliche Drachmen mehr auf die Teller der reichen Fremden. Noch niemand hat die *Barbunia* gezählt, die deutsche Urlauber griechischen Bauern und Fabrikarbeitern weggegessen haben. Und niemand die Hektoliter Wasser, die Touristen unter der Dusche auf den schon immer relativ wasserarmen Inseln verschwenden und die vielleicht besser zur Feldbewässerung eingesetzt würden.

»Am Tourismus verdienen nur wenige«, meinen in Griechenland immer mehr Menschen. Dem einfachen Mann wird ein nominell vielleicht höheres Einkommen gleich wieder von der Inflation aufgefressen; nur bei den Großen bleibt einiges hängen. Das sind manche Hoteliers, das sind die Inhaber gutgehender Reisebüros. Von den Einnahmen aus dem Ticketverkauf für Schiffsausflüge zum Beispiel verbleibt oft die Hälfte in ihren Kassen, während der Bootseigner von der anderen Hälfte sämtliche Kosten wie Heuer, Treibstoff und Reparaturen zu tragen hat. Er arbeitet für seine Passagiere 12 Stunden am Tag, das Reisebüro braucht zur Ausstellung von 60 Fahrkarten sogar beim griechischen Arbeitstempo maximal 120 Minuten.

Oder nehmen wir die Taxifahrer. Sie müssen ihre Kunden zu behördlich festgesetzten Preisen chauffieren, die auch im Interesse der Tourismusförderung bewußt niedrig gehalten werden. Wenn auf einer Insel dann eines Tages genug Touristen zusammen sind, die dem Taxifahrer als Ausgleich zumindest ununterbrochen Arbeit geben würden, gründet mit Gewißheit ein kapitalkräftiger Landsmann ein Reisebüro, schafft einen Bus an und läßt die Gruppe zu Preisen, die von jeder Kontrolle befreit sind, durch die Landschaft reisen. Der Taxifahrer kann wieder nur auf die Krumen hoffen, die vom Tisch der Großen fallen.

Vielleicht irren Parlament und Regierung, wenn sie glauben, daß der Tourismus von volkswirtschaftlichem Nutzen sei. Noch niemand hat nämlich rund ums Mittelmeer ausgerechnet, ob die Deviseneinnahmen aus dem Tourismus zur Finanzierung der Devisenausgaben für den Tourismus überhaupt ausreichen. Viele Fragen blieben offiziell bisher ungestellt. Was kostet die saisonale Arbeitslosigkeit der im Tourismus Beschäftigten, was die Landflucht langfristig gesehen den Staat? Wie hoch sind die Zinskosten für Investitionsdarlehen im Ausland? Wieviel Prozent der Deviseneinnahmen durch den Tourismus werden durch den Gewinntransfer ausländischer Firmen und Teilhaber wieder exportiert? Welche Kosten verursacht die Abfallbeseitigung, wie hoch sind die Umweltschäden durch den Tourismus? Welche sozialen und politischen Konsequenzen hat langfristig die Abhängigkeit Griechenlands vom Tourismus?

Unberücksichtigt bleiben auch die sozialen Folgen für die Bevölkerung. Nicht nur die Lebenshaltungskosten steigen, sondern auch die Boden- und Baupreise. Der Drang an die Küsten zerstört alte Dorfstrukturen – ganze Orte werden verlassen und verfallen; ›moderne‹ Probleme wie Alkoholismus, Drogensucht und Kriminalität werden zu einem nicht unerheblichen Teil durch die ausländischen Besucher ins Land gebracht.

Das Kafenion ist der Treffpunkt des ganzen Dorfes

Schnelles Spiel für Strategen: Tavli, bei uns als Backgammon bekannt

griechische Individualismus verhindert häufig den Zusammenschluß zu großen Kooperativen und damit auch die Anschaffung neuer, modernerer Maschinen und den Aufbau künstlicher Bewässerungssysteme. Regenmangel in jüngster Zeit und die zunehmende Überalterung der Landbevölkerung – die jungen Leute ziehen in die Städte – verschärfen die Probleme dieses Sektors noch.

Den Ionischen Inseln ergeht es nicht besser als dem übrigen Griechenland. Ohne den Tourismus wären alle Inseln noch stärker von der

Erinnert an Italien: Die Altstadt von
Korfu

Emigration betroffen, als sie es ohnehin schon sind. Nennenswerte
Industriebetriebe gibt es nämlich
nicht; die Landwirtschaft wird durch
die Monokultur des Ölbaums geprägt. Es ist zu befürchten, daß die
Insulaner zu einem Volk der Beamten, Zimmervermieter, Kellner oder
Taxi- und Busfahrer werden.

Zentralismus
als Hemmschuh

Griechenland war von Anfang an,
seit der Staatsgründung unter König
Otto I., ein zentralistisch geführter
Staat, in dem die Regierung in
Athen nahezu alles ›von oben‹ re-
gelte. Regierungsbezirke und Gemeinden durften zwar mitreden,
die Gelder für alle nötigen Maß-
nahmen wurden jedoch von Athen
zugeteilt. In den 80er Jahren hat
sich dieses Verhältnis zwar ein wenig zugunsten der Regierungsbezirke und Gemeinden verschoben;
von einem ausreichenden kommu-
nalen Selbstbestimmungsrecht kann
aber immer noch nicht die Rede
sein.

Die Ionischen Inseln bilden eine
der zehn Regionen Griechenlands,
die wiederum in vier Regierungsbezirke oder Präfekturen (griech.
Nomos) untergliedert ist: Korfu mit
den Paxi-Inseln und den Othonischen Inseln, Lefkas mit Meganissi,
Kefallinia mit Ithaki sowie Zakinthos. Insgesamt gibt es in Griechenland 51 solcher Nomoi. Der

23

jeweilige Regierungspräsident oder Präfekt wird von der Zentralregierung als Beamter eingesetzt und ist ihr gegenüber weisungsgebunden.

Städte und Gemeinden sind die einzigen Körperschaften, die frei gewählte kommunale Organe besitzen. Die Städte werden von einem *Dimarchos* geleitet; den Gemeinden steht ein *Proedros* vor. Da ihnen jegliche Finanzmittel jedoch nach Gutdünken von der Zentralregierung zugewiesen werden, ist ihr ohnehin begrenzter Handlungsspielraum nur sehr gering.

Inselarzt auf Kalamos

Von Maren Martell

Der 30jährige Angeletakis Panagiotis ist für ein Jahr Inselarzt von Kalamos und Kastos – zwei der fünf kleinsten ständig bewohnten Ionischen Inseln. Seine bescheidenen Praxisräume in einem romantisch anmutenden, doch auch schon recht altersschwachen Inselhäuschen sind nur auf schmalen Pfaden zu erreichen, die manch älterem Patienten gar nicht mehr zumutbar sind. »Der Blick von hier oben«, meint Angeletakis und zeigt dabei auf die blauen Weiten des Meeres, »ist zwar herrlich, aber manchmal muß ich fürchten, daß sich die Patienten auf dem Weg zu mir die Knochen brechen«.

Angeletakis Panagiotis aus Piräus ist allein für die etwa 300 Einwohner der beiden Inseln zuständig. Er verwaltet auch die kleine Apotheke in seinen Praxisräumen. Ernsthaft erkrankte oder verunglückte Patienten kann er nur mit dem Boot aufs Festland schicken, denn es gibt auf Kalamos und Kastos noch nicht einmal einen Hubschrauberlandeplatz. Dort können sie dann vom Hafenstädtchen Mitikas aus per Hubschrauber in ein Krankenhaus nach Athen oder per Krankenwagen ins nächste Hospital auf der Insel Lefkas weitertransportiert werden. Kleinere Operationen – die Behandlung von Abszessen etwa oder die Entfernung eingetretener Angelhaken – führt er mit einfachsten Mitteln selbst durch.

Drei Stunden am Vor- und zwei Stunden am Nachmittag hat der Inselarzt Sprechstunde. Im Sommer suchen ihn täglich etwa 20, im Winter etwa 10 Patienten auf. Daneben macht er täglich noch einige Hausbesuche – zu Fuß, versteht sich. Zu seiner Ausrüstung zählen neben dem obligatorischen Stethoskop ein schon etwas betagter EKG-Apparat, ein Sauerstoffgerät zur Beatmung bei Asthma- und Herzinsuffizienzfällen, ein Infusionsbesteck, ein Blasenkatheter, ein Röntgenbildbetrachter sowie eine kleine Desinfektionskammer. »Damit ist meine Praxis im Vergleich zu anderen Insel- und Landarztpraxen schon recht gut ausgestattet«, meint Angeletakis.

Zu behandeln hat er außer harmlosen Fällen wie Grippe oder Erkältungen vor allem rheumatische Beschwerden, Asthma, Herz- und Kreislauferkrankungen. Gut 80 % seiner Patienten sind über 60 Jahre alt, denn die Jüngeren bleiben selten auf den Inseln. Die Behandlung ist für die Patienten kostenlos; der Staat trägt alle Kosten. Der Arzt bekommt ein Festgehalt von kärglichen 390 Mark im Monat, ein paar Drachmen extra für Wochenenddienste – und Patientengeschenke vom Ei bis zum Suppenhuhn, vom Olivenöl bis zum Fisch.

Wie viele andere Land- und Inselärzte in Griechenland ist Angeletakis direkt nach seinem Militärdienst und seinem sechsjährigen Medizinstudium für ein Jahr nach Kalamos zwangsverpflichtet worden. Hier muß er, ganz auf sich allein gestellt, seine ersten praktischen Erfahrungen sammeln. Er hätte lieber zunächst einmal in einem größeren Krankenhaus zusammen mit erfahrenen Kollegen gearbeitet – aber so etwas sieht das griechische System für die medizinische Ausbildung nicht vor. Erst nach diesem Jahr auf der Insel kann er sich um eine Stelle als Assistenzarzt an einem Krankenhaus bewerben und sich dort dann als Facharzt spezialisieren. So belasten denn Angeletakis seine mangelnde Erfahrung, die karge Praxiseinrichtung und die Isolation der Insel im Winter – und doch macht ihm seine Arbeit auch Freude. Denn die Insulaner sind äußerst dankbar dafür, daß sie überhaupt einen Arzt auf der Insel haben.

Gesellschaft und Kultur

1892 im klassizistischen Stil erbaut: das Achillion
der Kaiserin Elisabeth von Österreich

Mensch und Alltag

Auf den Ionischen Inseln leben etwa 180 000 Menschen – und damit weniger als 2 % aller Griechen. Die Inseln sind allerdings unterschiedlich dicht besiedelt. Korfu übertrifft mit 152 Einwohnern je km^2 den Landesdurchschnitt, Kefallinia und Ithaki liegen mit nur 33 Einwohnern je km^2 weit darunter. Hauptgrund dafür ist die siedlungsfreundliche Landschaftsform und Fruchtbarkeit Korfus im Gegensatz zu den doch sehr viel raueren, gebirgigeren Inseln Kefallinia und Ithaki. Vor 200 Jahren lag die Bevölkerungszahl der Ionischen Inseln weit höher als heute. Die venezianischen Jahrhunderte hatten zu einem wirtschaftlichen Aufschwung geführt, der sich in einem starken Wachstum der Bevölkerung niederschlug. Zusätzlich kamen zahlreiche Griechen aus Konstantinopel, Ipiros, Albanien und Kreta auf die Inseln, die anders als ihre Heimat nicht von Türken, sondern von Christen regiert wurden.

Mit der Schaffung des neugriechischen Staates verloren die Ionischen Inseln ihre Bedeutung als gesamtgriechisches Exil. Gegen Ende des 19. Jh. hatten sich neue wirtschaftliche Zentren auf dem Festland herausgebildet, in die so mancher Insulaner abwanderte. Als das Erdbeben 1953 die südlichen Ionischen Inseln zerstörte, emigrierten viele ihrer Bewohner nach Australien und in die USA. Später gingen insbesondere viele Korfioten als Gastarbeiter nach Deutschland. Erst die touristische Entwicklung hat zu einem Stopp des Bevölkerungsrückgangs geführt; jetzt nimmt die Einwohnerzahl auf den meisten Inseln sogar wieder leicht zu. Die Ausgewanderten kehren zurück, bauen Tavernen und Pensionen, schaffen sich und ihren Kindern die Grundlagen für eine Existenz in der Heimat. Andere Emigranten haben die Altersgrenze erreicht und verbringen hier mit ihrer Pension einen geruhsamen Lebensabend.

Allerdings unterscheidet sich das Sommer- und Wintergesicht der Inseln noch immer deutlich. Viele Küstenorte sind zwischen November und März nahezu verwaist: Wenn keine Urlauber da sind, will niemand mehr in der windigen und feuchten Nähe des Meeres leben. Man zieht sich entweder in die Städte und Bergdörfer oder aufs Festland zurück. Außerdem arbeiten ja auch viele Saisonkräfte auf den Inseln, die im Frühjahr aus Ipiros oder anderen Teilen des Binnenlands kommen und im Winter woanders arbeiten oder selbst Urlaub machen – oft genug bei den Bekanntschaften des letzten Sommers.

Sozialer Alltag

Das mediterrane Klima hat den Tagesrhythmus der Griechen wesentlich geprägt. Man steht zwischen 6 und 7 Uhr morgens auf und arbei-

Bäuerin auf Korfu

tet bis 13 oder 14 Uhr. Nach dem meist bescheidenen Mittagessen legt man sich zur Ruhe, am liebsten bis 18 oder 19 Uhr. Dann ist es in den Städten Zeit für die *Volta:* in kleinen oder größeren Gruppen flanieren Männer und Frauen (meist noch strikt nach Geschlechtern getrennt) auf den Hauptstraßen und der *Platía,* dem zentralen Dorfplatz, auf und ab. Man ist gut gekleidet, hat, wenn man die Familie mitnimmt, die Kinder prächtig herausgeputzt, will sehen und gesehen werden. Erst spät, gegen 21 oder 22 Uhr, läßt man sich zum üppigen Abendessen nieder. Spätestens gegen 24 Uhr ist der Tag dann aber beendet und die Mehrzahl der Dorfbewohner schläft. Nur die Jugend braust noch auf ihren Mopeds lärmend durch die Gassen und nimmt dabei ebensowenig auf die

Nachbarn Rücksicht, wie es die anderen tagsüber getan haben.

In den Dörfern ersetzt der Besuch im *Kafeníon* den Männern die Volta. Man trifft sich in den Kaffeehäusern, diskutiert die Ereignisse des Tages und erfährt die letzten Neuigkeiten aus den ausführlichen 21 Uhr-Nachrichten des Fernsehens. Die Frauen treffen sich derweil im Haus oder vor der Haustür mit ihren Nachbarinnen und Freundinnen zum Klatsch und zur Handarbeit. Der Jahresrhythmus wird auf dem Lande noch immer von den Jahreszeiten und der Landwirtschaft bestimmt. Aber auch viele Menschen, die im Sommerhalbjahr vom Tourismus leben, widmen sich

Vom Xenos zum Pelatis

Über die griechische Gastfreundschaft

Griechische Gastfreundschaft war einmal weltberühmt. Inzwischen wird die *Philoxénia* von der Fremdenverkehrswerbung zwar immer noch gepriesen, sie bleibt den meisten Griechenland-Reisenden jedoch verborgen. Sie ist zu einer Angelegenheit unter Landsleuten geworden.

Xénos, so liest man auch heute noch in manch romantisierenden Artikeln und Büchern, heißt auf griechisch ›Fremder‹ und ›Gast‹ zugleich – und somit werde auch jeder Fremde als Gast betrachtet. In Wahrheit jedoch hat das Wort Xenos, auf Ausländer bezogen, mittlerweile nahezu die gleiche Bedeutung wie *Pelatis*, was seit altersher ›Kunde‹ bedeutet. Noch in den 70er Jahren hörten Besucher beim Gang durch stille Binnendörfer die Griechen ›*Xeni, Xeni*‹ ausrufen, um damit die Mitbevölkerung auf den seltenen Anblick aufmerksam zu machen. Heute ist dieser Ausruf ein Signal, in die Startlöcher zu gehen, die Waren auszuhängen und auf das Klingeln der Kassen zu warten.

Gastfreundschaft ist auch in Griechenland nicht mehr selbstverständlich; erst recht nicht unter den Jüngeren. Ein deutliches Beispiel habe ich 1990 auf der kleinen Insel Othoni erlebt. Wir waren zu mehreren erst spät am Nachmittag zu einer Wanderung aufgebrochen und sahen uns mitten in einem Olivenhain von dunkler Nacht überrascht. Glücklicherweise entdeckten wir bald ein kleines Bauernhaus, in dem Licht brannte. Ich klopfte an; im Haus saß ein altes Bauernehepaar mit ihrem vielleicht 25jährigen Sohn. Ich fragte nach dem richtigen Weg zurück in den Ort. Die Wegbeschreibung war so kompliziert, daß ich

noch ihren ererbten Olivenhainen. Sie nämlich verlangen erst nach Ende der Urlaubssaison Aufmerksamkeit. Im Oktober muß man den Boden reinigen und die Netze unter den Bäumen ausbreiten, im Februar oder März schließlich ist die Ernte rechtzeitig vor dem Eintreffen der ersten Fremden beendet (s.S. 108 f.). Danach hat man noch Zeit, um sich auf Ostern, das größte Fest im Jahreslauf, vorzubereiten und Läden, Hotels und Tavernen herzurichten, bevor das Geldverdienen wieder zur Hauptbeschäftigung wird.

Wenn die Touristen da sind, arbeiten viele Griechen sieben Tage

sie mehrmals hören mußte. Am Ende war den Griechen klar, daß wir uns über den richtigen Weg immer noch im Unklaren waren. Kurzentschlossen kam der Alte mit und führte uns 20 Minuten lang über kleine Pfade zurück zur Hauptstraße, während sein Sohn sich wieder dem Fernsehprogramm zuwandte.

Viele Veränderungen sind erklärbar und verständlich. Vor 20 Jahren, als Fremde in Linienbussen noch selten waren, wurde ihnen sogar ein Sitzplatz freigemacht. Heute verstopfen die Fremden fast jeden Bus, sitzen leichtgeschürzt am Fenster, während die Bäuerin mit ihren schweren Einkäufen eineinhalb Stunden im Stehen verbringen muß. Damals lagen Ortschaften mit Hotels oft Dutzende von Kilometern voneinander entfernt. So galt es als selbstverständlich, Fremden, die unterwegs von der Nacht überrascht wurden, ein kostenloses Bett im eigenen Haus anzubieten. Heute werden in fast jedem Dorf Zimmer vermietet, da kann und darf man dem Nachbarn nicht schaden.

Ob man griechische Gastfreundschaft heute noch erlebt oder nicht, hängt vor allem vom eigenen Verhalten ab. Wer als Konsument – sei es von Waren, sei es auch nur von Sonne – herumläuft, wird auch als Kunde behandelt. Um als Gast akzeptiert werden zu können, muß man sich ein wenig den Landessitten anpassen, insbesondere in Kleidung und Verhalten, und muß vor allem Zeit und Geduld mitbringen, auch einmal von sich aus das Gespräch suchen. Dann wird man zu einem Täßchen Kaffee oder einem *Ouzo* eingeladen; dann kann man es auch erleben, daß man in einem *Kafeníon* gesessen hat, aufbrechen will und die Rechnung schon von irgendeinem Fremden übernommen wurde. Nur wer Zeit und Geduld mitbringt, wer sich für die Menschen und ihr Leben interessiert, kann griechische Gastfreundschaft noch kennenlernen. Dann aber ist man vielleicht schon mehr als ein Gast – nämlich ein neuer Freund.

in der Woche 16–18 Stunden lang. Man muß die Gunst der Stunde nutzen, Rücklagen für den Winter bilden, Kredite an die Banken zurückzahlen, Ersparnisse für Neubauten anhäufen. Auch die Fischer haben jetzt viel zu tun, sitzen vormittags noch stundenlang beim Netzeflicken, obwohl sie die ganze Nacht über auf Fangfahrt waren. Beamte, Bankangestellte und Mitarbeiter des öffentlichen Dienstes arbeiten nach ihrem Dienstschluß in einem Zweitjob; die Besatzungen der Fähren sehen ihre Familien oft wochenlang nicht, weil die Reeder von ihnen Einsatz rund um die Uhr verlangen.

Unter Streß in unserem Sinne leiden die Griechen aber auch im Hochsommer nicht. Das verhindert ihre Einstellung zur Arbeit. Man tut viel, aber nichts übermäßig schnell. Unter Termindruck läßt man sich nicht setzen; der Grieche will immer sein eigener Herr bleiben, sich unabhängig und frei in seiner Zeiteinteilung fühlen können.

Das Zeitgefühl der Griechen unterscheidet sich von dem der meisten Mitteleuropäer erheblich. Bei Verabredungen im privaten Leben sind vage Abmachungen üblich. Man vereinbart nicht eine bestimmte Uhrzeit und ist dann über einige Minuten oder Stunden Verspätung verärgert, sondern macht gleich einen ungefähren Zeitraum wie den Vor- oder Nachmittag aus.

Ebenso muß ›morgen‹ nicht den nächsten Tag bedeuten, sondern meint meist ganz einfach ›irgendwann‹ oder auch ›wahrscheinlich nie‹. Darin mag mancher ein mangelndes Verantwortungsbewußtsein sehen – wohlmeinend kann man es mit der starken Gegenwartsbezogenheit der Hellenen erklären. Was zählt, ist das Hier und Heute; wer weiß schließlich schon, was morgen wird.

Aus dem gleichen Grund sorgt der Hellene sich aber zugleich intensiv um seine Zukunft. Die Ungewißheit angesichts der schlechten Wirtschaftslage Griechenlands und des ungenügenden sozialen Sicherungssystems macht ihm das Geldverdienen zur Lebensaufgabe, nicht aber zum Lebensinhalt. Arbeit als Selbstzweck oder auch nur als Mittel zur Selbstverwirklichung ist den meisten Griechen unvorstellbar. So kommt es, daß viele

Straßenmusikant in Korfu

Griechen den Begriff ›Beruf‹ nie im Munde führen, sondern immer nur von ›Arbeit‹ sprechen. Sie üben im Laufe ihres Lebens viele Jobs aus, berufen fühlen sie sich zu keiner Tätigkeit.

Zur Ungewißheit über die Zukunft trägt auch die zunehmende Auflösung der Großfamilie bei, die jahrhundertelang die beste Form der Sozialversicherung war. Früher lebten die Kinder bis zur Eheschließung im Haus der Eltern, die Eltern wiederum wurden im Alter von ihren Kindern miternährt. Der ältere Bruder wartete mit seiner Hochzeit, bis all seine Schwestern verheiratet waren, und trug zur Finanzierung der Aussteuer der Mädchen bei, zu deren Zahlung die Eltern gesetzlich verpflichtet waren. Heute verlassen die jungen Leute früh die elterliche Wohnung, um auswärts zu arbeiten oder zu studieren. Immer mehr nehmen sich kleine Wohnungen in den Städten; moralische Verpflichtungen der Familie oder dem Dorf gegenüber werden von den modernen westlichen Filmen in Fernsehen und Kino aufgeweicht. Die sozialistische Regierung hat in den 80er Jahren die bisher gesetzlich verankerte Verpflichtung zur Aussteuerzahlung abgeschafft und das Familienrecht grundlegend reformiert. Vater und Mutter, Mann und Frau sind nunmehr gleichberechtigt, aber damit einander auch weniger verpflichtet.

Politik und Nationalismus

Politisch ist Griechenland in drei konträre Lager zerfallen: die Rechten, die Sozialisten und die Kommunisten. Politik ist nicht nur in Wahlkampfzeiten das Gesprächsthema Nummer 1 bei jeder Gelegenheit. Am liebsten diskutiert man

Sicher im Netz des Klientelismus
Über die Handlungsunfähigkeit des griechischen Staats

Wer den gleichen Taufpaten hatte, kann in Griechenland nicht heiraten. ›Gottväter‹ knüpfen ein gleich enges verwandtschaftliches Geflecht wie Blutsbande. Und wie man einen leiblichen Verwandten nach Kräften unterstützt, wenn der sich um ein politisches Amt oder einen Arbeitsplatz bemüht, so unterstützt man auch seinen Paten und dessen sämtliche Patenkinder. Griechenland wird daher von einem engen Netz von Beziehungen überzogen, das dem Fremden kaum einsichtig ist, nach innen jedoch noch immer intensiv wirkt. Fast alle Griechen kritisieren es zwar gelegentlich, sind aber selbst in ihm verwoben – wenn nicht gar verstrickt.

So gab es keinen Schrei der Entrüstung, als Andreas Papandreou Ende der 80er Jahre seinen Sohn als Nachfolger im Amt des Parteiführers und Ministerpräsidenten aufzubauen versuchte. So war es nahezu eine Selbstverständlichkeit, daß Kostas Mitsotakis, Ministerpräsident von 1990–93, schon bald nach Amtsantritt seine Tochter zu seiner Chefberaterin ernannte, und daß Papandreou seinen Sohn zum Minister ernannte, als er wieder an die Macht kam. Clandenken und Günstlingswirtschaft blühen wie ehedem in griechischen Behörden und Parteien. Der Wasserkopf der Bürokratie ist der deutlichste Auswuchs dieses Klientelismus: Wer sich kräftig für die jeweilige Regierungspartei engagiert, hat auch einen Anspruch auf einen Job im Staatsdienst, falls er keinen besseren findet.

Was für den einzelnen gilt, gilt auch für ganze Gruppen. Dankespflichten sind gegenüber Bürgermeistern und Regierungspräsidenten, gegenüber Dörfern und Inseln zu erfüllen. Da werden Gelder aus dem Staatshaushalt nicht nach Notwendigkeit vergeben, sondern nach dem Grad der Verpflichtung. »Ich zahle keine Steuern, die Hälfte bleibt ja doch in dunklen Kanälen hängen«, denken daher viele Griechen. Wie in anderen Ländern können nur die Beamten und Staatsangestellten sowie die Mitarbeiter von buchführungspflichtigen Großunternehmen vom Staat direkt zur Kasse gebeten werden: ihre Lohnsteuer (5–10 % vom Lohn oder Gehalt) wird direkt abgezogen. Die große Masse der Selbständigen und Gewerbetreibenden aber und die Beschäftigten von Kleinunternehmen zahlten bis 1994 Einkommenssteuer nach Gutdünken und Verhandlungsgeschick – mangels verwertbarer Aufzeichnungen kamen die Finanzbeamten oft höchstpersönlich in das Geschäft, die Bar oder das Restaurant und schätzten den Umsatz. Im März 1994 versuchte die Regierung dann zunächst einmal, von den Selbständigen und Gewerbetreibenden die Steuerschulden einzuziehen. Sie betrugen zu dem Zeitpunkt rund 400 Billionen Drachmen, zahlbar von 8 Millionen Privatpersonen und Firmen. Die Regierung machte ihnen das Angebot, mit dem Finanzamt auszuhandeln, wie und in welchen Raten die Schulden abzuzahlen seien – und versprach ihnen schon für die bloße Anerkennung ihrer Steuerschuld einen Steuernachlaß von bis zu 30 %.

Gleichzeitig wurden neue Steuergesetze erlassen. Sie sollen es ermöglichen, Steuern einzutreiben, ohne daß der Steuerzahler eine Steuererklärung abgibt. Für jeden freien Beruf wurde ein Normeinkommen festgesetzt: Für Ärzte und Zahnärzte zum Beispiel 2,5 Millionen Drachmen jährlich, für Rechtsanwälte, Programmierer oder Psychologen 1,8 Millionen Drachmen. Für Campingplatzbetreiber wurde ein Jahresumsatz von 50 000 Drs. pro Stellplatz festgelegt. Auf diese Basissummen werden dann noch kompliziert zu berechnende Zuschläge je nach Lage des Büros, der Praxis oder des Geschäftes und je nach Dauer der Berufspraxis hinzugezählt. Auf die Summe all dieser Beträge wird dann die Steuer erhoben. Ob diese neuen Gesetze dem Staat mehr bringen werden als neue Arbeitsplätze in den Finanzämtern?

Ähnlich chaotisch wie im Steuerwesen geht es in Griechenland auch bei der Sozialversicherung zu. Nach dem Gesetz sollte jeder Grieche sozialversichert sein. 14 % seines Lohns, Gehalts oder Einkommens sind an die Sozialversicherer abzuführen. Davon aber gibt es mehr als einhundert – und jede hat ihre eigenen Regeln. Dementsprechend unterschiedlich sind die Leistungen. Zwar gelten einige gesetzliche Regelungen für alle. So besteht zum Beispiel ein gesetzlicher Schwangerschaftsschutz für Arbeitnehmerinnen 52 Tage vor und 53 Tage nach der Geburt, wird ein einmaliges Kindergeld in Höhe von etwa 500 DM bezahlt. Zwar übernimmt die Sozialversicherung im Krankheitsfall ab dem vierten Krankheitstag 90 % des letzten Nettolohns bis zu zwei Jahre lang, sind Frauen grundsätzlich spätestens mit 58 und Männer mit 60 Jahren rentenberechtigt, wenn sie mindestens 4500 sozialversicherte Arbeitstage nachweisen können.

Aber noch immer gibt es viele Unterschiede und Sonderregelungen. So können Bankangestellte schon nach 15 Berufsjahren in Rente gehen, erhalten Lehrer bei Erreichen der Altersgrenze eine einmalige Sonderzahlung von etwa 20 000 DM, Bankangestellte sogar von 50 000 DM. Und alle, die Vorteile genießen, kämpfen dafür, daß sie ihnen erhalten bleiben. Eine Vereinheitlichung, die dringend notwendig wäre, ist von der Regierung, gleich welcher politischen Richtung, kaum durchzusetzen. Damit nämlich würde sie einen Teil ihrer jeweiligen Klientel verärgern und den Reigen der gegenseitigen Verpflichtungen durchbrechen, der jeder Partei einen Gutteil ihrer Stimmen sichert.

dabei im Kreise annähernd Gleichgesinnter (obwohl es selten zwei Griechen gibt, die zugeben würden, gleicher Meinung zu sein). Darum sind in vielen Dörfern die einzelnen Kafenia auch fest in der Hand der verschiedenen Parteien. An grünen Türen oder Fenstern erkennt man die Treffpunkte der Sozialisten, blaue Türen weisen auf die Konservativen und rote auf die Kommunisten hin.

Was alle Griechen eint, ist die Nation. Diesen Begriff in Frage zu stellen, würden selbst die Kommunisten nicht wagen. Griechenland ist allen heilig. Wie selbstverständlich wird an Festtagen über Kirchen, öffentlichen Gebäuden und sogar an Privathäusern die Flagge gehißt; niemand stört sich an den gemeinsamen Paraden von Militär, Klerus, Polizei und Schulkindern in Schuluniformen oder historischen Trachten an den großen Nationalfeiertagen, dem 25. März und dem 28. Oktober (s. S. 239).

Die orthodoxe Kirche

98 % aller Griechen gehören der griechisch-orthodoxen Kirche an. Orthodox nennt sie sich, weil sie nach eigenem Selbstverständnis im Gegensatz zu allen anderen christlichen Kirchen als einzige dem Glauben der Apostel und Märtyrer, der frühen Christen und der Kirchenväter treu geblieben ist. Seit dem 8. Konzil im Jahre 869 hat sie den Glaubensaussagen keinerlei neue Dogmen mehr hinzugefügt. Denn anders als im römischen Katholizismus mit dem Papst gibt es in der Orthodoxie keinerlei Autorität, die neue Glaubenssätze verkünden könnte. Wie im Urchristentum werden in der orthodoxen Kirche die Kinder noch durch völliges Eintauchen ins Wasser getauft; auch der Ablauf und Inhalt der Gottes-

dienste hat sich seit dem 9. Jh. kaum verändert.

Zum offiziellen Bruch mit der römisch-katholischen Kirche, dem Schisma, kam es bereits im Jahre 1054. Den theologischen Hintergrund bildete der Filioque-Streit: Während für die Orthodoxen der Heilige Geist nur von Gottvater ausgeht, behaupteten die römischen Katholiken im 11. Jh., er ginge auch von Gottsohn aus. Machtpolitische Hintergründe dürften beim Schisma jedoch eine Rolle gespielt haben; es war zugleich der endgültige Bruch zwischen den auf seiten der Päpste stehenden westlichen Kaisern und den von den orthodoxen Patriarchen unterstützten byzantinischen Kaisern.

In Gesprächen mit einfachen gläubigen Griechen hört man heute einige Kritikpunkte immer wieder. Sie können nicht verstehen, daß römische Katholiken und Protestanten keine Ikonen verehren. In der Verehrung des Papstes sehen sie einen Götzendienst, der sich zum Beispiel auch in der Form manifestiert, wie römische Katholiken sich bekreuzigen: während die Orthodoxen das Kreuz nur mit drei Fingern schlagen, nehmen die Katholiken dafür fünf – drei wie die Orthodoxen für die Heilige Dreifaltigkeit, einen weiteren für den Papst und den fünften schließlich

---

Hier verbinden sich geistlicher und weltlicher Alltag

Allgegenwärtig
Der Papas

Von Brigitte Hurdalek

Papás werden sie genannt, in der Mehrzahl *Papádes*. Man redet sie auch mit Papa an und setzt ihren Vornamen dahinter; siezt sie ansonsten aber anders als die meisten anderen Mitbewohner des Dorfes. Achtung wird ihnen auch von denen entgegen gebracht, die nur noch zu Ostern in die Kirche gehen – zumindest in den Dörfern.

Die griechisch-orthodoxen Priester sind in den griechischen Städten und Dörfern allgegenwärtig. Auffallend durch ihre langen, grauen, braunen oder schwarzen Gewänder und die hohe, schwarze Kopfbedeckung, *Kallimáfki* genannt, trifft man sie in den Kirchen und auf den Straßen, auf den Märkten und vor allem auf dem Dorfplatz an. Im eigenen Haus darf der Papás die vor allem bei der Landarbeit recht unbequeme Tracht ablegen und zivile Kleidung tragen – draußen geht er nie ohne. Sein Kinn ziert, ob alt oder jung, ein kräftiger Vollbart. Seine Haare sind entweder kurz geschnitten oder aber – was noch wesentlich häufiger vorkommt – im Nacken zu einem kleinen Knoten zusammengebunden.

Erst während der Amtszeit des sozialistischen Ministerpräsidenten Andreas Papandreou in den 80er Jahren wurde der Lebensunterhalt der Papades durch ein geregeltes Einkommen, das der Staat ihnen zahlt, gesichert. Im Gegenzug mußte die Kirche dafür dem Staat zahlreiche Ländereien überlassen. Eine Kirchensteuer ist in Griechenland hingegen weiterhin unbekannt. In früheren Zeiten waren die Papades oft ärmer als viele ihrer Gemeindemitglieder, verfügten sie doch lediglich über Einkünfte aus den Spenden bei Taufen, Hochzeiten und Beerdigungen. Wenn diese für das tägliche Leben nicht ausreichten, mußte der Priester Landarbeit verrichten, um sein Salär aufzubessern. In den meisten Fällen besitzt er ein von der Familie ererbtes oder ein von der Frau mit in die Ehe gebrachtes Stück Land. Vor der Priesterweihe steht es nämlich jedem angehenden Priester frei zu heiraten. Er darf sich allerdings weder scheiden, noch nach dem Tode seiner Frau wieder trauen lassen. Nur die Mönche der orthodoxen Kirche unterliegen dem Zölibat.

Das Bildungsniveau der älteren Priester ist zumeist sehr niedrig, denn die Anforderungen an ihre Schulbildung waren bis zu den 70er

Jahren noch äußerst gering. Die meisten Dorfpriester hatten lediglich sechs Jahre lang die Volksschule besucht und anschließend als Diakon in der Kirche mitgewirkt, bevor sie die Priesterweihe empfingen. Das ist seit den 80er Jahren alles anders geworden. Voraussetzung zur Priesterweihe ist heute das Abitur sowie entweder der einjährige Besuch eines Vorbereitungskurses und ein anschließendes vierjähriges Theologiestudium an der Universität oder der vierjährige Besuch eines Priesterseminars.

Außer seinem Monatsgehalt vom Staat, das knapp 1000 DM beträgt, erhält der Papas nach wie vor zusätzliche Gelder aus den freiwilligen Spenden bei Taufen, Hochzeiten, Beerdigungen und eigens bestellten Gottesdiensten. Steuern soll der Dorfpriester ebenso wie jeder andere Grieche bezahlen; außerdem ist er wie alle Staatsangestellten gesetzlich krankenversichert. Freilich versuchen viele Dorfpriester immer noch, ihre Einnahmen durch die Bearbeitung ihres Landes zu erhöhen, ernten Trauben und Oliven; manche, die zusätzlich zur Priesterausbildung noch vier Jahre Pädagogik studierten, unterrichten an Schulen.

Der Tag beginnt für den Dorfpriester wie für alle Dorfbewohner zwischen fünf und sechs Uhr morgens – mit der Feldarbeit. Außer an den häufigen Feiertagen zelebriert er jeden Samstag um 18 Uhr einen halbstündigen und jeden Sonntag einen etwa zweistündigen Gottesdienst. Immer öfter müssen die Dorfpriester jetzt auch die Nachbarorte geistlich mitversorgen, da insbesondere in den sterbenden Dörfern auf Kefallinia und den kleinen Inseln die alten Papades nicht mehr ersetzt werden können. Zusätzlich sind dann noch Taufen, Eheschließungen und Beerdigungen zu erledigen – da gibt es immer etwas zu tun.

Daneben kümmern sich die meisten Dorfpriester auch intensiv um das Wohlergehen ihrer Gemeinde. Das Haus des Papas steht Besuchern jederzeit offen. Sie werden vom Priester oder seiner Frau mit Kaffee, Süßigkeiten oder auch Ouzo und Wein bewirtet, falls sie nicht sogar am Essen teilnehmen. Zumindest am Abend besucht der Priester wie alle Männer im Dorf die Taverne oder das Kafenion. Er darf zwar keiner politischen Partei angehören oder gar ein politisches Amt innehaben, aber das Mitreden läßt er sich nicht nehmen. Nebenbei sieht sich der Papas mit seiner Gemeinde das Fernsehprogramm an, das immer wieder neuen Diskussionsstoff liefert. Sollte er Familie haben, muß er sich um diese keine Sorgen machen, denn die ist, genau wie er, bestens vor dem Fernseher aufgehoben.

Der Glaube spielt noch immer eine
wichtige Rolle: Prozession in Perivoli

noch für Maria. Obwohl die Ma-
rienverehrung in der Orthodoxie
eine ebenso große Rolle spielt wie
im Katholizismus, sehen sie darin
einen Frevel: der Finger für Maria bedeutet eine ungerechtfertigte
Gleichstellung der Heiligen Jungfrau mit der Heiligen Dreifaltigkeit.
Der Unterschied in der Bedeutung
Mariens zeigt sich auch darin, daß
sie laut einem 1952 vom Papst verkündeten unfehlbaren Dogma am
Tage ihres Todes leibhaftig gen
Himmel fuhr – während die Orthodoxen nur glauben, daß ihre Seele
sogleich von Christus in den Himmel erhoben wurde, ihr Leib aber
den Weg alles Irdischen ging.

Seit 1850 ist die griechisch-orthodoxe Kirche autokephal und
untersteht damit nicht mehr dem
Patriarchen von Konstantinopel. Aus-
nahmen bilden nur die Kirchen
Kretas und des Dodekanes, die
weiterhin seiner Jurisdiktion unterliegen. Die griechische National-
kirche aber wird von 12 Bischöfen
unter Vorsitz des Erzbischofs von
Athen verwaltet. Sie sind an die Be-
schlüsse und Entscheidungen der
Synode gebunden, einer jährlich
stattfindenden Versammlung aller
82 Bischöfe Griechenlands, die
keinerlei irdische Instanz über sich
hat. Auch darin sehen die Griechen einen Unterschied zum römischen Katholizismus, der ja weit
autoritärer und hierarchischer aufgebaut ist.

Ökumenische Bemühungen gibt
es in der orthodoxen Kirche kaum.

Zu tief sitzt wohl das Bewußtsein, daß man selbst Christus am nächsten steht, während die anderen ihren Glauben ja immer wieder Zeit- und Machtströmungen ausgesetzt und angepaßt haben.

Der orthodoxe Klerus hat zudem nie Probleme mit den jeweiligen Herren Griechenlands gehabt: sogar die Militärjunta (1967–74) wurde von vielen Priestern und Bischöfen kritiklos hingenommen und unter den Segen der Kirche gestellt. Bis heute ist die griechisch-orthodoxe Kirche eng mit dem Staat verbunden. Jeder griechische Staatspräsident muß orthodox sein; kein Staatsakt, keine Einweihung einer neuen Schule oder auch nur eines Parteilokals findet ohne den Segen eines Priesters statt. Schulgebete sind Pflicht; zivile Trauungen und Ehescheidungen zwar seit Papandreou gestattet, doch bislang noch kaum üblich.

Kunstgeschichte im Überblick

Die Ionischen Inseln sind zu Recht kein klassisches Ziel für Studienreisen auf den Spuren der griechischen Kunst. In der Antike lagen sie weitab von den politischen Zentren und haben deswegen anders als die Festlandsstädte und die Ägäischen Inseln nur eine nebensächliche Rolle gespielt. Im Mittelalter waren sie lange vom Reich

der Byzantinischen Kunst mit dem Mittelpunkt Konstantinopel separiert, unterlagen vielmehr wechselnden Einflüssen italienischer Regenten. Als Venedig sich ihrer annahm, wurden sie zwar zu einem Zufluchtsort griechischer Künstler und Literaten, standen aber zugleich stark unter westlichem Einfluß. Aus dem Versuch einer Synthese der verschiedenen Kunststile und Weltanschauungen erwuchs für kurze Zeit eine eigenständige ›Ionische Schule‹ vor allem in der Malerei und der Literatur, die zu einer wesentlichen Quelle der neugriechischen Malerei und Literatur wurde. Seitdem aber sind die Ionischen Inseln wieder nur kulturelle Provinz.

So bieten denn auch die Museen, Ausgrabungsstätten und Kirchen von Korfu bis Zakinthos keinen einfachen Einstieg ins Verständnis griechischer Kunst; wer sich mit ihr aber schon beschäftigt hat, bekommt die Möglichkeit, sein Bild zu vervollständigen.

Aus mykenischer Zeit sind vor allem auf Kefallinia und Lefkas einige Gräberfelder erhalten. Über geringfügige Scherben hinausgehende Zeugnisse finden sich für die archaische Zeit nach der Besiedlung der Inseln durch Kolonisten, die überwiegend aus Korinth kamen. Das beste Beispiel für deren Kunst bietet der Gorgo-Giebel des Artemis-Tempels von Korfu aus der Zeit um 590 v. Chr., der heute im Archäologischen Museum von Korfu-Stadt zu sehen ist. Er ist das einzige erhaltene Beispiel für archaische

Giebelskulpturen aus den Geburtsjahren der klassischen Kunst. Eine andere archaische Plastik aus jener Zeit findet sich ganz in der Nähe des Museums: der liegende Löwe vom Kenotaph des Menekrates aus der Zeit um 620 v. Chr.

Die Klassik selbst ist auf den Ionischen Inseln so gut wie gar nicht präsent. Wer ihr begegnen möchte, sollte einen Ausflug nach Olympia

Ein historisches Dokument: Kaiser Wilhelm II. (re.) und W. Dörpfeld (li.) bei der Ausgrabung des Gorgo-Giebels

unternehmen. Auch der Hellenismus und die Römer haben auf den Inseln kaum Spuren hinterlassen. Bemerkenswert sind einzig eine Tonplatte und eine Pan-Statuette aus dem Pan-Heiligtum in der Höhle Melissani auf Kefallinia, die heute im Archäologischen Museum von Argostoli ausgestellt sind. Aus frühchristlicher Zeit gibt es zwar schlecht erhaltene Überreste einiger Basiliken, die belegen, daß die frühen Christen den antiken Griechen in der Pracht ihrer Bauten unter Verwendung alter Materialien nachzueifern suchten; die besten Beispiele dafür finden sich jedoch wiederum dem Festland, zum Beispiel in Nikopolis.

Aus byzantinischer Zeit haben sich einige Kirchenbauten erhalten, darunter als besonders gutes Beispiel die Jason ke Sossipatros-Kirche in Korfu-Stadt. Die meisten dieser Gotteshäuser stammen jedoch schon aus der Zeit nach 1204, als die Inseln zunächst unter Herrschaft italienischer Adelsgeschlechter und dann unter die Venedigs gerieten. Die späteren Kirchen tragen manchmal noch rein byzantinische Merkmale, meist jedoch geben sie sich stark von italienischen Vorbildern beeinflußt. Dieser Einfluß wird auch in der sakralen Kunst deutlich: in Ikonen und Wandmalereien. Die Entwicklung dieser Kunstrichtung auf den Ionischen Inseln läßt sich am besten im Museum von Zakinthos nachvollziehen (s. S. 188), ergänzt durch einen Besuch im Kloster Agios An-

dreas auf Kefallinia. Eine Renaissance der byzantinischen Kunst kann man schließlich in vielen neuen Inselkirchen erleben, die erst kürzlich ausgemalt wurden.

In der Kirche Jason ke Sossipatros: kunstvolle byzantinische Marmortechnik mit eingelegten Ziegelbändern

Ikonen –
Tore zum Himmel

Ikonen sind in Griechenland allgegenwärtig. In den Kirchen der Ionischen Inseln sieht man zwar auch Sakralbilder und Deckengemälde im westlichen Stil, doch handelt es sich dabei nur um historische Überbleibsel der venezianischen Herrschaft. Wo heute Kirchen neu ausgemalt werden, geschieht das wieder im traditionellen Stil; werden einer Kirche Heiligenbilder geschenkt, sind das wieder klassische

Ikonen. Ikonen und Wandmalereien im byzantinischen Stil sind nämlich anders als die Werke der westlichen Kirchenkunst nicht Schmuck, sondern ein wesentliches Element des Gottesdienstes. Sie sind der Versuch, den Himmel auf die Erde zu holen, die Grenzen zwischen Raum und Zeit aufzuheben.

Die Orthodoxie lebt stärker noch als der römische Katholizismus und viel stärker als der Protestantismus von der Mystik. In der Kirche und vor allem bei der Feier des Abendmahls gehen die Gläubi-

43

Theologie im Bild
Die byzantinisch-orthodoxe Sakralmalerei

Die ›Kreuzigung Christi‹ ist sowohl in der westlichen als auch in der ostkirchlichen Sakralkunst ein häufiges Thema. Im Westen fast gänzlich unbekannt ist hingegen die Darstellung der ›Hadesfahrt Christi‹, die dem Besucher in der Ostkirche als fester Bestandteil des Bildprogramms in vielen Gotteshäusern und auch als ein beliebtes Motiv der Ikonenmaler begegnet.

Anders als im Westen trägt Christus am Kreuz im griechischen Raum nie die Dornenkrone, zeigt kein schmerzverzerrtes oder verzweifeltes Gesicht. Das ist weder Zufall noch Willkür, sondern Ergebnis eines frühchristlichen Dogmenstreits, der die Herausbildung des byzantinischen Bilderkanons beeinflußte. Im 5. Jh. stritt man um die wahre Natur Christi. Während die Monophysiten (heute noch als armenische, koptische und syrische Kirche präsent) behaupten, auch auf Erden habe der Gottessohn nur eine Natur – nämlich die göttliche – gehabt, sprach ihm die Mehrheit der Bischöfe auf dem Konzil von Chalkedon im Jahre 451 menschliche und göttliche Natur zugleich zu. Diese Qualität galt es auch in der Malerei zum Ausdruck zu bringen. In der Kreuzigungsszene wird der leibliche Tod Christi durch die geschlossenen Augen und die Körperhaltung des Gekreuzigten deutlich. Weil er sterben konnte, war er wirklich Mensch. Da ihm aber zugleich auch

gen nicht nur eine Gemeinschaft mit allen (orthodoxen) Christen auf Erden ein, sondern auch mit der himmlischen Gemeinschaft der Christen aller Zeiten. In Christus, gegenwärtig in Brot und Wein, wird alles eins.

Ikonen und Wandmalereien haben die Aufgabe, dieses mystische Gefühl zu fördern. Immer sind die Heiligen frontal dargestellt; der Gläubige kann ihnen in die Augen sehen, ohne direkt angeschaut zu werden. Ihr entrückter Blick verweist vielmehr in eine andere Welt, zu der sie für den Gläubigen eine Brücke schlagen. Wer sich in den Anblick einer Ikone versenkt, geht geistig ins Jenseits über. Die weit geöffneten Augen der Heiligen sind daher so etwas wie ›Tore zum Himmel‹.

Die Heiligenbilder der Ostkirche stellen also keine Porträts im üblichen Sinne dar. Zwar sollen im orthodoxen Raum mindestens 70 Marienikonen vom Evangelisten Lukas eigenhändig gemalt worden

eine göttliche Natur zugeschrieben wird, darf der Gekreuzigte auch im Tod seine Würde nicht verlieren – deswegen fehlen die Dornenkrone und jeder Ausdruck von Schmerz.

Die Kreuzigungsszene steckt meist voller weiterer theologischer Symbolik. So fließt aus den Fußwunden Christi Blut auf einen Totenschädel, der in einer Höhle unter dem Kreuz liegt. Es ist der Schädel Adams, der durch das Blutopfer zum ewigen Leben erweckt werden wird.

Diese Auferstehung Adams zum ewigen Leben ist Gegenstand der ›Hadesfahrt Christi‹. Im Neuen Testament klingt sie nur andeutungsweise im 1. Petrusbrief an; ausführlich wird von ihr jedoch im apokryphen Nikodemus-Evangelium aus dem 4. Jh. berichtet, das über die Liturgie eine wichtige Quelle für die Bildertheologie der byzantinischen Sakralkunst wurde. Man sieht Christus, von einer Aureole umgeben und mit einem Nimbus bekrönt, wie er auf zwei kreuzförmig am Boden liegenden Türflügeln steht. Überall liegen aufgebrochene Türschlösser und Schlüssel herum. Christus hat die Pforten zur Unterwelt ganz offensichtlich gewaltsam aufgesprengt, er siegt ›im Zeichen des Kreuzes‹. Als erstem reicht er Adam die Hand und zieht ihn aus seinem Sarkophag empor. Hinter Adam harrt schon Eva der Erlösung. Auf der anderen Seite Christi warten bereits die alttestamentarischen Könige Salomon und David, umgeben von einer Schar von Propheten. So wird dem Gläubigen im Bild deutlich der Sieg Christi über die Mächte der Finsternis und die Erlösung der Menschheit vor Augen geführt.

sein, doch käme niemand auf die Idee, die Gesichtszüge Mariens auf diesen 70 Ikonen miteinander zu vergleichen, um den Beweis für ihre Authentizität zu liefern – hatte Lukas die Gottesmutter doch leibhaftig gesehen. Das Heiligenbildnis wird nicht als fotografisches Abbild verstanden: es erfaßt die Hauptsache, nämlich das Wesen des Dargestellten. Dazu gehören vielleicht Alter oder Jugend, Eremitenleben oder Bischofsamt – vor allem aber soll die entrückte Jen-

seitigkeit und Würde, die frommes Leben oder Martyrium dem Heiligen geschenkt haben, erfahrbar werden. Ebenso illustrieren die Ikonen- und Freskenmaler keinesfalls die biblische Geschichte, wollen nicht alt- und neutestamentarische Ereignisse nacherzählen, sondern verkünden immer unumstößliche theologische Aussagen.

So kennt die orthodoxe Sakralkunst auch keine künstlerische Freiheit oder Entwicklung. Kein Maler hat das Recht zu eigenen Interpretationen. Daher gleichen sich die Ikonen des 14. und des 20. Jhs. auch so sehr, daher werden sie auch nur unter westlichem Einfluß, also zum Beispiel in Werken der Kretischen Schule (s. S. 189), signiert.

Wichtiger als die Identifikation kunsthistorischer Stilepochen ist das Verständnis der Quellen der byzantinischen Kunst. Ganz offenbar schöpfen die ostkirchlichen Sakralmaler ja nicht nur aus dem Alten und dem Neuen Testament sowie aus den zahlreichen Heiligenlegenden. Sie greifen zudem auf die liturgischen Gesänge zurück, die in der frühchristlichen Kirche entstanden und – da bis heute im Gottesdienst verwendet – für den Gläubigen ebenso zur Glaubenswahrheit gehören wie die kanonischen Schriften. Sie entnehmen ihre Anregungen aber auch den vielen apokryphen Evangelien der ersten nachchristlichen Jahrhunderte, die zwar nicht in den offiziellen Kanon des Neuen Testaments aufgenommen wurden, aber als weitverbreitete Volksliteratur oft noch jahrhundertelang lebendig blieben. Sie waren ganz einfach erzählerisch lebendiger und beantworteten viele von den Gläubigen als elementar empfundene Fragen, die die kanonischen Schriften ungeklärt ließen.

Thematik und Form der byzantinischen Kunst entwickelten sich in der für die Sakralkunst folgenreichsten Epoche der byzantinischen Geschichte, dem Ikonoklasmus (729

bis 843), und im darauf folgenden Mittelbyzantinischen Zeitalter (bis 1204). Im Ikonoklasmus, dem Bilderstreit, ging es um die Frage, ob die bildhafte Darstellung Christi und der biblischen Figuren zulässig sei oder nicht. Die letztlich siegreichen Bilderfreunde argumentierten unter anderem so: Gott selbst habe mit der Menschwerdung Christi der Welt ein Bild von sich geschenkt. Christus habe dem armenischen König Abgar von Edessa (dem heutigen Urfa in der Osttürkei) sogar den Abdruck seines Antlitzes auf einem Tuch übersandt. Die Wiedergabe dieses Tuches, des *Mandilion*, gehört heute noch zum Freskenschmuck vieler Gotteshäuser auch auf den Ionischen Inseln – es dient praktisch als Rechtfertigung für die Ausmalung der Kirche mit biblischen Gestalten.

Der Ikonoklasmus führte dann im Mittelbyzantinischen Reich zur Herausbildung einer umfangreichen Bildersprache mit dem Ziel, den Bilderfeinden mit theologischen Begründungen jeden Anlaß zum Widerspruch zu nehmen. Diese künstlerische Entwicklung brach erst mit der Eroberung Konstantinopels durch Venezianer und Kreuzritter im Jahre 1204 ab. Das Reich war zerschlagen, der byzantinische Kulturkreis erheblich geschrumpft. Im spätbyzantinischen Reich stand eher das Bewahren der Traditionen im Vordergrund – auch die Bildertheologie kam weitgehend zum Stillstand. Als die Osmanen 1453 Konstantinopel eroberten, verlor

die Orthodoxie ihr geistiges Zentrum. In den langen Jahrhunderten der Fremdherrschaft öffnete man sich auf den Ionischen Inseln, aber auch anderswo in Griechenland westlichen Einflüssen. Auf der Suche nach nationaler Identität jedoch griff Griechenland später wieder auf byzantinische Traditionen zurück. So entstehen heute wieder nahezu ausschließlich Ikonen und Wandmalereien im traditionellen Stil – zu besichtigen sind sie beispielsweise in der Bischofskirche von Zakinthos, die gerade so ausgemalt wird, wie Kirchen schon vor 700 Jahren ausgemalt wurden.

Das bedeutendste Kloster Korfus, Panagia Theotokus, auf einer Halbinsel am Rande von Paleokastritsa, erinnert an kykladische Architektur

Die neugriechische Literatur

Erst seit 1976 dürfen die Griechen in der Schule und an der Universität wieder ihre eigene Sprache sprechen; erst seit jener Zeit benutzen alle Zeitungen und die Regierung in ihren offiziellen Verlautbarungen und Gesetzestexten die Sprache, die jeder Grieche versteht: die *Dimotikí,* die Volkssprache. Die Militärjunta, die Griechenland von 1967 bis 1974 knechtete, hatte sie wie zuvor schon andere Diktaturen und rechte Regierungen dieses Jahrhunderts als zweitklassig diffamiert und für alle offiziellen Anlässe, für die Universität und die Schüler ab der 4. Klasse die *Katharévussa* zur verbindlichen Sprache erklärt.

Die Katharevussa ist eine Kunstsprache, die erst im Jahre 1805 von dem in Smyrna geborenen und in Paris lebenden Philologen Admantios Korais (1748–1833) geschaffen wurde. Bis dahin hatte das gewöhnliche Volk die Volkssprache Dimotiki gesprochen, während sich die Gebildeten und Vornehmen eines archaisierenden Griechisch bedienten, dessen Vorbild der antike attische Dialekt war. Korais versuchte mit seiner Schöpfung der Katharevussa einen Mittelweg zwischen beiden zu finden, von dem er glaubte, daß er sich allgemein durchsetzen könnte. Das freilich war nicht der Fall – die Katharevussa wurde zu einem Werkzeug der Teilung der griechischen Gesellschaft in Gebildete und Ungebildete, Einflußreiche und Einflußlose.

In dem Sprachenstreit, der die neugriechische Literatur in den nächsten 150 Jahren prägte, spielten Dichter von den Ionischen Inseln eine große Rolle. Nach der Eingliederung Griechenlands in das Osmanische Reich während des 16. Jhs. hatte die griechische Dicht-

kunst außer im Griechenviertel von Istanbul vor allem auf den venezianisch beherrschten Inseln weitergelebt – auf Kreta und den Ionischen Inseln. Männer wie der aus Lixuri auf Kefallinia stammende Ilias Miniatis (1669–1714) und der auf Zakinthos geborene Maler und Schriftsteller Panajotis Doxaras (1700–52) bedienten sich in ihren Werken der einfachen Volkssprache.

Dieser Tradition blieben die Dichter der Ionischen Inseln in der ersten Hälfte des 19. Jhs. treu, obwohl sich die Literaten im übrigen Griechenland ganz überwiegend der Katharevussa bedienten. Durch ihr Beharren auf der Volkssprache, die Vielzahl und die Popularität ihrer Werke legten sie den Grundstein dafür, daß in der neugriechischen Literatur letztendlich doch die Dimotiki siegte – und zugleich gelang es ihnen, die ja ansonsten fast nur mündlich benutzte Volkssprache zu einer Schriftsprache auszubauen.

Der bedeutendste der ionischen Inseldichter, Dionisios Solomos (1798–1857) aus Zakinthos, ist auf den neuen 20-Drachmen-Münzen abgebildet. In der Stadt Zakinthos hat man ihm ein Museum direkt an der vielbesuchten Platia eingerichtet, wo er zusammen mit seinem ebenfalls aus Zakinthos stammenden Dichterkollegen Andreas Kalvos (1792–1869) auch bestattet ist. Solomos, Sohn eines reichen Tabakhändlers und dessen Dienstmädchens, hatte in Italien studiert und schrieb seine ersten Gedichte und auch einige schöne Landschaftsbeschreibungen seiner Heimatinsel auf italienisch. Im Zakinthos der 20er Jahre des 19. Jhs. gab es eine ganze Reihe von Italienern und Insulanern, die auf italienisch dichteten; Solomos jedoch versuchte sich schon bald auch in lyrischen Werken in der griechischen Volkssprache. Der große Durchbruch gelang ihm dann im Mai 1823 mit seinem Gedicht »Hymne an die Freiheit«, in der er nicht nur Ereignisse des gerade zwei Jahre alten griechischen Unabhängigkeitskampfes beschreibt, sondern vor allem auch die Freiheit aller Griechen verherrlicht. Die ersten Strophen des Gedichtes wurden 1864 zur griechischen Nationalhymne erklärt, deren Melodie übrigens der Korfiote Nikolaos Mantzaros (1795 bis 1874) schuf.

Der neben ihm bestattete Andreas Kalvos, Sohn einer Adligen und eines bürgerlichen Abenteurers, der mit dem Kind schon früh ins Ausland zog, hat auf Griechisch nur 20 Oden geschrieben, von denen sich die meisten auf den Freiheitskampf, eine aber auch auf Zakinthos bezieht. Sprachlich paßt er so gar nicht zu Solomos, da er sich zwar der Volkssprache bediente, aber sie zugleich durch zahlreiche archaisierende Ausdrücke und Veränderungen entstellte.

Während A. Kalvos keinerlei Nachfolger fand, wurde das Werk des Solomos zur Grundlage einer ganzen Dichterschule, die wie in der

Feriendomizil für Einheimische: Das Örtchen Mesovunia auf Kefallinia

Malerei auch als Ionische Schule bezeichnet wird. Zu ihren bedeutendsten Vertretern gehört der Lyriker Andreas Valaoritis aus Lefkas (1824–79), dessen Wohnhaus auf dem kleinen Inselchen Maduri vor dem Badeort Nidri ein vielfotografiertes Motiv ist und dessen Hauptwerk »Photinos« einen Aufstand der Bewohner von Lefkas gegen die italienische Fremdherrschaft im 14. Jh. beschreibt. Andere Namen, denen man zumindest auf Straßenschildern und Denkmälern begegnet, sind die des aus Lixuri auf Kefallinia stammenden Satirikers Andreas Laskaratos (1811–1901), des

Lyrikers Julios Typaldos (1814–83), ebenfalls aus Kefallinia, und des bedeutenden Dramatikers Grigorios Xenopoulos (1867–1951) aus Zakinthos.

Sie alle legten die Grundlagen für eine neugriechische Literatur in der Volkssprache, die sich auf dem Festland in Lyrik und Drama nach 1880 und in der Prosa erst noch später durchzusetzen begann.

Geschichte im Überblick

Prähistorische Zeit

Ab 50 000 v. Chr. Werkzeugfunde auf Korfu aus der Altsteinzeit belegen eine sehr frühe Besiedlung zumindest dieser Insel; auf Kefallinia und Zakinthos stammen die ältesten Siedlungsspuren aus der Mittleren Steinzeit (10 000–6000 v. Chr.).

Ab 3000 v. Chr. Aus Anatolien wandern neue Völkerstämme nach Griechenland ein und besiedeln von Süd nach Nord vordringend auch die Ionischen Inseln. Sie bringen bereits Kenntnisse der Metallverarbeitung mit (Beginn der Bronzezeit). Überreste von Gräbern aus dieser Zeit sind bei Nidri auf Lefkas zu sehen.

Ab 2000 v. Chr. Indoeuropäische Völker dringen nach Griechenland vor und führen als neue Errungenschaft die Töpferscheibe ein.

Um 1500 v. Chr. Auf dem Peloponnes entstehen mächtige Stadtstaaten, in denen sich eine neue, die mykenische Kultur, entfaltet. Sie strahlt auch auf die südlichen Ionischen Inseln aus, wo insbesondere auf Kefallinia noch gut erhaltene Gräber aus dem 13.–11. Jh. zu sehen sind.

12. Jh. v. Chr. Andere griechische Stämme, die Dorer, wandern aus dem Norden nach Mittel- und Südgriechenland und verdrängen die Mykener.

Antike

734 v. Chr. Auswanderer aus Korinth gründen auf Kerkira, dem heutigen Korfu, eine korinthische Kolonie, die schnell erstarkt und sich bereits 664 durch die erste überlieferte Seeschlacht der griechischen Geschichte von der Mutterstadt löst. Korinth baut daraufhin 640 eine neue Kolonie auf Lefkas auf.

480 v. Chr. In der Seeschlacht von Salamis nahe Athen besiegen die Griechen die Perser und leiten damit die Glanzzeit ihrer Geschichte ein. Lefkas war an der Schlacht mit drei Schiffen beteiligt; Kerkira hatte 50 entsandt, die allerdings erst nach dem Ende der Kampfhandlungen bei Salamis eintrafen. In der Folgezeit dienen die Ionischen Inseln als Sprungbrett der griechischen Kolonisation im westlichen Mittelmeer. Am Peloponnesischen Krieg (431–404) zwischen

Athen und Sparta sind die Inseln nur indirekt beteiligt.

323 v. Chr. Nach dem Tod Alexanders des Großen werden die Ionischen Inseln zunächst von makedonischen Diadochenfürsten erobert, später dann aber von den Illyrern (Albanien/Balkan) besetzt.

229 v. Chr. Im 1. Römisch-Illyrischen Krieg unterwirft sich Kerkira kampflos dem Konsul Cn. Fulvius Centumalus. Im Verlauf der nächsten 40 Jahre eignen sich die Römer auch die übrigen Ionischen Inseln an.

31 v. Chr. In der Seeschlacht von Actium nahe der Insel Lefkas besiegt Octavian, der spätere Kaiser Augustus, die Flotte seines Widersachers Antonius und der ägyptischen Königin Kleopatra und ebnet sich damit den Weg zur Macht.

Spätantike und Mittelalter

395 Das Römische Imperium wird in ein west- und ein oströmisches Reich geteilt. Die Ionischen Inseln fallen an Ostrom, das spätere Byzantinische Reich mit der Hauptstadt Konstantinopel. Kefallinia ist seit dem 9. Jh. die Hauptinsel des Archipels.

1081–1185 Wiederholt überfallen die Normannen von Sizilien aus die Inseln sowie Städte auf dem Peloponnes und in Nordgriechen-

Das griechische Volk erfährt die Wahl König Ottos (1832)

land. Zakinthos und Kefallinia werden in das Königreich Sizilien eingegliedert.

1204 Die Venezianer erobern im Rahmen des Vierten Kreuzzugs Konstantinopel. Venezianer, Genueser und westliche Kreuzritter teilen ganz Griechenland unter sich auf und gründen verschiedene Fürstentümer und Kleinreiche. Die Ionischen Inseln werden im Lauf dieses und des nächsten Jahrhunderts von italienischen Adelsgeschlechtern regiert und ausgebeutet.

1386 Korfu gerät als erste Insel unter venezianische Herrschaft. 1482 erobert Venedig auch Zakinthos, 1500 Kefallinia und 1503 schließlich Ithaki. Lefkas hingegen fällt 1467 in osmanischen Besitz und kann erst 1684 zurückgewonnen werden.

1571 In der Seeschlacht von Lepanto schlagen die vereinigten Galeeren Spaniens, Venedigs und Siziliens die bislang seebeherrschende Flotte der Osmanen im Golf von Patras, nahe der Insel Oxia, vernichtend. Der Vorstoß der Türken ins westliche Mittelmeer ist damit gestoppt.

Neuzeit

1797 Napoleon besetzt Venedig und kurz darauf die Ionischen Inseln. Eine russisch-türkische Armee vertreibt 1798/99 die napoleonischen Truppen zunächst wieder.

1800 Die Ionischen Inseln werden unter dem Protektorat Rußlands und des Osmanischen Reichs zu einer unabhängigen ›Republik der Sieben Inseln‹ und damit zum ersten nicht von fremden Herrn verwalteten Teil Griechenlands.

1807 Durch den Vertrag von Tilsit fallen die Ionischen Inseln erneut an Frankreich. Doch schon 1809 erobern die Briten den Archipel mit Ausnahme von Lefkas, das erst 1811 britisch wird.

1815 Der Wiener Kongreß spricht den Ionischen Inseln die Unabhängigkeit unter britischem Schutz zu; tatsächlich regiert aber ein britischer Lordhochkommissar mit Sitz auf Korfu.

1821–30 Griechenland erhebt sich gegen die türkische Herrschaft und erkämpft für einen Teil von Hellas die Unabhängigkeit. Zum ersten König des neugriechischen Staats bestimmen Engländer und Franzosen gemeinsam den Wittelsbacher Otto I. (1832–62).

1864 Großbritannien gestattet den Anschluß der Ionischen Inseln an das freie Griechenland.

1941–44 Im Zweiten Weltkrieg werden Korfu und die Ionischen Inseln zunächst von italienischen Truppen besetzt. Nach dem Waffenstillstand, den die Italiener am 8.9.1943 unter Marschall Badoglio mit den Alliierten schlossen, übernahmen die Deutschen ihre Stellungen nach überaus blutigen Gefechten.

1944/45 und 1946–49 Griechischer Bürgerkrieg zwischen königstreuen Truppen und kommunistischen Partisanen, der auch auf den Inseln Opfer fordert (s. a. S. 213 f.).

Blick auf den einen Teil der Doppel-
festung von Korfu-Stadt

1953   Ein schweres Erdbeben ver-
wüstet die Insel Zakinthos und
richtet auch auf Lefkas, Ithaki und
Kefallinia schwere Schäden an.

1967–74   Militärdiktatur in Griechenland. Nach dem Sturz der Jun-
ta über den Zypernkonflikt wird die
Monarchie durch Volksabstimmung
abgeschafft und die Republik *(Elli-
niki Dimokratia)* ausgerufen.

1981   Griechenland wird Voll-
mitglied in der EG. Die sozialistische Partei PASOK unter Andreas
Papandreou übernimmt die Regierung und leitet zahlreiche gesell-
schaftliche Reformen ein.

1990   Nach dem Sturz von Papandreou wegen eines Bankens-
kandals erreicht die konservative
Partei Nea Dimokratia eine hauch-
dünne Mehrheit. Ministerpräsident
Kostas Mitsotakis versucht vergeb-
lich die ruinierte Wirtschaft zu sa-
nieren.

1993   Bei vorzeitigen Neuwahlen
erringt die PASOK die absolute
Mehrheit im Parlament. Andreas
Papandreou wird wieder Ministerpräsident.

1995   Die Schildkrötenbucht von
Laganas auf Zakinthos wird unter
Naturschutz gestellt (s. S. 15).

Insel
für Insel

»Was die Berge, die Dörfer, die Erde
Griechenlands schwerelos und durch-
sichtig erscheinen läßt, ist das Licht.«
Nikos Kazantzakis

Korfu – Insel der Kaiser und Könige

Die Stadt Korfu

Mäuseinsel und Achillion

Rundfahrten auf Korfu

Die Othonischen Inseln

Arkaden in Korfu

Korfu – Insel der Kaiser und Könige

Eine österreichische Kaiserin und ein deutscher Kaiser gehörten zu den ersten Urlaubern im Korfu der Neuzeit. Kein Wunder also, daß sie die touristisch am besten erschlossene der Ionischen Inseln ist. In den dichten Olivenwäldern und den kleinen Dörfern im Inselinneren geht das Leben dennoch weiter seinen alten Gang.

Korfu (102 000 Ew.) ist schon seit 100 Jahren eine beliebte Urlaubsinsel. Als Österreich noch bis an die Adria reichte, ließ sich die österreichische Kaiserin Elisabeth auf der Insel ein Schloß erbauen (s. S. 85 f.). In den 30er Jahren entdeckten die Briten Korfu als Reiseziel; die Familie des englischen Romanciers Lawrence Durrell lebte längere Zeit in Kalami.

Nähert man sich Korfu mit dem Flugzeug von Norden her, wirkt die Insel zunächst wie viele andere griechische Eilande. Zuerst sieht man nämlich das 906 m hohe Massiv des Pantokrator, das so rauh wirkt wie die Gebirge auf den Ägäischen Inseln. Sinkt die Maschine dann tiefer, breitet sich unter den Tragflächen ein grüner Teppich aus. Korfu ist die Insel der Olivenbäume, die hier anders als sonst in Griechenland eher Wälder denn Haine bilden. Dazwischen eingestreut sind schlanke Zypressen und über 130 Dörfer, vereinzelte Weingärten und Getreidefelder. Setzt

das Flugzeug von Süden her zur Landung an, sieht man rechts die nahe Festlandsküste und links relativ sanft zum Meer hin abfallende Hänge, an denen, obwohl die Küste kaum Strände bietet, viele Hotels erbaut wurden. Schwebt die Maschine aus nördlicher Richtung ein, überfliegt sie in niedriger Höhe die ganze Stadt Korfu, die ein weites Areal an der Ostküste in der Mitte der Insel einnimmt. Deutlich sind die Festungen und das Altstadtviertel aus venezianischer Zeit auszumachen.

Eine Inselrundfahrt über Korfu (das die Griechen ähnlich wie in der Antike wieder Kerkira nennen) läßt sich nicht an einem Tag bewerkstelligen. Die Insel ist immerhin 62 km lang und bis zu 28 km breit; abwechslungsreiche schöne Landschaften, idyllische Dörfer und einige der schönsten Strände Griechenlands lassen jede Eile vergessen. Die Nordküste fasziniert mit einem kilometerlangen Band weißer, steiler Sandsteinkliffs, die bei

Korfu

Sidari in einen ebenfalls kilometerlangen Sandstrand übergehen.

Die dem Festland zugewandte
Ostküste senkt sich zwar häufig
von Bergen und Hügeln zum Meer
hinab, läßt aber nahezu überall
Platz für Siedlungen an den Hängen oder in den vielen Buchten.
Die Strände sind hier außer im äußersten Süden meist nur schmal

und steinig; die Gäste der Hotels
an der Ostküste tummeln sich denn
auch überwiegend auf den grünen
Liegewiesen der Anlagen statt auf
Kies und Kieselsteinen. Ganz anders
die Italien zugewandte Westküste:

An der alten Festung von Korfu

Dort wechseln unzugängliche Steilküsten mit kleinen Strandbuchten und langen, breiten Sandstränden ab, die teilweise sogar in Dünen auslaufen und erst langsam mit Hotels verbaut werden. Ausgesprochen gebirgig ist Korfu nur im Norden, wo das Massiv des Pantokrator aufragt. Ansonsten wird Korfu von lieblichem Hügelland geprägt, zwischen denen vom Meeresblick völlig abgeschirmte Täler und Ebenen liegen.

Korfu kann man ganz unterschiedlich erleben. Die meisten Küstenorte verlieren in der Sommerzeit ihr griechisches Gesicht. Euro-amerikanische Musik, lateinische Schriftzüge, nacktes Fleisch und eine Unzahl von Läden, die nahezu alle das gleiche anbieten, verwandeln sie in Ferienzentren internationalen Typs, in denen man fast vergessen kann, in Griechenland zu sein. Die Stadt Korfu hingegen ist mit ihren 40 000 Einwohnern groß genug, um die Fremden integrieren zu können. Die Häuser, Plätze und Viertel der gut erhaltenen Altstadt und die unzähligen Treppenfluchten mögen an Italien erinnern, die Menschen jedoch sind eindeutig Griechen. Hier kommt man dem wirklichen, durch keine touristischen Erscheinungen verbogenen Hellas schon sehr nahe.

Ganz ursprünglich sind dann die vielen Bergdörfer überall auf der Insel, in deren Kaffeehäusern auf der Platia Fremde nur gelegentlich Platz nehmen. Gerade das aber ermöglicht den besten Einblick ins griechische Leben. Da sieht man ebenso wie bei Wanderungen und Spaziergängen durch die Olivenhaine, wie alte Frauen in Tracht Wasserkrüge oder andere Fracht auf dem Kopf balancieren, Priester zur Feldarbeit gehen, junge Mädchen frisches Brot aus der altertümlichen Bäckerei holen, Kinder Ziegen in den Stall führen, Metzger Schafe im Freien schlachten. In die Dörfer zu kommen, ist in Anbetracht des guten Linienbusnetzes auf Korfu kein Problem; mit Einheimischen ins Gespräch zu kommen ebensowenig, da sich fast immer jemand findet, der einige Jahre lang in Deutschland gelebt und gearbeitet hat.

So kann denn Korfu selbst in der Hochsaison Urlaubserlebnisse und Begegnungen bieten, die man beim ersten Anblick seines Hotels und seines Ferienortes an der Küste nicht erwartet hätte. Man muß sich nur auf den Weg machen!

Geschichte

Aus der Frühgeschichte Korfus ist nur wenig bekannt. Aus mykenischer Zeit ist außer einem vielleicht zufällig hierher gelangten Bronzeschwert bisher nichts entdeckt worden. Korfu tritt damit erst im 1. Jahrtausend vor Christi Geburt ins Licht der Geschichte: 734 v. Chr. mit der Gründung einer Stadt durch Kolonisten aus Korinth. Sie wählten dafür die Halbinsel Analipsis unmittelbar südlich der heutigen Stadt Korfu. Die Stadt nahm dank ihrer Funktion als Zwischenstation für Schiffe auf dem Wege vom griechischen Kernland in die italienischen Kolonien einen schnellen Aufschwung. Schon 70 Jahre nach der Gründung der Kolonie kämpften die Korfioten um mehr Unabhängigkeit und lieferten ihrer Mutterstadt Korinth die erste überlieferte Seeschlacht der griechischen Geschichte. Sie siegten und waren fortan gleichberechtigte Partner. 625 v. Chr. gründete Kerkira eine eigene Kolonie beim heutigen Durres in Albanien.

Bis zu den Perserkriegen war Kerkira neben Korinth die einzig bedeutende Seemacht Griechenlands. So entsandte Kerkira 480 v. Chr. auch 50 Schiffe zum entscheidenden Kampf gegen die Perser, die jedoch absichtlich nicht rechtzeitig bei Salamis eintrafen. In der Folge der Athener Siege über die Perser und dem Ausbau der athenischen Kriegsflotte sank Kerkira dann in die Zweitrangigkeit ab. Immerhin lieferte der andauernde Konflikt zwischen Korfu und Korinth den Anlaß zum Ausbruch des Peloponnesischen Krieges (431 bis 404 v. Chr.) zwischen Athen und Sparta, der zum Niedergang der griechischen Stadtstaaten führte und ihre spätere Einigung unter makedonischer Vorherrschaft vorbereitete.

In hellenistischer und römischer Zeit kam Korfu keine eigene politische Bedeutung zu. Als letzter Stützpunkt vor der Überfahrt nach

Nicht mehr Venedig,
noch nicht Griechenland

Nachdem Napoleon Bonaparte im Frühjahr 1797 Venedig erobert hatte, faßte er sogleich die Ionischen Inseln als nächstes Ziel ins Auge. Er hielt sie für strategisch bedeutsamer als ganz Italien zusammen und nannte Korfu ›den Schlüssel zur Adria‹. Schon im August 1797 hatte Frankreich alle Inseln besetzt. Das Feudalsystem wurde abgeschafft, der Adel entmachtet. Soziale und politische Reformen fanden bei den bis dahin Unterdrückten begeisterte Zustimmung, die jedoch schnell in Feindschaft umschlug, als Napoleons kirchenfeindliche und antiklerikale Einstellung deutlich wurde. So wurde denn die russisch-türkische Flotte, die die Inseln nach Napoleons Niederlage in Ägypten ohne größere Schwierigkeiten zurückeroberte, als Befreier begrüßt.

Im Mai 1800 wurde dann mit dem Vertrag von Istanbul durch Russen und Osmanen der ›Staat der sieben Inseln‹ gegründet, der den Türken tributpflichtig war, aber dem besonderen Schutz des Zaren unterstand. Regiert wurde der neue Staat zunächst von Adligen, deren restauratives Regime bald erneut den Volkszorn entfachte. Bereits 1801 kam es zu einer Revolte auf Zakinthos, 1802 mußte die Regierung des Inselstaats sogar zwei britische Kriegsschiffe zu Hilfe rufen, um einen Aufstand auf Korfu unterdrücken zu können. Erst die Stationierung russischer Truppen auf den Inseln befriedete die Lage, während der Regierungschef, der korfiotische Graf Ioannis Kapodistrias, eine Verfassungsänderung nach der anderen bekanntgab, um die widersprüchlichen Interessen der untereinander zerstrittenen Bevölkerungsgruppen zu befriedigen.

Im Vertrag von Tilsit wurden die Ionischen Inseln dann französischem Schutz unterstellt. Das mißhagte den Briten, die mit Frankreich im Krieg standen. Als sie ein Jahr später auch noch die italienische Insel Capri an die Franzosen verloren, setzen sie zum Angriff an und eroberten 1809, fast ohne auf Widerstand zu stoßen, Kithira, Ithaki, Kefallinia und Zakinthos zurück. Nur Korfu, wo 50 000 französische Soldaten stationiert waren, blieb in Napoleons Händen. Der dortige Gouverneur, General Donzelot, führte zahlreiche Reformen durch, förderte die Gründung der ›Ionischen Akademie‹, die zu einem Zentrum des neugriechischen Geisteslebens wurde, und die Herausgabe französisch- und italienischsprachiger Zeitschriften, die dem politischen Denken auf der Insel neue Anstöße gaben. Auf den anderen Inseln waren die Briten vor allem damit beschäftigt, Straßen bauen zu lassen und eine ordentliche Rechtsprechung bei den Einheimischen durchzusetzen, die bis dahin Ansprüche lieber mit dem Dolch als durch einen Gang zum Gericht durchsetzten. Zugleich gründeten die Briten auf ihren Inseln zwei griechische Regimenter, deren Offiziere von 1821 bis 1828 im Freiheitskampf gegen die Türken durch ihre hervorragende Ausbildung zu wichtigen Führern wurden.

Auf dem Wiener Kongreß beschlossen Großbritannien, Preußen, Österreich und Rußland – vertreten durch jenen Ioannis Kapodistrias, der Jahre zuvor noch die Regierung der Republik der Sieben Inseln geleitet hatte – den Sieben-Insel-Staat als unabhängig anzuerkennen und nun unter britischen Schutz zu stellen. Die Briten beließen es aber nicht beim Schutz der Inseln. Ihr erster Lord-Hochkommissar für die Ionischen Inseln, Sir Thomas Maitland, der zugleich auch als Gouverneur von Malta fungierte, hielt die Griechen nicht für reif, die Segnungen der Demokratie zu empfangen, und setzte auf eine autoritäre Verwaltung. Er gab dem Archipel zwar eine Verfassung, behielt sich jedoch so viele Eingriffsrechte vor, daß er im Grunde an den gewählten Volksvertretern vorbei regieren konnte. In jenen unruhigen Zeiten war das nicht unbedingt von Nachteil: Zahllose Straßen und Brücken, Schulen und Gefängnisse, Wasserleitungen und andere öffentliche Einrichtungen wurden gebaut, Verwaltung und Rechtswesen organisiert. Unter dem Schutz der Engländer blieben die Ionischen Inseln während des griechischen Freiheitskampfes gegen die Türken zwar offiziell neutral, konnten jedoch zahlreiche gut ausgebildete Freiwillige aufs Festland entsenden und Flüchtlingen von dort Schutz vor türkischer Verfolgung gewähren.

Als Griechenland 1828 den Krieg gegen die Türken gewonnen hatte, wurde der Korfiote Ioannis Kapodistrias Griechenlands erster Präsident. Er fiel 1831 einem Attentat zum Opfer. Zwei Jahre später betrat der Wittelsbacher Prinz Otto griechischen Boden, nachdem eine Nationalversammlung ihn als König der Griechen anerkannt hatte. In dieser Zeit strebten viele Insulaner den Anschluß ihres Staates ans freie Mutterland an. Andererseits gab es auch Gegenkräfte, die für einen Verbleib unter britischem Schutz plädierten: Auf den Inseln herrschten geordnete Verhältnisse und bescheidener Wohlstand, während im freien Griechenland zunächst die Anarchie blühte; bis zur Gewährung einer Verfassung durch König Otto im Jahre 1844 erschien das Mutterland vielen zudem ebenso fremdbeherrscht wie die Ionischen Inseln.

Lautstark erhoben wurde die Forderung nach der Vereinigung mit Griechenland erst, als der sechste Hochkommissar, Lord Seaton, den

Insulanern 1848 mit einer liberaleren Verfassung auch Pressefreiheit gewährte. Zugute kam den Insulanern nun, daß die Briten in Griechenland eifrig bemüht waren, König Otto zu stürzen. Man versprach den Griechen hinter vorgehaltener Hand, daß die Wahl eines neuen, britenfreundlichen Königs mit der Übergabe der Ionischen Inseln belohnt werden könnte. Als Otto dann 1862 tatsächlich durch eine Revolution zum Abdanken gezwungen und 1863 Prinz Wilhelm Georg von Dänemark zum neuen König gewählt wurde, dessen Schwester gerade den Prinzen von Wales geheiratet hatte und damit zukünftige britische Königin werden würde, hielt Großbritannien Wort. Am 21. Mai 1864 wurden die Ionischen Inseln mit dem griechischen Mutterland vereint.

Italien gewann es unter den Römern jedoch wenigstens seine alte Rolle als wichtiger Transithafen zurück. Zahlreiche berühmte Römer betraten korfiotischen Boden, darunter Antonius mit Kleopatra, Cato, Cicero, Sulla und die Kaiser Nero, Septimius Severus und Vespasian.

Bei der Teilung des Römischen Reiches im Jahre 395 fiel Korfu an Ostrom. In byzantinischer Zeit diente die Insel dann immer wieder als Flottenstützpunkt im Kampf der Kaiser um ihre Besitzungen im heutigen Italien und Jugoslawien. Im 11. und 12. Jh. hatte Korfu wie die anderen Ionischen Inseln mehrfach unter Überfällen der Sarazenen und der Normannen zu leiden.

Nach der Eroberung Konstantinopels durch den Vierten Kreuzzug stand Korfu von 1204–7 unter genuesischer, bis 1214 unter venezianischer Herrschaft. Danach wurde es bis 1258 noch einmal byzantinisch. Bis 1267 gehörte Korfu für kurze Zeit zum normannischen Königreich von Sizilien, dann zum Königreich Neapel. 1386 besetzten die Venezianer die Insel erneut, diesmal blieben sie bis 1797. Zwar gestatteten sie den Adeligen, Korfu weitgehend selbst zu verwalten, machten Italienisch aber zur Amtssprache, das erst 1852 offiziell durch das Griechische abgelöst wurde. Als abendländischer Vorposten gegen das osmanisch besetzte Festland mußten sich die Venezianer mehrfach türkischer Angriffe erwehren, so etwa 1537, 1571 und 1716 (s. S. 69 f.).

Nach dem Fall Venedigs besetzte Napoleon die Insel, doch mußten die Franzosen in der Folgezeit den Briten weichen. 1815 wurde die Inselhauptstadt zugleich auch Verwaltungszentrale des nun unter britischem Protektorat stehenden ›Staates der Sieben Inseln‹, der sich 1864 dem freien Griechenland anschließen durfte (s. S. 62 ff.). 1940 besetzte das faschistische Italien die Insel. Nach der Kapitulation Italiens bombardierten deutsche Flugzeuge im September 1943 die Stadt. Im Oktober 1944 eroberten die Briten Korfu für Griechenland zurück.

Im Juni 1994 fand auf Korfu das Gipfeltreffen der Ministerpräsidenten der Europäischen Union statt. Aus diesem Anlaß stellte Brüssel mehrere hundert Millionen Mark für die Verschönerung der Stadt zur Verfügung. Allein die Renovierung des Alten Palastes und der Alten Festung kosteten über 150 Mio. Mark.

Korfu-Stadt

Korfu oder Kerkira, wie die Griechen selbst sagen, ist eine der wenigen Städte, in der die Mehrzahl der Häuser noch aus den vergangenen Jahrhunderten stammt. Das Stadtbild zwischen den beiden Festungen, die die Altstadt im Osten und Westen begrenzen, besteht vor allem aus mehrgeschossigen Mietshäusern an engen Gassen, während die Hauptstraßen häufig marmorgepflastert und von Kolonnaden gesäumt sind. Im alten Stadtkern hängt die Wäsche wie in Venedig oder Neapel zum Trocknen vor den Fenstern; Autos können notgedrungen nur wenige der schmalen Gassen befahren. Dort öffnen sich immer wieder winzige, von Häusern und Kirchen umstandene Plätze, während an den Stadträndern vor den beiden Festungen weite, begrünte Plätze als Knotenpunkte des Verkehrs dienen.

Die Orientierung in der Altstadt fällt zunächst schwer; doch wer sich die Namen der Hauptachsen einprägt, wird alle Sehenswürdigkeiten der Stadt ohne Schwierigkeiten auffinden.

Rund um die Esplanade

Zum besonderen Flair von Korfu gehören die Kolonnaden, die mehrere Straßen in der Stadt säumen. Die eindrucksvollsten sind die Arkaden der großen, dreieinhalbgeschossigen Mietshäuser an der **Esplanade**. Hier reiht sich Café an Café, alle von morgens bis spätabends gut besucht. Die Esplanade, griechisch *Spianada,* war noch bis ins 16. Jh dicht besiedelt. Erst nach dem osmanischen Angriff von 1537 ließen die Venezianer alle Häuser abreißen, um ihren Kanonen in der alten Festung im Osten des großen Platzes freies Schußfeld zu schaffen.

Die Esplanade ebenso wie die Arkaden sind heute der Hauptschauplatz der allabendlichen Volta. Schöpfer der Kolonnadengebäude war der Vater des Erbauers des Suez-Kanals, Baron Mathieu de Lesseps, der während seiner kur-

---

Das Altstadtviertel Cambiello am Rande der Esplanade in Korfu zeugt noch von der Wohnkultur in venezianischen Zeiten

zen Amtszeit als französischer Gouverneur der Insel im Jahre 1807 ihren Bau in Auftrag gab. Fertiggestellt wurden sie allerdings erst 15 Jahre später unter den Briten.

Den nördlichen Abschluß der Esplanade bildet die **Residenz der englischen Lordhochkommissare,** auch ›Palace of St. Michael and St. George‹ genannt. Die Briten ließen den neoklassizistischen Repräsentationsbau im georgianischen Stil 1816–23 aus maltesischem Kalkstein erbauen. Während des britischen Protektorats diente der Palast gleichzeitig dem Orden des hl. Georg und des hl. Michael als offizieller Hauptsitz. Dieser ›Club‹ war vom englischen Königshaus ins Leben gerufen worden, um britische Persönlichkeiten zu ehren, die sich um Malta und die Ionischen Inseln bzw. die Wahrung der britischen Interessen im Mittelmeer verdient gemacht hatten. Nach dem Anschluß der Ionischen Inseln an Griechenland war der Palast für lange Zeit eine Residenz der griechischen Königsfamilie. 1993/94 wurde er mit Finanzhilfe der EU gründlich restauriert, da in ihm im Juni 1994 das Gipfeltreffen der EU-Ministerpräsidenten stattfand.

Seine Fassade zieren 20 dorische Säulen. Als oberen Abschluß schuf der korfiotische Bildhauer Pavlos Prosalentis einen Fries, der wappenartige Allegorien der historischen sieben Ionischen Inseln zeigt. Die Reihe beginnt links mit Pegasos, einem Sohn der Gorgo Medusa, als Symbol für Lefkas. Dann folgen das Haupt des Odysseus für Ithaki und der mythische Jäger Kephalos für Kefallinia. Die Bedeutung einer Göttin zwischen zwei Ornamenten in der Mitte ist heute nicht mehr bekannt (vielleicht ein Symbol für Britannien?). Rechts davon stehen die Darstellung eines jungen Helden für Zakinthos und ein Dreizack für Paxos. Ganz rechts vertritt die schaumgeborene Aphrodite die Insel Kithira im Süden des Peloponnes, die ebenfalls dem Sieben-Insel-Staat angehörte. Über diesen Reliefs versinnbildlicht ein nur noch teilweise erhaltenes Schiff die Insel Korfu.

Vor dem Palast steht noch immer die Statue des zweiten Lord High Commissioners der Ionischen Inseln, Sir Frederick Adam. Wie später Elisabeth von Österreich und Kaiser Wilhelm II. war auch er schon ein begeisterter Freund der Antike und ließ sich daher in eine altrömische Toga gekleidet darstellen. Im Palast ist heute das Museum für Asiatische Kunst untergebracht, auch der Thronsaal der Hochkommissare kann besichtigt werden.

Die über 10 000 Objekte umfassende Sammlung des **Museums der Asiatischen Kunst** zeigt Kunst und Kunsthandwerk aus China, Indien, Japan und anderen fernöstlichen Ländern. Die Stücke aus drei Jahrtausenden wurden von mehreren griechischen Diplomaten zusammengetragen. An der Kasse ist ein sehr guter englischsprachiger Führer erhältlich (täglich außer Mo 8.30–15 Uhr).

Ein Heldenleben

Johann Matthias von der Schulenburg

Das Denkmal am Eingang zur Alten Festung von Korfu-Stadt wird jeden Besucher aus Deutschland wohl etwas überraschen. Mit der Barockstatue von Antonio Corradini ehrte die Republik Venedig noch zu Lebzeiten den deutschen Grafen Johann Matthias von der Schulenburg, dem es 1716 gelungen war, die Einnahme Korfus durch die Türken zu verhindern. Venedig hatte am Ende des 17. Jhs. den Höhepunkt seiner Macht längst überschritten und die meisten seiner Besitzungen in der Ägäis und auf dem Peloponnes seit dem 16. Jh. vor den Osmanen räumen müssen. Mit der Niederlage der Türken vor Wien (1683) brach dann der Konflikt um die Vorherrschaft im östlichen Mittelmeer erneut aus.

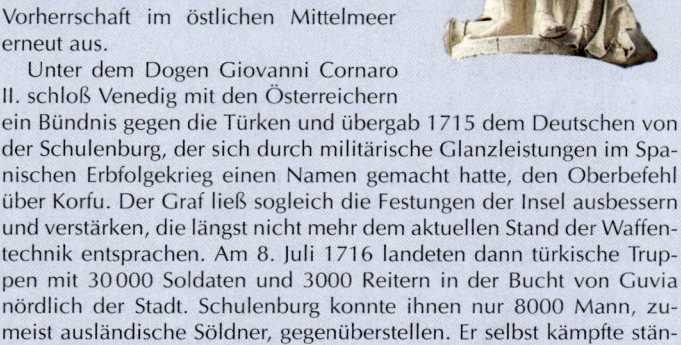

Unter dem Dogen Giovanni Cornaro II. schloß Venedig mit den Österreichern ein Bündnis gegen die Türken und übergab 1715 dem Deutschen von der Schulenburg, der sich durch militärische Glanzleistungen im Spanischen Erbfolgekrieg einen Namen gemacht hatte, den Oberbefehl über Korfu. Der Graf ließ sogleich die Festungen der Insel ausbessern und verstärken, die längst nicht mehr dem aktuellen Stand der Waffentechnik entsprachen. Am 8. Juli 1716 landeten dann türkische Truppen mit 30 000 Soldaten und 3000 Reitern in der Bucht von Guvia nördlich der Stadt. Schulenburg konnte ihnen nur 8000 Mann, zumeist ausländische Söldner, gegenüberstellen. Er selbst kämpfte ständig in den vordersten Reihen mit.

Nach fünfwöchiger Belagerung, als die Verteidigung schon fast aussichtslos schien, zog plötzlich ein schweres Unwetter auf, das weitere Kämpfe vorerst unmöglich machte. Kurz darauf rückten die Türken unvermittelt ab. Die Korfioten schrieben dieses Wunder selbstverständlich dem Wirken des hl. Spiridon zu, der die Stadt wieder einmal vor dem Untergang gerettet habe (s. S. 74f). Der wahre Grund aber war wohl ein anderer: Die Belagerer hatten Nachricht von der vernichtenden Niederlage erhalten, die Prinz Eugen von Savoyen den Osmanen am 5. August 1716 in der Schlacht von Peterwardein auf dem Balkan beigebracht hatte, die wenig später auch zur Befreiung Belgrads führte.

Schulenburgs Ruhm wurde dadurch nicht geschmälert. Noch zu Zeiten Kaiser Wilhelms II. war Graf von der Schulenburg vielen Deutschen ein Begriff. Meyers Konversationslexikon von 1889 widmete ihm einen ausführlichen Eintrag:

»Schulenburg, von der, altes, besonders in der preuß. Provinz Sachsen, in Brandenburg, Hannover und Braunschweig begütertes Adelsgeschlecht, dessen Stammvater Werner v. d. S. 1119 bei der Eroberung von Akka in Syrien fiel. 1563 wurde das ganze Haus in den Reichsfreiherrenstand erhoben. ... Es gingen aus dem Geschlecht 4 Feldmarschälle, 25 Generäle, 3 Heermeister des Johanniterordens, 6 Staatsminister und 4 Bischöfe hervor. Sein Wappen besteht aus drei Greifenklauen in Silber ...

Johann Matthias, Reichsgraf, Erbherr auf Emden, Feldmarschall im Dienste der Republik Venedig, geb. 8. Aug. 1661 zu Emden bei Magdeburg, trat 1685 in den Dienst des Herzogs von Braunschweig-Wolfenbüttel, trat 1698 als Generalmajor und Chef eines deutschen Regiments in die Dienste des Herzogs Victor Amadeus von Savoyen und

Auf der Rasenfläche vor dem Alten Palast sieht man des öfteren weißgekleidete Korfioten das typisch englische Cricket spielen. Außer auf Korfu hat das Spiel sonst nirgendwo in Griechenland Anhänger. Die Briten führten es während der Protektoratszeit ein – und noch immer finden auf Korfu im Sommer gelegentlich Turniere statt, zu denen Teams aus Großbritannien, Australien, Neuseeland und anderen Ländern des Commonwealth anreisen.

Nahe der Brücke zur Alten Festung erinnert ein Denkmal aus Carrara-Marmor an den deutschen Grafen Johann Matthias von der Schulenburg, der als Kommandeur der venezianischen Truppen Korfu im Jahre 1716 erfolgreich gegen einen türkischen Angriff verteidigte.

Die **Alte Festung** der Venezianer *(Paleo Frurio)* dominiert die Ostseite der Esplanade. Der Doppelgipfel auf der kleinen Halbinsel hat dem griechischen Kerkira seinen italienischen Namen Korfu eingebracht: er leitet sich von *Korfí*, dem griechischen Wort für Gipfel ab. Heute wird die Halbinsel durch die *Contrafossa*, einen erst im 16. Jh. angeführte 1701 eine Brigade bei der Armee des Marschalls Catinat. Im Winter 1704 erhielt er in Polen das Kommando über eine ganze Feldarmee und bewerkstelligte, der schwedischen Übermacht weichend, einen meisterhaften Rückzug nach Schlesien. 1708 ging er an der Spitze eines sächsischen Hilfskorps nach Flandern zu der Armee des Herzogs von Marlborough. Im April 1711 verließ er den sächsischen Dienst und trat am 15. Okt. 1715 in die Dienste der Republik Venedig. Gleichzeitig erhob ihn der Kaiser in den Grafenstand. Die von ihm geleitete Verteidigung Korfus vom 25. Juni bis 20. Aug. 1716 ist eine der berühmtesten Leistungen der neueren Kriegsgeschichte. Ihr folgten die Einnahme der Festung Butrinto und die Besetzung von Santa Maura. 1718 unternahm S. einen Einfall in Albanien, mußte sich aber infolge des zu Passarowitz geschlossenen Friedens wieder zurückziehen. In den folgenden 29 Jahren richtete er sein Hauptbestreben auf die Entwicklung der Streitkräfte Venedigs. Er starb 14. März 1747 in Verona. Die Republik ließ ihm zu Korfu 1717 ein Denkmal errichten.«

Bleibt noch anzumerken, daß das Adelsgeschlecht von der Schulenburg zwei weitere historisch bedeutsame Vertreter hervorbrachte. Friedrich Werner von der Schulenburg und sein Neffe Fritz Ditlof hatten maßgeblichen Anteil am deutschen Widerstand gegen Hitler; beide wurden 1944 nach dem gescheiterten Stauffenberg-Attentat in Berlin-Plötzensee hingerichtet.

legten, mit Meerwasser gefüllten Wassergraben, von der Esplanade getrennt. Durch ein Tor aus dem 17. Jh. betritt man die Festung, deren Bauten und Mauern größtenteils aus britischer Zeit stammen. Zwei Explosionen in den venezianischen Pulvermagazinen 1718 und 1789 hatten die älteren Bauten weitgehend zerstört; andere rissen die Briten nieder, um Platz für drei große Kasernenblöcke zu schaffen. Außerdem erbauten sie eine Kirche des hl. Georg, die von außen wie ein dorischer Tempel wirkt. Vom Gipfel der Halbinsel aus hat man einen guten Rundblick über die Stadt und ihre Umgebung (täglich 8–19 Uhr).

Das Denkmal für den 21. Mai 1864 hinter der Odos Dusmani erinnert an den Beitritt der Ionischen Inseln zu Griechenland (s. S. 62 ff.). Noch aus der Protektoratszeit stammt das Ehrenmal am Ende der Grünanlagen, errichtet für den schottischen Lord High Commissioner der Ionischen Inseln Sir Thomas Maitland (1816–24) im Stil eines ionischen Rundtempels. Während der Amtszeit dieses Hochkommissars bauten die Briten in der Stadt ein für die damalige Zeit überaus modernes Wasserversorgungssystem auf. Die Rotunde steht denn auch über einem unterirdischen Wasserspeicher, der zu dem neuen Versorgungsnetz gehörte. Ganz im Süden folgt dann das Denkmal für Ioannis Kapodistrias, den berühmtesten Sohn Korfus und ersten Präsidenten des neugriechischen Staates (s. S. 62 ff.).

In der Altstadt (Cambiello)

Während die Esplanade weitgehend mit Repräsentationsbauten und Denkmälern des vergangenen Jahrhunderts ausgestattet ist, die vor allem von der britischen Protektoratszeit zeugen, wird das Altstadtviertel zwischen Esplanade und Neuer Festung noch überwiegend von Häusern aus venezianischer Zeit geprägt. Ihre Hauptachsen dienen und dienten dem Handel, ihre verwinkelten Nebengassen dem Wohnen. Eingestreut dazwischen ist eine Vielzahl von Kirchen und Kapellen.

Einen Bummel durch das Cambiello genannte Viertel beginnt man am besten am **Gebäude der Reading Society** aus dem 17. Jh., das eine der ältesten Bibliotheken Griechenlands beherbergt. Seit 1836 wurden hier mehr als 40 000 Bücher zusammengetragen.

Das wichtigste Gotteshaus der Insel, die **Kirche Agios Spiridonos** mit ihrem markanten Campanile, wurde dem Schutzheiligen der Insel in der zweiten Hälfte des 16. Jhs. errichtet. Die Wände und die Decke sind mit Gemälden des 19. Jhs. im barocken Stil geschmückt. Die Ikonostase aus parischem Marmor aus dem Jahre 1864 gilt als eine der schönsten der Ionischen Inseln. Die Gebeine des hl. Spiridonos werden in einem mit Silberblechen beschlagenen Ebenholz-Sarkophag in der südlichen Seitenkapelle verwahrt. Wertvolle Weihegaben, u. a. schöne silberne Votivtäfelchen mit Schiffsdarstellungen, zeugen von der Dankbarkeit der Gläubigen für die Erfüllung ihrer Bittgebete.

Der schönste Platz des Altstadtviertels Cambiello ist kleiner als ein Tennisfeld. Er wird von Wohnhäusern, einem stimmungsvollen Restaurant und der kleinen Kremasti-Kirche aus dem 17. Jh. begrenzt. In seiner Mitte steht der **Kremasti-Brunnen**, laut einer griechischen und lateinischen Inschrift 1699 als private Stiftung »zum Wohl der Allgemeinheit« errichtet.

In der nahen Kirche Panagia Andiwuniotissa, einem Bau aus dem 15. Jh., ist das **Byzantinische Museum** untergebracht (geöffnet täglich außer Mo 8.45–15 Uhr). Ausgestellt sind etwa 100 Ikonen und Fresken aus verschiedenen korfiotischen Gotteshäusern. Einige Ikonen zeigen noch einen rein byzantinischen Stil, so die des hl. Pandelimonos aus dem 16. Jh.; andere stammen von bedeutenden Vertretern der Kretischen Schule. Dazu gehören das ›Noli me tangere‹ von Emmanuel Tzanes (1657) und die ›Geburt Jesu‹ von Stefanos Tzangarolas (um 1700).

Geht man nun die Uferstraße weiter abwärts, gelangt man zum **Alten Hafen,** über den bis zu Beginn der 90er Jahre der Fährverkehr mit Igumenitsa abgewickelt wurde. Über ihm ragt die **Neue Festung** *(Neo Frurio)* auf, die entgegen ihrem Namen gar nicht so neu ist, sondern aus dem 16. Jh. stammt. Man erreicht ihren Eingang, wenn man die Odos Solomu hinaufgeht

sten Gebäude, dem **Rathaus** an der Platia Dimarchiu. Es wurde im 17. Jh. als Loggia Nobile erbaut und diente den Adligen der Stadt als clubähnlicher Versammlungsbau und Treffpunkt. 1720 wurde es umgebaut und bis 1903 als Theater genutzt.

Auf dem Rückweg zur Esplanade passiert man dann noch das 1845 errichtete, klassizistische Ge-

Italienisches Flair durchweht die Gassen der Altstadt von Korfu-Stadt

(geöffnet Mi–So 9–17 Uhr, im Hochsommer tägl. 9–21 Uhr).

Folgt man der Odos Solomu weiter auf die andere Seite der Neuen Festung, gelangt man zum **Marktgelände** der Stadt. Im Festungsgraben und den angrenzenden Straßen wird an jedem Werktagmorgen mit Obst, Gemüse und Fisch gehandelt. Kehrt man jetzt ins Herz der Altstadt zurück, gelangt man zu einem ihrer schön-

bäude der **Ionian Bank** an der Hauptgasse der Altstadt, der Odos N. Theotoki. In ihm ist ein **Banknoten-Museum** untergebracht. Die Ausstellung zeigt nicht nur griechische Banknoten seit der Unabhängigkeit des Landes, sondern auch

Die Wunder des hl. Spiridon

Jede der drei großen Ionischen Inseln hat ihren Schutzheiligen, dessen Reliquie hochverehrt und dem mehrmals im Jahr Prozessionen und Feste gewidmet werden. Auf Zakinthos ist es der hl. Dionisios (s. S. 190f.), auf Kefallinia der hl. Gerassimos (s. S. 159) und Korfu wird durch den hl. Spiridonos, dessen Gebeine in der Kirche Agios Spiridonos im Cambiello-Altstadtviertel von Korfu-Stadt verwahrt werden, beschützt – wenn es sein muß, mit einem Wunder.

Der Heilige wurde nach einer Überlieferung um 270 auf Zypern geboren. Er lebte als Schafzüchter mit Familie und Kindern ein einfaches, aber außergewöhnlich frommes Leben und wurde deshalb zum Bischof von Tremithos auf Zypern gewählt. Auch in diesem Amt kümmerte er sich nicht nur um seine menschlichen Schäfchen, sondern zog weiterhin mit seinen Schafen auf die Weide. Spiridon soll 325 am ersten Konzil von Nicäa teilgenommen haben, sicher belegt ist das aber nicht. Nach seinem Tod um 348 ruhten seine Gebeine bis zum 7. Jh. auf Zypern. Als sich die Araber der Insel im östlichen Mittelmeer bemächtigten, verbrachten fromme Christen die sterblichen Überreste nach Konstantinopel. 1453 eroberten die Osmanen die byzantinische Hauptstadt, ein Mönch nahm die Reliquie mit auf die Flucht. Für kurze Zeit wurde sie in einem Dorf in Ipiros verwahrt; 1456 erwarb sie dann eine adlige korfiotische Familie für ihre Privatkapelle. Um 1600

modernes Papiergeld aus aller Welt. Das Museum informiert außerdem ausführlich und interessant über die Herstellung von Banknoten vom Entwurf bis zum Druck (Mo bis Sa 9–13 und So 10–12 Uhr, Eintritt frei).

Die südlichen Stadtviertel

Von der Esplanade aus fällt die Hauptstraße nach Süden direkt zum Meeresufer ab. Hier steht mit dem Corfu Palace eins der besten Hotels der Insel; das Gelände des Nautical Club ist das Wassersportzentrum der Einheimischen.

Als Prunkstück des **Archäologischen Museums** an der Dimokratias-Küstenstraße (täglich außer Mo 8.30–15 Uhr) gilt der Gorgo-Giebel vom Artemis-Tempel der antiken Stadt Kerkira aus der Zeit um 590 v.Chr. Dieses älteste erhaltene Beispiel einer Giebelkomposition der archaischen Epoche war einst vielfarbig bemalt und hatte vor allem einen apotropäischen Zweck, nämlich Dämonen und Unheil von

entführten die Venezianer einen Arm des Heiligen nach Rom. Unter der Obristenherrschaft (1967–1973) gingen die Gebeine per Dekret entschädigungslos in den Besitz der griechisch-orthodoxen Kirche über, und erst im Dezember 1984 kehrte der verschleppte Arm in feierlicher Prozession wieder in den Sarkophag des hl. Spiridon zurück.

Daß die Reliquie bis 1456 in der Reichsmetropole Konstantinopel verehrt worden war, muß ihr eine besonders große Bedeutung verliehen haben. Kaum 100 Jahre später jedenfalls war das Ansehen des Heiligen bereits so groß, daß man ihm die Errettung der Insulaner von einer Hungersnot am Ostersamstag des Jahres 1550 zuschrieb. 1629 erlöste er die Insel dann am Palmsonntag von der Pest; 1673 gelang ihm am ersten Sonntag des November das gleiche noch einmal. Kein Wunder, daß ihm die Bevölkerung auch maßgeblichen Anteil am Sieg des Feldmarschalls von der Schulenburg (s. S. 69 ff.) über die Türken am 11. August 1716 zuschrieb …

Auch heute noch wird die Kirche des hl. Spiridon im Cambiello-Viertel den ganzen Tag über von Pilgern und anderen Gläubigen besucht. Sie erweisen dem Heiligen ihre Ehrerbietung, indem sie durch eine Klappe im Sarkophag seine Füße küssen, sein Schädel ist durch eine Glasplatte sichtbar. Fünfmal im Jahr wird der Heilige von den Korfioten ganz groß gefeiert: an den vier Jahrestagen seiner großen Wundertaten sowie an seinem Namenstag, dem 12. Dezember (s. S. 81).

dem Heiligtum fernzuhalten. Im Zentrum kniet in eigenartiger Laufstellung die Gorgone Medusa, eine mythologische Gestalt, deren Anblick jeden zu Stein erstarren ließ. In der Sage schlug Perseus ihr das Haupt ab und schenkte es der Göttin Athene, die es fortan in ihrem Schilde führte. Die neben ihr liegenden Löwen oder Panther dienen ebenfalls apotropäischen Zwecken. Weitere, kleinere Figuren sind nur bruchstückhaft erhalten. Zwischen Medusa und den Tieren standen Pegasos und Chrysaor, die beiden Söhne der Gorgone. In den Giebelecken war je eine Kampfszene zu sehen, die dem Betrachter Mut einflößen sollte, siegte doch der ›griechische‹ Held über eine feindliche Bedrohung: einmal Zeus über die Giganten, einmal Achilles über den trojanischen König Priamos.

Von besonderem Wert ist auch die Löwenplastik vom Kenotaph des Menekrates, geschaffen um 630 v. Chr. Sie steht am Anfang der griechischen Kunstentwicklung, die

Gouverneurspalast in Korfu-Stadt

gerade begann, sich von orientalisch-starren Vorbildern zu lösen. Obwohl der Löwe sicherlich auch apotropäischen Sinn hatte und das Dämonisch-Böse von dem Toten abwenden sollte, bemühte sich der Künstler doch zugleich, Wildheit und Kraft des Tieres möglichst naturalistisch darzustellen.

Einer der wenigen Funde aus dem antiken Kerkira steht weit unter dem heutigen Straßenniveau am Anfang des Stadtteils Garitsa. Der einst fast 2 m hohe **Menekrates-Kenotaph** aus der Zeit um 600 v. Chr. diente laut seiner Inschrift als Grabmal des Konsuls von Kerkira in einer Stadt nahe Delphi, der dort verstarb. Ganz in der Nähe fand man den im Archäologischen Museum ausgestellten archaischen Löwen, der das Denkmal wohl krönte.

Die schönste byzantinische Kirche der Insel, **Agii Jason ke Sossipatros,** liegt im Stadtteil Anemomilos nahe dem Strandbad Mon Repos (tägl. 8.30–14 und 18–21.30 Uhr). Der für die byzantinische Architektur typische Kreuzkuppelbau ist etwa 1000 Jahre alt und war im Mittelalter Teil eines Klosters. Für den Bau der Kirche wurden antike Quader verwendet, die durch äußerst kunstvoll gelegte Bänder aus Ziegelsteinen voneinander abgetrennt sind – eine typisch byzantinische Form der Dekoration. Die Ikonen im Inneren stammen aus verschiedenen Jahrhunderten; einige sind Werke des Emmanuel Tzanes, eines berühmten Malers der

Kretischen Schule im 17. Jh., der auch auf anderen Ionischen Inseln gewirkt hat. Dazu gehören die beiden Ikonen des hl. Jason und des hl. Sossipatros aus dem Jahre 1649.

Folgt man im Stadtteil Anemomilos der Straße in Richtung Kanoni, gelangt man nach etwa fünf Minuten zum neoklassizistischen **Schloß Mon Repos** mit seinem schönen Park und Überresten aus der Antike. Der Lord High Commissioner Sir Frederick Adam ließ es für sich erbauen. 1864 ging es in den Besitz der griechischen Königsfamilie über. 1921 wurde im Schloß der Prinzgemahl der englischen Königin, Prinz Philipp, geboren. Seit König Konstantin 1967 ins Exil ging, stand es leer und war der Öffentlichkeit nicht zugänglich. 1994 enteignete die sozialistische Regierung den Grundbesitz des Königshauses, um damit dessen Steuerschulden zu begleichen. Mon Repos ging in den Besitz der Stadt Korfu über und soll nun wieder frei zugänglich sein. Es bestehen Pläne, es zu einem Museum oder einem Mehrzweckgebäude für Kunstausstellungen und kulturelle Veranstaltungen auszubauen. Im 280 ha großen Schloßpark liegen etwa 1500 m vom Schloß entfernt auf einer Lichtung hoch über dem Meer die Überreste eines antiken Tempelbezirks, der wahrscheinlich der Göttin Hera geweiht war.

Von der antiken Stadt haben sich im unbebauten Hinterland der Analipsis-Halbinsel einige Ruinen aus klassischer und frühbyzantinischer

Geschmücktes Kutschenpferd

Zeit erhalten. Gleich gegenüber dem Haupteingang zum Schlößchen Mon Repos ragen die Mauern einer Kirche auf, deren Geschichte bis ins 5. Jh. zurückreicht und die erst im Jahre 1943 durch die Bomben der deutschen Wehrmacht endgültig zerstört wurde. Ursprünglich war sie über einem abgetragenen römischen Odeion, dessen Linienführung im Erdboden noch erkennbar ist, als fünfschiffige Bischofskirche erbaut. Nach deren Zerstörung durch Plünderer im 6. oder 7. Jh. verkleinerte man sie, indem man die beiden äußeren Schiffe nicht mehr wiederherstellte. Auch diese Basilika wurde im 12. Jh. von Normannen oder Sarazenen vernichtet; nur das einstige Mittelschiff mit den heute in eindrucksvoller Höhe erhaltenen Mauern wurde als Hallenkirche wiederaufgebaut. Dabei fanden etliche Bauteile aus antiken Tempeln Verwendung. Solche Spolien sind in den Wänden mehrfach zu erkennen; die elf marmornen Löwenkopf-Wasserspeier etwa stammen von einem nahen Hera-Tempel des 4. Jhs. v. Chr. (hinter dem Mon Repos-Areal).

Geht man vom Schlößchen Mon Repos die Odos Derpfeld hinunter, kommt man über eine Abzweigung nach links in ca. 10 Min. Fußmarsch zum **Kloster Agii Theodori.** Man klingelt, die Nonnen öffnen und zeigen den Besuchern die schlichte Klosterkirche und den schönen Innenhof (tägl. 9–13 und 17-19.30 Uhr). Vor der Anlage hat der deutsche Archäologe Wilhelm Dörpfeld mit tatkräftiger Unterstützung Kaiser Wilhelms II. vor dem Ersten Weltkrieg mit der Freilegung eines Artemis-Tempels begonnen; seit 1985 setzen griechische Archäologen die Grabung fort. Zu sehen sind nur mehr die Grundmauern des Baus, bei dem auch der jetzt im Archäologischen Museum ausgestellte Gorgo-Giebel gefunden wurde. Allein diese Funde machen aber schon die gewaltigen Ausmaße dieses Tempels deutlich. Er war etwa 48 m lang und 22 m breit und wie der Parthenon auf der Athener Akropolis von je acht Säulen auf der Schmal- und je 17 Säulen auf der Längsseite umgeben.

Kumquats – Korfus exotische Spezialität

Zu den typischen Souvenirs der Insel Korfu gehören Süßigkeiten und Liköre aus Kumquats, die man aber ebenso einlegt oder frisch genießen kann. Die dattel- bis pflaumengroßen Früchte, auf deutsch auch Gold- oder Zwergorangen genannt, stammen ursprünglich aus China und wurden erst im 19. Jh. durch die Briten auf Korfu eingeführt. Die dünne Schale ist sehr würzig und wird grundsätzlich mitgegessen, das Fruchtfleisch selbst schmeckt säuerlich und ein wenig bitter.

Kumquats eignen sich zur Herstellung von Konfitüren, machen sich aber auch gut im Rumtopf. Man kann sie Obstsalaten beimischen oder Eisbecher mit ihnen auffüllen, kann sie wie Orangenscheiben auch pikanten Fleisch- und Geflügelsaucen beigeben. Da Kumquats nicht mit konservierenden Mittel behandelt werden, sollte man sie nach dem Kauf binnen zweier Tage verbrauchen.

Praktische Informationen für Korfu-Stadt

Schiffsverbindungen: Die Fähren aus Italien und Patras laufen den Hafen der Stadt täglich an. Mit Igumenitsa auf dem Festland ist Korfu-Stadt Tag und Nacht per Autofähre verbunden. Di und Sa, im Sommer auch So fährt um 6.30 Uhr eine Autofähre nach Erikussa, Mathraki und Othoni (Auskunft in der Star Travel Agency am Alten Hafen, Odos El. Venizelu 4). Täglich gegen 13 Uhr fährt eine kleine Autofähre nach Paxos (Auskunft in den Reisebüros am Paxos-Anleger am Alten Hafen). Nach Vathi auf Ithaki und Sami auf Kefallinia fährt im Sommer ein- bis dreimal wöchentlich eine Fähre. Tragflügelboote verbinden Korfu im Sommer auch mit Lefkas und Zakinthos.

Flugverbindungen: Korfu ist täglich bis zu viermal mit Athen und mehrmals wöchentlich mit Thessaloniki verbunden.

Busverkehr: Stadtbusse verkehren auf mehreren Linien. Die meisten Busse in die Inseldörfer fahren vom Platz unterhalb der Neuen Festung ab. Dort hängt der aktuelle Fahrplan aus, manchmal ist es auch ein gedruckter Busfahrplan. Die Busse nach Kanoni starten an der Esplanade, die Busse in die Orte Agios Jannis, Benitses, Dassia, Kuramades und Pelekas sowie zum Achillion an der Platia Theotoki.

Unterkunft: Corfu Palace (5*): Einziges Luxushotel in der Stadt, unter Schweizer Leitung. Hallenbad und Meerwasserpool, 226 Betten. Leoforos Dimokratias, ✆ 06 61 / 3 94 85.
Archontico (4*): Geschmackvoll eingerichtete, neoklassizistische Villa im Ortsteil Garitsa zwischen Esplanade und Mon Repos-Strandbad, alle 20 Zimmer mit Kühlschrank. Auch Familienzimmer mit zwei Räumen vorhanden. Odos Mitr. Athanassiou 61, ✆ 3 72 22.
Cavalieri (4*): Stilvolles Hotel in einem vierstöckigen Palazzo an der Esplanade, relativ ruhig. ✆ 3 93 36.
Bella Venezia (3*): Ruhig gelegene neoklassizistische Villa mit 32 Zimmern und schönem Garten in einer Parallelstraße zur Esplanade. Odos N. Zambeli 4, ✆ 4 42 90.
Astron (2*): Einfaches, freundliches älteres Hotel am alten Hafen mit 33 Zimmern. Odos Durelotu 15, ✆ 3 95 05.
Hermes (2*): Preiswertes Hotel im Marktviertel der Stadt; nichts für Lärmempfindliche. 33 Zimmer, Odos G. Markora 14, ✆ 3 93 21.
Cyprus (1*): Sehr ruhig gelegenes, preiswertes, sauberes und einfaches Haus im Stadtzentrum. 16 Zimmer, nur Etagenduschen und -WC. Odos Agion Pateron 13, ✆ 3 00 32.

Restaurants: Zahlreiche gute Restaurants liegen an den Gassen unmittelbar hinter der hohen Häuserfassade am Alten Hafen sowie in der Gasse hinter den Kolonnaden an der Esplanade.
Aegli Gutes Restaurant unter den Kolonnaden, relativ teuer. Odos Kapodistriu 1.
Averoff Alteingesessenes Restaurant am Alten Hafen, freundlicher Service und große Auswahl. Odos Prossalendu 18.
Belle Epoque Restaurant und Pizzeria der gehobenen Klasse im Ortsteil Garitsa mit schönem Garten hinterm Haus. Italienische Küche. Odos Mitr. Athanasiu 105.
Bougainvillea Schöne Caféterrasse unter roten Bougainvilleen am Rathausplatz. Gepflegte Atmosphäre; der Wirt spricht etwas Deutsch. Odos Guilford.

In der Altstadt von Korfu-Stadt

Il Pollo Großes Grillrestaurant im Ortsteil Garitsa, abends häufig griechische Live-Musik. Neben dem Hotel Archontiko in der Odos Mitr. Athanasiu gelegen.

O Giogias Extrem preiswerte, gute und ursprüngliche Taverne ohne Plätze im Freien, aber mit viel einheimischem Stammpublikum. Ausgefallene Spezialitäten wie *Sofrito* (Rinderschmorbraten in Knoblauchmarinade), *Spetsofai* (griechische Landwurst mit Gemüse), *Gida* (Suppe aus Innereien), *Kokoretsi* (am Spieß gegrillte Innereien), aber auch viele Grillgerichte, Fisch und Pizza. Retsina vom Faß. Odos Guilford 16.

Rex Sehr gepflegtes, kleines klimatisiertes Restaurant hinter den Kolonnaden, schon 1932 gegründet. Exzellentes *Sofrito*, griech. Kuchen zum Nachtisch, Wein vom Faß. Odos Kapodistriu 66.

Sze Chuan Gutes, klimatisiertes chinesisches Restaurant an der Uferstraße in der Nähe des Hafens für die Igumenitsa-Fähren. Nur abends ab 19 Uhr geöffnet. Preise wie in Deutschland üblich. Leoforos Antistasseos 58.

The Venetian Well Wine Bar Romantisch am Kremasti-Brunnen in der Altstadt gelegenes Restaurant mit kreativer, gehobener griechischer und internationaler Küche. Montags geschlossen.

Information: Im Mai 1995 zog das Auskunftsbüro der Griechischen Fremdenverkehrszentrale um in die Odos Ioniou Voulis, die man vom südlichen Teil der Esplanade über die Altstadtgasse Odos Moustoksidou erreicht. Eventuell wird zusätzlich ein Städtisches Büro im Westflügel des Alten Palastes eröffnet.

Banken: Zahlreiche Banken, insbesondere an den Häfen, an der Esplanade und in der Altstadtstraße Odos Nikiforu Theotoki.

Post/Telefon: Hauptpostamt an der Leoforos Alexandras. Telefonämter (OTE) Odos Mantzaru 3 und Odos Kapodistrias.

Badeplätze: Innerhalb der Stadtgrenzen bieten sich Badegelegenheiten im Meer nur im Gelände des Nautical Club und im Strandbad Mon Repos, beide südlich der Esplanade gelegen.

Feste: Karneval: Die Karnevalshochzeit beginnt am zweiten Donnerstag vor Rosenmontag, dem *Tskinopempti* (Bratenduftdonnerstag) mit einem Festumzug zur Esplanade. Die Zahl der Umzugsteilnehmer steigert sich dann schon am nächsten Sonntag und erreicht ihren Höhepunkt am Faschingssonntag. Zahlreiche Bälle und Kinderfaschingsveranstaltungen werden überall in der Stadt veranstaltet. Palmsonntag (Sonntag vor Ostern): Prozession zu Ehren des hl. Spiridon von der Kirche zur Esplanade und zurück; Ostersamstag: Prozession zu Ehren des hl. Spiridon, Ausstellung seiner Reliquie in der Kirche auch am Karfreitag und Ostersonntag; 21. Mai: Prozession und Parade zum Gedenken an den Anschluß der Ionischen Inseln an Griechenland; 11. August: wie Ostersamstag; 15. August: Mariä Entschlafung im Stadtteil Manduki; 1. Sonntag im November: Prozession zu Ehren des hl. Spiridon; 12. Dezember: Ausstellung der Reliquie des hl. Spiridon in seiner Kirche.

Halbinsel Analipsis

Die grüne Halbinsel unmittelbar südlich der Stadt Korfu kann man bequem mit dem Linienbus besuchen. Ihre einstige Lieblichkeit läßt sich heute freilich nur noch erahnen. Zwischen üppigen Gärten ragen schlanke Zypressen auf, doch den Blick auf die Lagune und das gegenüberliegende Ufer prägen heute Apartmenthäuser und Hotels; die Lagune wird vom Flughafen beherrscht, der sich mitunter lautstark bemerkbar macht. Zu Fuß über die Halbinsel zu gehen, bereitet wenig Freude, da man auf engen, vielbefahrenen Straßen laufen muß.

Vom Aussichtspunkt **Kanoni** an der Spitze der Halbinsel überblickt man die Inselchen Wlacherna und Pondikonissi, letztere ist der Legende nach jenes Phäakenschiff des Alkinoos, das Odysseus nach Ithaka brachte und von Poseidon bei der Rückkehr versteinert wurde.

Die fotogene Klosterinsel **Wlacherna** ist über einen kurzen Damm zu Fuß von Kanoni aus zu erreichen. Im Kloster lebt jetzt eine Familie; besichtigen darf man daher nur den malerischen Innenhof und die kleine Klosterkirche. Der gesamte Bau stammt wahrscheinlich aus der Zeit um 1700.

Auch **Pondikonissi,** die Mäuseinsel, bietet mit ihren hochgewachsenen Zypressen ein stimmungsvolles Bild. Das Eiland in der Meerenge kontrollierte einst den Zugang zum Kriegshafen von Kerkira in der Chalikipulu-Lagune. Die Christi Verklärung geweihte Kreuzkuppelkirche auf dem Inselchen stammt bereits aus dem 11. Jh. und gehörte zu einem Kloster, das noch bis vor 90 Jahren bewohnt war. Eine Gedenktafel an der Kirche erinnert daran, daß Kaiserin Elisabeth von Österreich die Insel 1861 besucht hat. Boote zur Mäuseinsel fahren

nach Bedarf vom Damm der Wla-cherna-Insel ab.

Achillion

Korfus meistbesuchte Sehenswür-digkeit, das Achillion, ließ die österreichische Kaiserin Elisabeth, vielen vor allem bekannt durch die Sissi-Filme mit Romy Schneider in der Hauptrolle, 1892 im klassizisti-schen Stil erbauen. Bis zu ihrer Er-mordung sechs Jahre später ver-brachte die Monarchin in dem Schlößchen jährlich zweimal den Urlaub. 1907 kaufte der deutsche Kaiser Wilhelm II. das Anwesen (s. S. 85 ff.). Der Garten, die kaiserli-che Kapelle und ein kleines Mu-seum mit Memorabilien der beiden Herrscher können tagsüber besich-tigt werden. Gegenüber bieten zwei Weinkellereien Gelegenheit zur Wein- und Likörprobe.

Anreise: Linienbus Nr. 10 ab San Rocco Square (Platia Theotoki) ca. 5 x täglich. Geöffnet für Besichti-gung täglich 8–19 Uhr.

Zentral-Korfu

Nördlich der Stadt Korfu säumen mehrere aus den Katalogen der

---

Das Wlacherna-Kloster und die ›Mäuse-insel‹ Pondikonissi vor der Spitze der Halbinsel Analipsis

Reiseveranstalter bekannte Ferien-orte die Ostküste. Hinter Kontokali folgt **Guvia,** das durch seine Lage an einer besonders geschützten Bucht heute von Wassersportlern ebenso geschätzt wird wie einst von den Venezianern, die den Na-turhafen als Liegeplatz für ihre Schiffe während des Winters nutz-ten. Am Ufer sind sogar noch eini-ge heute dachlose Schiffshallen aus dem 18. Jh. zu sehen.

In Guvia zweigt eine gut be-schilderte Seitenstraße von der Schnellstraße nach **Danilia** ab. Es ist der meistbeworbene Ort der In-sel. Überall versprechen Reklame-tafeln ein großartiges Urlaubserleb-nis ›im Dorf‹ – das gar keins ist. Die korfiotische Familie Bouas, ohne-hin im Tourismus stark engagiert, ließ es erst zwischen 1971 und 1977 errichten. Nach alten Vorbil-dern und größtenteils mit alten Ma-terialien wurde ein wohlhabendes Dorf im Stil der venezianischen Zeit nachgebaut. Im Erdgeschoß der Häuser sind zahlreiche Ge-schäfte und nach alten Traditionen arbeitende Handwerker unterge-bracht. Auf der großen Platia wer-den jeden Abend folkloristische und internationale Shows vor gut zahlendem Publikum abgewik-kelt. Der Besuch lohnt, wenn man nicht vergißt, daß dieses Dorf kei-neswegs korfiotisch, sondern gänz-lich artifiziell ist (täglich außer So 10–13 und 18–22 Uhr).

An der Küstenstraße folgt auf Guvia der Badeort **Dassia** mit schmalem Strand, aber großen Hotelliegewiesen. Hier hat sich auch der Club Mediterranée angesiedelt. Hinter Ipsos, wo die Küstenstraße unmittelbar über dem Strand verläuft, zweigt man dann nach links ins Inselinnere ab. In dem kleinen Bergdorf **Agios Markos** am Südhang des Pantokrator-Massivs stehen zwei der sehenswertesten Kirchen Korfus. Die Kirche Pantokratoros kann man zusammen mit dem Dorfpriester besuchen, falls dieser nicht

gerade durch Mittagsschlaf oder Amtsgeschäfte verhindert ist. Die Kirche ist mit Fresken aus dem Jahre 1577 ausgeschmückt, der vorraumartige Narthex mit Wandmalereien aus dem 17./18. Jh. Die zweite Kirche, dem Agios Merkurios und dem Propheten Ilias geweiht, kann nur besichtigt werden, wenn zufällig eine geführte Reisegruppe dort ist, die sich zuvor den Schlüssel im Byzantinischen Museum von Korfu-Stadt besorgt hat. Diese Kirche ist mit Fresken aus dem 11. und 14. Jh. ausgeschmückt.

Ano Korakiana ist dann ein Bergdorf, das einen Spaziergang durch die altertümlich anmuten-

Das Schloß Achillion auf Korfu ließ Kaiserin Elisabeth von Österreich als Ferienvilla erbauen

Kaiserliche Hoheiten auf Korfu

Elisabeth von Österreich (1837–1898) liebte das Reisen. Korfu sah die Kaiserin zum erstenmal im Jahre 1861, aus Funchal auf Madeira kommend. Über einen Monat blieb sie auf der Insel, dann folgte sie dem Ruf ihres Gemahls, des Kaisers Franz Joseph, und kehrte nach Wien zurück. 24 Jahre lang kam sie nicht mehr nach Griechenland, doch das Land der Hellenen und seine Geschichte hatten es ihr angetan. Seit Beginn der 80er Jahre beschäftigte sie sich intensiv mit der Antike, nahm Privatunterricht in Alt- und Neugriechisch.

Ihr Lieblingsheld wurde Achill. »Ich liebe ihn, weil er für mich die griechische Seele personifiziert und die Schönheit der Landschaft und der Menschen. Er war stark und trotzig und hat alle Könige und Traditionen verachtet und die Menschenmassen für nichtig gehalten und nur seinen Träumen gelebt, und seine Trauer war ihm wertvoller als das ganze Leben«, begründete die Kaiserin ihre Zuneigung.

1885 brach Sissi wieder einmal zu einer langen Reise auf. Als Begleiter erwählte sie sich den österreichischen Konsul auf Korfu, Alexander Freiherr von Warsberg, damals als Autor von Reisebüchern und -feuilletons weithin bekannt. Das erste Ziel ihrer Reise war denn auch Korfu. Der Freiherr zeigte ihr hier die alte Villa Braila bei Gasturi, die zum Verkauf anstand. Der Kaiserin gefiel der Ort sofort. Zunächst reiste sie aber weiter in die Ägäis, nach Zypern und nach Ägypten. Unterwegs ließ sie der Gedanke an die Villa nicht los. Sie dichtete: »Ich sehne mich nach den Cypressen / Die hoch auf grauem Felsen steh'n / Von welchem, ernst und weltvergessen / Sie träumend nach Albanien seh'n ...«

Als sie im Oktober 1887 nach Korfu zurückkehrte, erteilte sie dem Freiherr von Warsberg den Auftrag zum Kauf der Villa und zum Neubau des Schlößchens, das sie später Achillion nannte. Die Kaiserin wünschte einen Bau nach dem Vorbild der pompejischen Architektur und beauftragte daher den Baumeister Raffaele Carito aus Neapel mit der Planung. Im Garten ließ sie eine Monumentalstatue des ›Sterbenden Achill‹, gefertigt vom Berliner Bildhauer Ernst Herter, aufstellen, ganz im Sinne der zitierten Äußerung über ihren Lieblingshelden. Auch ein Standbild des Dichters Heinrich Heine, den Sissi bevorzugt in griechischer Übersetzung las, gab sie beim dänischen Bildhauer Louis Hasselrijs in Auftrag, um ihn in den Gärten des Achillions zu verewigen.

1891 war der Bau fertiggestellt. Elisabeth kam nun bis zu ihrer Ermordung in Genf im September 1898 häufig in Begleitung ihrer Griechischlehrer hierher, unterhielt sich mit den Korfioten in der Volkssprache und übersetzte zugleich Shakespeare ins Neugriechische.

Nach ihrem Tode blieb das Achillion lange unbewohnt. Erst im Jahre 1905 reiste Kaiser Wilhelm II. in Begleitung des griechischen Königs Georg nach Korfu. Sie besichtigten das Achillion und Georg bot Wilhelm das Schlößchen zum Kauf an – um zu verhindern, daß im Palais ein Spielcasino eingerichtet werde. 1907 entschloß sich der deutsche Kaiser zum Kauf, 1908 zog er samt Gemahlin und Gefolge ein. Die erste Begegnung seiner Hofgesellschaft beschrieb er später in seinen »Erinnerungen an Korfu«, 1926 in Berlin erschienen, so: »Staunende Ausrufe, klassische Zitate werden laut, und helle, freudige Begeisterung leuchtet aus allen Blicken ob dieses Paradieses mit seiner Stille und seiner Farbensymphonie. Das ist Griechenland! Das ist die klassische Schönheit! Hier schreitet der mächtige Geist der ewig-jungen, nie zu übertreffenden edlen Antike unmittelbar neben uns her!«

Zu einer seiner ersten Handlungen gehörte es, die Heine-Statue durch ein Salzburger Standbild der Kaiserin Elisabeth zu ersetzen. Auch der ›Sterbende Achill‹, diese Personifizierung der zarten Melancholie der Wittelsbacherin, war nicht ganz nach des Kaisers Geschmack. Er ließ von Johannes Götz ein zweites Achill-Standbild schaffen: Den ›Siegenden Achill‹, 10 m hoch, in voller Rüstung auf seinen Speer gestützt.

Als der Held aufgestellt war, lud Wilhelm die Dorfbevölkerung von Gasturi zur Besichtigung ein: »Die Frauen und Mädchen kamen im Sonntagsstaat mit Körben voll Blumen und bekränzten nach alter Weise den Sockel, an dem die an das Griechenvolk gerichtete Weihin-

den Gassen mit ihren überwölbten Passagen lohnt. Die typisch korfiotischen, oft dreigeschossigen Häuser wirken in ihrem dicht gedrängten Ensemble geradezu städtisch. Durch Häuserlücken öffnen sich immer wieder schöne Blicke auf die Olivenwälder im Tal mit dem Meer im Hintergrund. Über die ebenfalls noch sehr traditionellen

Dörfer Skripero und Liapades gelangt man an die Westküste und auf die Ropa-Ebene. Auf der Höhe des Golfplatzes führt eine Stichstraße hinunter in die **Ermones-Bucht,** wo der örtlichen Legende nach Nausikaa, die Tocher des Phäakenkönigs Alkinoos, den schlafenden Odysseus entdeckte. Heute hätte der Held dort keine Ruhe gefun-

schrift in Bronzebuchstaben angebracht war. Nachdem diese ihnen ins Neugriechische übersetzt wurde, schauten die braven Korfioten und Korfiotinnen bewundernd den Peliden lange von allen Seiten an, in ihrer schlichten Art ihrer Befriedigung über das gelungene Bildwerk Ausdruck gebend. Als sie nun des näheren examiniert wurden, ob sie wohl begriffen hatten, wer das sei, stellte sich heraus, daß man der Ansicht war, es sei ein ›Heiliger‹! Allerdings keiner von den ihren, die sähen alle ganz anders aus. Aber da der Kaiser ein Protestant sei, so werde es eben ein protestantischer Heiliger sein! Heiliger Luther! O großer Homer, wo bist Du hingekommen! Deinem Volke bist Du fast unbekannt geworden!«

Kaiser Wilhelm II. kam bis zum Kriegsausbruch 1914 alljährlich in der Osterzeit nach Korfu. Besonders begeisterte ihn die Archäologie. In der Osterwoche des Jahres 1911 hatte ein griechischer Archäologe beim antiken Artemis-Tempel einen aufsehenerregenden Fund gemacht: den Gorgo-Giebel, der heute das Prunkstück des Archäologischen Museums von Korfu bildet. Der Kaiser eilte sofort hinzu, und der Grieche übergab dem blaublütigen Hobby-Archäologen die Ausgrabungsleitung. Per Telegramm ließ Wilhelm dann den deutschen Archäologen Wilhelm Dörpfeld kommen, der den Kaiser als Ausgrabungsleiter ablöste. Die Forschungen am Tempel bildeten aber auch hinfort seine große Leidenschaft; 1936 veröffentlichte er gar in Berlin seine »Studien zur Gorgo«.

Bleibt zu vermerken, daß das Engagement des Kaisers für das Achillion doch nicht verhindern konnte, daß es eine Zeitlang als Spielcasino diente. 1992 wurde das Casino der leichteren Erreichbarkeit wegen ins Hotel Hilton umgesiedelt, 1995 soll es vielleicht wieder ins Achillion zurückkehren.

den: der kleine Strand wird von den Gästen eines großen Hotels und mehrerer Pensionen bevölkert.

Einen längeren Aufenthalt lohnt das große Bergdorf **Pelekas**, Korfus einziges Urlauberzentrum abseits der Küste. Hier drängt sich Taverne an Taverne, Pension an Pension – vor allem junge Leute quartieren sich in Pelekas ein. Dennoch gibt es noch richtige dörfliche Krämerläden und echt bäuerliches Landleben. Durchs Dorf führt die Straße hinauf auf einen Hügel, der lange als ›Kaizer's Throne‹ bezeichnet wurde. Heute ist der Wegweiser hinauf ebenso knapp wie treffend mit ›Sunset‹ – Sonnenuntergang – beschriftet. Vom Gipfel aus überblickt man weite Teile der Insel;

hier hat schon Kaiser Wilhelm gern gesessen, um dem Schauspiel der untergehenden Sonne beizuwohnen. Eine gut ausgebaute Straße führt von Pelekas aus zurück nach Korfu-Stadt.

Praktische Hinweise zu Zentral-Korfu

Unterkunft:
Debono (3*): Gut und familiär geführtes, ruhig gelegenes Hotel am Rande eines großen Olivenhains oberhalb von Guvia. Pool mit Bar, 500 m vom Strand entfernt. 52 Zimmer. ☎ 06 61/9 17 55.

Pension Nikos (1*): Urige und preiswerte Pension mit Garten und Dachterrasse in einem uralten Olivenhain am unteren Dorfrand am Beginn der Straße zum ›Pelekas Beach‹ gelegen. 24 Zimmer, zum Teil mit Dusche/WC. ☎ 06 61/9 44 86 und 3 13 00.

Maria's Place (1*): Doppelzimmer mit Dusche/WC in einem Anbau zur gleichnamigen Strandtaverne unmittelbar am Pelekas Beach. ☎ 06 61/9 46 01.

Restaurants:
Mandarin Place: Sehr gutes chinesisches Restaurant an der vierspurigen Küstenstraße in Kontokali.

Philippas: Großes griechisches Restaurant an der vierspurigen Küstenstraße in Guvia gegenüber der Abzweigung nach Danilia. Große Auswahl, abends oft griechische Live-Musik.

Feste: Freitag nach Ostern: Marienfest in Dassia; Sonntag nach Pfingsten: Allerheiligen in Guvia; 23. August: Marienfest in Pelekas.

Süd-Korfu

Perama liegt Kanoni gegenüber am Eingang zur Lagune von Chalikipulu und zwar genau auf der Höhe am Hang, auf der die einschwebenden Jets an diesem Punkt noch sind. Trotzdem gibt es hier eine ganze Reihe von Hotels. Hinter Perama verläuft die Straße unmittelbar am Ufer und durchschneidet die **Kaizer's Bridge,** einen repräsentativen steinernen Anleger, an dem Wilhelm II. anzulanden pflegte, wenn er das Achillion-Schloß besuchte (s. S. 85 ff.).

Der nächste Ort, **Benitses,** bildet mit seinen wenigen alten Häusern nicht mehr als eine romantische

Künstliche Idylle: Danilia-Village

in dichte Olivenhaine hinein. Stichstraßen erschließen mehrere Strände an der Westküste. In Linias biegt man ab zum sandigen **Issos Beach,** der kilometerweit die unverbaute, mit hohen Dünen besetzte Nehrung entlang verläuft, die das Ionische Meer von der **Korissia-Lagune** trennt. Die Nehrung gehört zu den großartigsten Landschaften Korfus. Die Lagune ist teilweise trockengefallen und wird für den Anbau von Getreide und Gemüse genutzt; andere Teile bieten gute Bedingungen für Feuchtwiesen und Schilf – ein idealer Lebensraum für zahlreiche Vögel und Schildkröten.

Wenig später führt eine andere Straße abwärts zum etwa 2 km langen Sandstrand **Agios Georgios Argiradon Beach,** an dem in den späten 80er Jahren eine Reihe kleiner Hotels und Ferienwohnungen entstanden sind.

An der Hauptstraße folgt das große Binnendorf **Argirades,** das Marktzentrum für die ganze südliche Region. Von hier führt eine schöne Straße hinab durch die Dörfer Neokoraki und Kuspades nach **Bukari,** einem Küstenort mit kleinem Fischerhafen, zwei Tavernen und wenigen Privatquartieren. Reizvoll ist das benachbarte Dorf **Petriti** mit seiner Bootswerft auf dem schmalen Ufersaum zwischen Meer und Olivenwäldern und einem kleinen Sandstrand; ebenso

Kulisse für eine Unzahl von Restaurants nach britischem Gustus, Pensionen und die vielen Reisebüros, die alle auch Schließfächer für Wertsachen vermieten…

Moraitika ist da schon weitaus reizvoller, weil lockerer bebaut, und besitzt zudem einen Feinkiesstrand, der bislang noch nicht allzu überlaufen ist. Der schmale Unterlauf des Messongi-Baches, auf dem ein paar kleine Boote festgemacht haben, trennt Moraitika von **Messongi,** einem kleinen Ferienort, dessen ältere Häuser fast alle unmittelbar am Strand stehen.

Jetzt wird Korfu ländlicher, weniger vom Tourismus geprägt. Die Straße führt von der Küste weg und

sehenswert das nahe Binnendorf **Agios Nikolaos**, in dem die meisten Frauen noch Tracht tragen.

Die Hauptstraße verläuft von Argirades aus weiter durchs Binnenland nach **Marathias** (dort Wegweiser zum gleichnamigen kleinen Sandstrand) und erreicht schließlich **Lefkimi,** das größte Dorf im Süden der Insel. Hier stehen noch etliche städtisch wirkende Häuser aus venezianischer Zeit. Besonders reizvoll ist der Blick von der Straßenbrücke auf das Flüßchen Potami, auf dem immer einige größere Fischerboote und Kaïkis festgemacht haben.

In Lefkimi besteht die Möglichkeit zu zwei Abstechern auf ausgeschilderten Straßen. Ein Ziel ist **Alikes,** wo alljährlich im August aus großen Salinen am Meer noch immer Salz gewonnen wird; ein anderes das **Kloster Kira.** Der Wegweiser dorthin ist aber nur griechisch beschriftet: ΠΡΟΣ ΙΕΡΑΝ ΜΟΝΗΝ ΚΥΡΑ. Das inmitten von Olivenbäumen gelegene Kloster wird noch von vier gastfreundlichen Nonnen bewohnt, die schon seit über 40 Jahren hier leben. Besucher werden mitunter zu einem Kaffee oder Ouzo eingeladen, rauchen aber dürfen sie nicht: »Dann würde aus unserem Kloster ja ein Kafenion«, meinen die Nonnen. Jeden zweiten Samstagnachmittag kommt ein Priester aus dem Dorf Perivoli, um mit den Schwestern die Liturgie zu feiern, einmal im Jahr, am 15. August, ist Kirchweihfest.

Hinter Lefkimi nähert sich die Straße wieder der Küste, der Tourismus prägt nun erneut das Bild. **Kavos** wirkt wie ein kleines Brighton. Man sieht fast nur englische Aufschriften, viele Lokale wollen britische Gäste mit Live-Musik zum Abendessen locken, die meisten Bars zeigen Videofilme am späten Nachmittag und Musikclips die ganze Nacht. Am langen Sandstrand werden alle Varianten von Wassersport angeboten. Die Sonnenschirmvermieter freilich träumen von nicht-britischen Gästen, weil die weniger sparsam als die Engländer sind.

Bis kurz vor Messongi muß man von Kavos aus wieder auf der gleichen Straße zurückfahren, die man gekommen ist. Wer Feldwege nicht scheut, kann für die Fahrt bis Lefkimi allerdings eine andere Route wählen. Auf mittelmäßiger Piste geht es zunächst ins Bergdorf **Spartera.** Unterwegs eröffnen sich immer wieder prächtige Aussichten in alle vier Himmelsrichtungen. In Dragotina weist dann ein Schild den schlechten Weg zum **Katulla Beach,** einem fast 2 km langen, goldgelben Sandstrand ohne Taverne und Sonnenschirmvermieter – und fast ohne Menschen. Die Piste führt weiter nach Paleochori und zurück zur Hauptstraße.

Für die Rückfahrt nach Korfu-Stadt kann ab Messongi die westliche Bergstraße in Richtung Agios

---

Bentses, Süd-Korfu

Im Dorf Lefkimi

Mattheos gewählt werden. Eine Abzweigung (beschildert: ›Lake Korissios Taverna‹) führt zunächst zur Festung **Gardiki,** Anfang des 13. Jhs. während der byzantinischen Herrschaft erbaut. Sechs der ehemals acht Türme sind noch nahezu vollständig erhalten; wie die byzantinischen Kirchen tragen auch diese Türme schöne Ziegelbänder als Verzierung. Das Innere der Burg ist wildromantisch, auf dem überwucherten, selten betretenen Boden entdeckt man bei vorsichtigem Verhalten häufig Schlangen. Kurz hinter der Festung zweigt eine Piste (Wegweiser zum ›Lake Korision‹) ab, die zwischen Lagune und Meer entlang bis in das Dünengebiet im Süden der Lagune führt. Hier kann man überall ungestört baden.

An der Hauptstraße beginnt hinter der Abzweigung nach Gardiki das große Bergdorf **Agios Mattheos.** Hier merkt man deutlich, daß bei weitem nicht alle Korfioten vom Tourismus leben. Im Ort gibt es mehrere Olivenölfabriken und andere Werkstätten; die Kaffeehäuser sind voll von Einheimischen. Die See ist vom Dorf aus nicht zu sehen, Berge umschließen das Tal zu Füßen des Ortes, das wie ein Meer von Ölbäumen wirkt.

Von Kato Garuna aus lohnt dann noch einmal ein Abstecher hinunter an die Westküste zum Ferienort **Agios Gordios.** Die lange Sandbucht dort wird begrenzt vom Felsen Ortholithos, der wie der Hut eines Zauberers ganz dicht vor der Küste hoch aus dem Meer aufragt.

Praktische Informationen für Süd-Korfu

🚢 **Schiffsverbindungen:** Lefkimi ist mehrmals täglich per Autofähre mit Plataria auf dem gegenüberliegenden Festland verbunden; von Kavos aus werden täglich Bootsausflüge nach Paxos und Antipaxos veranstaltet. Sie sind empfehlenswerter als die von Korfu-Stadt aus, da nur das Boot aus Kavos in die Höhlen von Paxos hineinfährt und außer im Hauptort Gaios auch in Longos anlegt.

🛏 **Unterkunft:** Kleine Orte am Meer ohne großen Rummel, aber mit einigen Privatzimmern und Apartments sind Bukari und Petriti.
Hotel Regina (3*): Sehr ruhig in ländlicher Umgebung zwischen Bukari und Petriti gelegenes, familiär geführtes Hotel. Der sehr qualitätsbewußte Inhaber Spiro spricht etwas deutsch. Die 32 Zimmer liegen in vier niedrigen Gebäuden um den Pool. Es gibt Familienzimmer für bis zu 5 Personen und hohe Kinderermäßigungen bis zu 17 Jahre. Zu den kleinen Stränden von Bukari und Petriti läuft man ca. 15 Minuten; der Hotelbus bringt die Gäste kostenlos an die Strände der Westküste und in die Stadt. ☎ 0062/5 21 32.
Egripos (2*): Preiswerte und gute Pension in einem Zitronen- und Orangenhain direkt am Meer; 27 Zimmer mit Dusche/WC. Wirt Stefanos spricht gut deutsch. Sonderpreise für Aufenthalt über eine Woche Dauer. Petriti. ☎ 0662/5 19 49 (im Winter 5 19 34).
Elena (1*): Der Wirt dieser Metzgereiwirtschaft vermietet über seinem Lokal in einem Olivenhain an der Straße von Messongi nach Argirades fünf einfache Zimmer und vermittelt Apartments in kleinen Ferienhäusern in der Umgebung. Entfernung zu den Stränden ca.

500–800 m. Linia, Hlomos, ☎ 0662/5 14 39.

🍴 **Restaurant:** Als bestes Fischrestaurant weit und breit, in dem man aber auch hervorragend Lammbraten vom Spieß essen und Wein vom Faß trinken kann, gilt die Taverne Boukari (☎ 06 62/5 12 05). Wirt Spiros Karidis erlaubt seinen Gästen sogar, sich Obst als Nachtisch in seinem Garten zu pflücken.

🎭 **Feste:** 19. Januar: Agios Arsenios in Lefkimi; Faschingssonntag: Karneval in Lefkimi; 8. Juli: Agios Prokopios in Lefkimi und Kavos; 6. August: Sotiros in Agios Mattheos; 15. August: Mariä Entschlafung in Lefkimi

Nord-Korfu

Den gebirgigen Norden der Insel lernt man am besten bei einer Rundfahrt kennen, die in Paleokastritsa an der Westküste beginnt und an der Ostküste endet. Sie führt bei km 17 am modernen Fabrikationsgebäude der CERACO vorbei, in dem exzellentes englisches Porzellan fabriziert wird. Zum hochmodernen Komplex gehören ein Museum, ein Verkaufsgeschäft und ein Café (Fabrikführungen Mo–Fr 8.30 bis 12.30 Uhr).

Paleokastritsa liegt an zwei vielfältig zerlappten Buchten zwischen eindrucksvollen Steilküsten vor einer Kulisse mäßig steil ansteigender Berghänge, die dicht mit Oliven und Zypressen bestanden sind. Der eigentliche Ortskern drunten am

Küste bei Paleokastritsa

Wasser ist winzig; die meisten Häuser und Hotels stehen locker in den Olivenhainen verstreut und stören das Landschaftserlebnis nur wenig. Aus Mangel an Häusern in Strandnähe hat die Gemeindeverwaltung den Händlern erlaubt, Verkaufsstände unter freiem Himmel aufzuschlagen, so daß in Wassernähe im Sommer tagsüber ständig Marktatmosphäre herrscht. Parkplätze sind knapp, freie Fleckchen am Strand ebenfalls – dennoch sollte man auf einen Besuch des Ortes nicht verzichten. Wer will, kann hier sogar die Unterwasserwelt kennenlernen, ohne dabei naß zu werden: Ein Spezialboot, bei dem die Passagiere im Rumpf unterhalb der Wasserlinie sitzen und durch Panoramascheiben sehen, was sonst Tauchern vorbehalten ist, startet im Hochsommer jede halbe Stunde vom kleinen Hafen aus.

Hauptsehenswürdigkeit des Dorfes jedoch ist das Kloster **Panagia Theotokos** aus dem 18. Jh., das 700 m vom Strand entfernt auf einer steil zum Meer abfallenden Halbinsel steht. Mit seinen weißen Mauern, seinem von Stützbogen überspannten Laubengang, dem Blumenreichtum und dem blitzsauberen Zellentrakt rund um den kleinen Klosterhof mit der Kirche der Gottesgebärerin ist es ohne Zweifel das schönste Kloster Korfus. In der Kirche mit einer bemalten Flachdecke sind zwei Ikonen aus dem Jahre 1713 im Stil der Ionischen Schule besonders bemerkenswert. Sie stellen in je vier Feldern Szenen aus der Schöpfungsgeschichte dar.

Das kleine Klostermuseum zeigt neben Ikonen des 17. bis 19. Jhs. eine Bibel aus dem 13. Jh. Die aufgeschlagenen Seiten eines alten Gästebuches lassen den Eintrag Kaiser Wilhelms II., seiner Gemahlin Auguste Viktoria und des Prinzen von Preußen vom 22. April 1909 erkennen (täglich 7–13 und 15–20 Uhr).

Von Paleokastritsa aus sieht man schon hoch oben am Hang das Bergdorf **Lakones,** den ›Balkon des Ionischen Meeres‹. Von hier aus ist der Blick auf Paleokastritsa und die Küstenlandschaft am schönsten. Wer will, kann über gekennzeichnete Pfade durch die Olivenhaine hinunterwandern ans Meer. Auf Besucher hat man sich eingestellt: Überall in dieser Ecke der Insel bieten Bauern Honig und Landwein, Öl, Salbei, Rosmarin und andere Kräuter sowie Schnitzereien aus Olivenholz an.

Kurz hinter Lakones taucht links voraus auf einem nach allen Seiten steil abfallenden Hügel die mächtige Ruine der Festung **Angelokastro** auf, in deren Nähe vom Dorf Makrades aus eine ausgeschilderte Piste führt. Die Festung selbst erreicht man dann über einen Fußpfad nach etwa 20-minütiger Wanderung. Der Weg lohnt schon allein des Ausblicks wegen. Die Burg wurde von den Byzantinern im 13. Jh. gegründet; in venezianischer Zeit war sie die zweitwichtigste Festung der Insel nach Korfu-Stadt

und bot während der Türkenangriffe 4000 Landbewohnern Schutz. Zu sehen sind neben den mächtigen Bastionen mehrere Zisternen, einige Felsgräber, eine Höhlenkirche sowie die vermutlich namengebende Erzengelkapelle aus dem Jahr 1784. Auf der Weiterfahrt über Vistonas zum Trumbetas-Paß eröffnen sich immer wieder überraschende Ausblicke auf die vielen Dörfer und die abwechslungsreiche Hügellandschaft im Nordwestteil der Insel.

Der **Trumbetas-Paß** stellt den wichtigsten Übergang von Zentral- nach Nord-Korfu dar. Von hier aus senkt sich die Hauptstraße durch dichte Olivenwälder hinab zur Küste zum Badeort Sidari. Wer will, kann vor der Weiterfahrt nach Sidari zunächst noch einen Abstecher durch das stille Bergdorf Pagi und großartig terrassierte Olivenhaine zu den Sandstränden und jungen Feriensiedlungen Agios Georgios Pagon und Arillas unternehmen.

Das Zentrum von **Sidari** säumt ein Sandstrand, der sich von hier aus kilometerlang nach Osten erstreckt. Westlich schließt noch im Ortsbereich eine der schönsten Küstenszenerien Korfus an, gebildet von weiß-gelblichen, steilen Sandsteinklippen, die bis zum Kap Dra-

stis reichen, dem nordwestlichsten Punkt der Insel. Insbesondere in der Nähe von Sidari haben sich zwischen den Klippen schmale, kleine Buchten mit winzigen Stränden gebildet, an mehreren Stellen sind Felsentore entstanden, die touristisch als › Kanäle der Liebe‹ angepriesen werden. Es heißt, daß Damen, die hindurchschwimmen und dabei an einen bestimmten Mann denken, diesen demnächst auch ehelichen werden. Von umgekehrten Erfolgen ist nicht die Rede. – Am schönsten erlebt man diesen Küstenabschnitt von einem der Motorboote aus, die in Sidari auch ohne Bootsführerschein gemietet werden können.

Vorbei am großen, noch recht ursprünglichen Bergdorf Karussades führt die Küstenstraße zu den Badeorten Roda und **Acharavi**, die beide kilometerlange Sandstrände besitzen. Dort, wo die albanische Küste schon beinahe greifbar scheint, liegt der Ferienort **Kassiopi,** der in den 80er Jahren gewaltig gewachsen und inzwischen tagsüber völlig überlaufen ist. Die alten Häuser des einst so idyllischen Dorfes sind zwischen den vielen Neubauten kaum noch zu erkennen; Kassiopis Schönheit, die die Urlauber anlockte, ist von ihnen selbst zerstört worden.

Der historische Ortskern liegt an einer kleinen Bucht, die in der Antike den Schiffen auf ihrem Weg von Griechenland nach Italien einen letzten guten Hafen bot. So weiß man aus antiken Quellen,

---

Orthodoxe Priester, die Papádes, sind ein häufiger Anblick in den Gassen griechischer Orte

Am Strand von Sidari

daß hier Cicero und Nero Station machten und daß an dieser Bucht ein Tempel des Jupiter stand. Offenbar gab es in römischer Zeit auch eine Stadt. An der Stelle des Tempels steht heute die Kirche der Panagia Kassopitra, eins der eigenartigsten Gotteshäuser Griechenlands: über einem Teil der Kirche wurde die Priesterwohnung erbaut. Im Innern der Kirche haben sich geringfügige Freskenreste aus dem 17. Jh. erhalten (die Kirche ist heute auf drei Seiten hinter modernen Häusern verborgen: man erreicht sie vom Hafen aus nach wenigen Schritten, wenn man über die Terrasse der ›The 3 Brothers Taverna‹ geht).

Von Kassiopi aus führt die Inselrundstraße hoch am Hang des Pantokrator-Massivs entlang. Für kleine Küstenebenen ist kein Platz; an einigen Buchten sind jedoch winzige Fischersiedlungen entstanden. Beschilderte Asphaltstraßen führen hinunter. **Agios Stefanos** ist der Albanien am nächsten gelegene Weiler der Insel; drüben erkennt man sogar einzelne Häuser und die Wohnblocks der albanischen Stadt Butrint. An der Bucht von **Kuluri** stehen eine Taverne und ein venezianisches Landhaus aus dem 16. Jh., das aber nicht besichtigt werden kann (keine Parkmöglichkeiten). Bei **Kalami,** wo sich ein Ferienort mit Hotels, Villen und Apartments entwickelt hat, lebte die Familie des englisch-irischen Schriftstellers Lawrence Durrell in den 30er Jahren für längere Zeit.

Ihr einstiges Wohnhaus, in dem Durrell sein Korfu-Buch »Schwarze Oliven« schrieb, wird jetzt von einem britischen Reiseveranstalter als ›The White House‹ an Urlauber vermietet.

Gelegenheiten zum Baden an steinigen Stränden bieten dann noch einmal die Ferienorte Nissaki und Barbati, bevor diese Rundfahrt durch Nord-Korfu in Pirgi endet.

Kurz vor Pirgi läßt sich allerdings noch ein Abstecher auf den höchsten Berg der Insel, den 906 m hohen **Pantokrator,** an die Tour anschließen. In zahlreichen engen Serpentinen windet sich die Asphaltstraße hinauf in das kleine Bergdorf Spartilas. 2 km weiter zweigt eine Straße über Strinilas Richtung Lafki ab.

750 m nach dem schönen Dorfplatz von Strinilas führt rechts eine später in eine mittelmäßige Piste übergehende, 6 km lange Straße bis zum Gipfel des Pantokrator, auf dem ein ehemaliges Kloster steht. Besonders lohnend ist der Abstecher in den Monaten Mai und Juni, wenn in den Bergen der Ginster üppig blüht.

Praktische Informationen für Nord-Korfu

Schiffsverbindungen: Von Sidari täglich gegen 12 Uhr Bootsverbindung zur Insel Erikussa und zweimal wöchentlich zu den Inseln Mathraki und Othoni (s. S. 100). Tagesausflüge nach Erikussa gelegentlich auch von Roda aus. Bootsausflüge führen wäh-

Der Ferienort Kassiopi

rend der Saison sowohl von Kassiopi nach Korfu-Stadt wie auch von Korfu-Stadt nach Kassiopi. Von den Badeorten Dassia und Ipsos werden Tagesausflüge an die Strände der Nordostküste veranstaltet.

🛏 **Unterkunft:** Stilvoll und originell wohnt man in der Appartmentanlage ›St. George's Bay‹ (4*) in Acharavi. Mit ihren zweigeschossigen, in verschiedenen Farben gehaltenen Häusern im Stil korfiotischer Dörfer ist sie ein positives Beispiel für landschaftsbezogene Hotelarchitektur, ✆ 06 63/9 32 03).

🍴 **Restaurants:** Im Bergdorf Makrades oberhalb von Paleokastritsa sitzt man auch im Hochsommer luftig und kühl bei Landwein vom Faß und preiswerten regionalen Spezialitäten. Bei Einheimischen beliebte Fischtavernen stehen am Ufer von Agios Stefanos nahe Kassiopi.

🎭 **Feste:** Freitag nach Ostern: Volksfest in Paleokastritsa; Sonntag nach Ostern (Thomassonntag): Kirchweihfest in Sidari; 8. Mai: Volksfest in Kassiopi; Pfingstsonntag: Kirchweihfest in Lakones; 27. Juli: Agios Panteleimonos in Acharavi; 15. August: Marienfest in Paleochora und in Kassiopi.

Die Othonischen Inseln Othoni, Erikussa und Mathraki

Nordwestlich von Korfu liegen drei ständig bewohnte Inselchen im Ionischen Meer, die auf fast keiner griechischen Landkarte eingezeichnet sind. Tourismus gibt es dort bisher kaum, nur Othoni und Erikussa besitzen schon je ein kleines Hotel. Fragt man auf Korfu nach Verkehrsverbindungen dorthin, kennt nur selten jemand überhaupt den Namen dieser Inseln, weiß von ihrer Existenz – und das, obwohl ganzjährig eine kleine Autofähre von Korfu-Stadt und ein Kaïki von Sidari aus hinüberfahren.

Drüben angelangt, möchte man sich wie in einer anderen Welt fühlen. Zwar knattern auf allen drei Eilanden schon einige Mopeds und altertümliche Dreiräder über die nicht asphaltierten Straßen, sind gelegentlich dort auch schon Pickups und Pkw zu sehen, zwar sind alle drei Eilande mittlerweile elektrifiziert und mit einem Inselarzt ausgestattet – und dennoch geht es hier äußerst geruhsam und gastfreundlich zu. Die Inseln sind ideal für ungestörte Wanderungen, Othoni besitzt einen langen, steinigen Strand, Erikussa und Mathraki haben sehr gute, zumeist menschenleere Sandstrände.

Die Inseln, deren Geschichte weitgehend im Dunkeln liegt und über deren Gegenwart ebensowenig zuverlässige Informationen erhältlich sind, haben zusammen nur maximal 400 ständige Bewohner. Es sind zumeist ältere Menschen; die Jugend ist nach Korfu, Athen oder ins Ausland abgewandert. Die Älteren leben von der Landwirtschaft oder von Renten und Überweisungen aus dem Ausland. Zum Fischfang fährt kaum noch jemand aus, weil diese Arbeit für Senioren zu anstrengend ist. Auf Othoni ist

die Volksschule mangels Kindern schon seit 10 Jahren geschlossen, auf Erikussa unterrichtet der einzige Lehrer ein einziges Kind, auf Mathraki schwankt die Kinderzahl zwischen einer und zwei Handvoll. Selbst an Priestern besteht Mangel: auf Mathraki und Erikussa gibt es je einen, Othoni wird von wechselnden Priestern von der Insel Korfu bedient, die zumeist ungern kommen, weil sie die häufig stürmische Überfahrt scheuen. Die Wirte der wenigen Tavernen und Kaffeehäuser verdienen sich ein Zubrot mit der Bewirtung der Yachtbesatzungen, die auf dem

Auf der Insel Othoni nordwestlich von Korfu verstecken sich viele Häuser in verwilderten Olivenhainen

Wege von oder nach Italien hier Zwischenstation machen. Nach Erikussa kommen außerdem mehrmals wöchentlich auch Touristen in kleinen Ausflugsbooten von Sidari her.

Während Erikussa nicht einmal einen Polizisten hat, tragen die Ordnungshüter auf den beiden anderen Inseln nur Zivil: hier kennt sie ja ohnehin jeder. Zu tun gibt es auch nichts weiter, als täglich einen Bericht abzufassen, in dem steht, daß es nichts zu berichten gibt. Zu Beginn der 80er Jahre war das einmal anders: da waren die kleinen Inseln ein bei der Mafia beliebter Umschlagplatz für aus Albanien geschmuggelte Zigaretten und anderes illegales Gut. Die Polizei griff ein, erschoß mehrere Mafiosi und schleppte ihre Schnellboote in einen Hafen auf Korfu, wo sie heute verrotten.

Zu den Offiziellen jeder Insel gehören auch die jeweils drei Mitarbeiter der Inselkraftwerke, die für drei Jahre herübergekommen sind – wobei sie freilich mehrmals jährlich Urlaub von der Insel machen dürfen. Auf Othoni ist außerdem noch ein Fernmeldetechniker stationiert, der völlig einsam auf einem Berg unter der Antenne in einem Haus mit 10 Betten wohnt und gern nette Urlauber bei sich übernachten läßt.

Othoni ist die gebirgigste der drei Inseln, ihr höchster Gipfel, der Fano, erreicht eine Höhe von 408 m. Auf Mathraki steigt der Samothraki nur 150 m hoch, der Merlera auf Erikussa nur 130 m hoch an.

Das wichtigste Landwirtschaftsgut auf allen drei Inseln sind heute die vielen Olivenbäume, die dichte, uralte Haine bilden, in denen ein Großteil der alten Inselhäuser versteckt und verstreut liegt. Alte, gepflasterte Pfade führen hindurch; Wegweiser freilich gibt es nicht. Vereinzelt stehen Feigenbäume in der Landschaft, weit verbreitet sind Brombeerbüsche, die niemand abernet. Verfallende, kreisrunde Dreschplätze zeugen davon, daß früher auf den Inseln auch Getreide angebaut wurde. Heute beziehen alle Inseln ihr Brot per Boot aus Korfu.

Wanderziele von kunsthistorischer Bedeutung fehlen, doch sind alle drei Inseln mit Steilküsten reich gesegnet. Besonders eindrucksvoll gestalten sie sich auf der Westseite von Othoni.

Am meisten hat von einem Aufenthalt auf Mathraki und Othoni, wer griechisch oder italienisch spricht; denn ohne Sprachbarriere kommt man mit den Menschen hier leicht ins Gespräch. Auf Erikussa sprechen zumindest die Inhaber des Hotels englisch; die jeweiligen Inselärzte können manchmal auch Deutsch. Zeit sollte man auf jeden Fall mitbringen, denn die Fähre und das Kaïki können ihre Fahrpläne häufig wegen schlechten Wetters nicht einhalten, so daß manchmal ein Zwangsaufenthalt von mehreren Tagen notwendig wird. Auch der Muße sollte jeder Besucher geneigt sein, denn für Unterhaltung hat man auf den drei Inseln selbst zu sorgen.

Praktische Informationen für die Othonischen Inseln

Schiffsverbindungen: Von Korfu-Stadt aus fährt die Autofähre ›Alexandros K II‹ über Erikussa und Mathraki nach Othoni und anschließend über Erikussa zurück nach Korfu-Stadt (1994: Di u. Sa, im Hochsommer auch So, Abfahrt 6.30 Uhr). Von Sidari aus verkehren Kaïkis zweimal wöchentlich (1994: Mo u. Do) nach Mathraki und Othoni sowie nach Erikussa. Nach Erikussa finden außerdem im Sommerhalbjahr auch Bootsausflüge statt. Die Überfahrt von Sidari nach Erikussa dauert etwa 80 Min., nach Mathraki 90 Min. und nach Othoni 150 Min. Auskünfte über die Autofähre erhält man in der Star Travel Agency am Alten Hafen, Odos Venizelu 5, ✆ 06 61/3 63 55, über die Kaïkis am besten von den Hoteliers auf den Inseln Othoni und Erikussa.

Unterkunft: Auf Mathraki werden nur einige wenige Privatzimmer vermietet. Auf Othoni steht direkt am Hafen die sehr unkonventionelle ›Locanda dei Sogni‹ (Pension der Träume) mit vier Zimmern und vier Apartments, deren junger Wirt Jorgo erwartet, daß seine Gäste sich selbst das Frühstück machen und auch einmal beim Abwasch helfen (ganzjährig geöffnet, ✆ 06 63/7 16 40, Jorgo spricht griechisch und italienisch). Auf Erikussa steht das moderne Strandhotel ›Erikussa‹ mit 20 guten Zimmern (von Mai bis Oktober,

✆ 06 63/7 15 55, im Winterhalbjahr 06 61/3 01 62; der Wirt Aristidis und seine Frau sprechen Englisch).

Verpflegung: Auf Mathraki gibt es nur ein Lokal, das bei rechtzeitiger Vorbestellung Essen zubereitet. Auf Othoni und Erikussa kann man zwischen mehreren Möglichkeiten wählen. Lebensmittelgeschäfte sind auf allen drei Inseln vorhanden.

Information: Von den beiden Hoteliers auf den Inseln, auf Mathraki von den Zimmervermietern.

Bank: Banken gibt es auf keiner der drei Inseln; auf Erikussa kann Bargeld im Hotel gewechselt werden. Also genug Drachmen mitnehmen!

Post/Telefon: Postämter gibt es nicht. Telefonieren kann man von Hotels und einigen Geschäften aus.

Badebuchten wie diese sind typisch für die Ionischen Inseln

Paxos –
In einem
Olivenhain

Gaios

Ausflüge

Antipaxos

Longos ist der ruhigste der drei Küstenorte auf
der Insel Paxos und wird nur von wenigen Aus-
flugsschiffen angelaufen

Paxos – In einem Olivenhain

Die kleinste der Heptanissia, der Sieben Inseln, ist ein einziger Olivenhain, doch touristisch gut erschlossen. Von ihren drei kleinen Dörfern aus sind viele Meeresgrotten und Strände nur mit dem Boot zu erreichen.

Wer eine kleine, aber keine einsame Insel sucht, ist auf Paxos gut aufgehoben. Das Eiland südlich von Korfu ist nur 10 km lang und höchstens 3,5 km breit, es zählt 2200 Bewohner. Im Sommer wird Paxos überwiegend von britischen und italienischen Urlaubern bevölkert, denen sich tagsüber Tagesausflügler von Korfu hinzugesellen. So ist die Auswahl an Tavernen groß, Bars spielen westliche Musik, an den Stränden sind alle Arten von Wassersport möglich. Die lebhaftesten Inselorte sind Gaios und Lakka, viel ruhiger geht es in Longos zu. Außer in diesen drei Küstensiedlungen leben die Paxier in winzigen Weilern und Einzelhäusern, die über die ganze Insel verstreut sind. Wer zu ihnen hinwandert, findet viel Ruhe und Beschaulichkeit. Solche Touren geraten unweigerlich zu Spaziergängen durch unendlich scheinende Olivenwälder, denn Paxos ist mehr noch als die anderen Ionischen Inseln ein einziger Olivenhain. Mehr als 250 000 Ölbäume sollen hier gedeihen.

In Paxos macht man nicht nur Urlaub am, sondern auch auf dem Wasser. In Gaios und Lakka kann man Bootstaxis, Tret- und Motorboote mieten, mit denen sich kleine, von Land her unzugängliche Strandbuchten sowie die Höhlen an der Westküste ansteuern lassen, die so groß sind, daß selbst die Ausflugsdampfer aus Korfu hineinfahren können. Mit kleineren Booten kann man sogar Strände in Grotten anlaufen, mit Motorbooten hinüberfahren zu den Stränden der nur 2 km entfernten Nachbarinsel Antipaxos.

Historische Zeugnisse oder archäologische Stätten hingegen hat Paxos kaum zu bieten. Immerhin sollen Antonius und Kleopatra vor der Schlacht bei Actium hier ihr Hauptquartier eingerichtet haben. Seit dem Mittelalter gehörte die Insel zu Korfu, mit dem sie Höhen und Tiefen der Zeitläufte teilte. Im 18. Jh. wurde Paxos zum Schlupfwinkel von Piraten und Freischärlern.

Gaios

Der Hauptort von Paxos (400 Ew.) liegt einer kleinen, unbewohnten

Paxos und Antipaxos

Insel gegenüber, von der sie nur durch einen wenige Meter breiten Meeresarm getrennt ist. Dadurch wirkt der gut geschützte Hafen des Städtchens wie ein Flußhafen, der nur gen Südosten durch einen künstlichen Wellenbrecher gegen die offene Meeresbucht gesichert werden mußte. Am Hafen öffnet sich die kleine, von Tischen und Stühlen bestandene Platia des Ortes, die mit ihrer Kirche, den Booten und Yachten am Kai und den Bürgerhäusern im Hintergrund ausgesprochen romantisch wirkt. Das größte Haus an der Uferstraße diente einmal dem britischen Gouverneur als Residenz und wird heute – in Apartments zerstückelt – an britische Urlauber vermietet. Ein Denkmal am anderen Ende der Uferpromenade ist Georgios Anemo-

Von der Olive zum Öl

Auf den Ionischen Inseln ist der Ölbaum *(Olea europaea)* die wichtigste aller Kulturpflanzen. Von den 130 Millionen Ölbäumen Griechenlands stehen rund 5 Millionen auf dieser Inselgruppe. Viele Bäume sind Jahrhunderte alt und stammen noch aus den Zeiten der Venezianer, die den Olivenanbau mit Geldprämien gefördert haben. Im Laufe der Zeit sind sie in den bizarrsten Formen gewachsen: Jeder Baum sieht anders aus, ist ein Individuum für sich. Die Ölbäume auf dem Archipel wachsen ungewöhnlich hoch, so daß die baumbestandenen Flächen eher wie Wälder denn wie Haine wirken. Die Bäume stehen nie in Reih und Glied, und auch der Boden unter dem Laubwerk wird hier – anders als im übrigen Griechenland – fast nie für sonstige landwirtschaftliche Zwecke genutzt, sondern ist meist von Gräsern und Farnen bedeckt.

Der Ölbaum ist im östlichen Mittelmeerraum zu Hause; im Orient begann man auch mit seiner Kultivierung. Bereits die minoischen Kreter des 2. Jts. v. Chr. kannten Olivenöl, Homer erwähnt es als Weihegabe für die Götter, in römischen Zeiten schließlich war der Baum auch bis in den westlichen Mittelmeerraum vorgedrungen. Die Bäume tragen erst 40 Jahre nach der Pflanzung zum erstenmal eine nennenswerte Anzahl von Früchten. Nur alle fünf Jahre ist eine gute Ernte zu erwarten, dann aber kann ein einzelner Baum bis zu 300 kg Oliven hervorbringen. Ölbäume sind eine Investition in die Zukunft, ein Geschenk an die nachfolgende Generation.

Klimatisch bevorzugt der Olivenbaum trockene Sommer und einige heftige Regengüsse im Spätherbst; Frost verträgt er nur für kurze Dauer. Die immergrünen, lanzettförmigen Blätter des Ölbaums sind auf der Unterseite silberglänzend und behaart. Von Mai bis Juni verströmen seine unscheinbaren weißgelben Blütchen einen süßlichen Geruch. Zunächst erscheinen die Oliven noch grün, mit zunehmender Reifung schwarzblau. Zwischen November und März werden die Früchte schließlich geerntet. Damit sie nicht verfaulen, muß vor der Erntezeit der Erdboden in den Olivenhainen gereinigt werden. Blätter und Reisig werden zusammengetragen und verbrannt – im Oktober steigen deshalb überall auf den Ionischen Inseln Dutzende von Rauchsäulen in den Himmel. Danach werden auf dem Boden Kunststoffnetze ausgelegt, auf die die Früchte fallen, die der Wind von den

Bäumen schüttelt. Alle paar Tage fahren die Bauern dann zu ihren Bäumen, um die Oliven aufzulesen. Häufig werden die Früchte auch mit Stöcken von den Bäumen geschlagen, wodurch die Äste freilich ziemlich leiden; ein Pflücken der Oliven ist jedoch anders als in Italien oder Frankreich nirgendwo in Griechenland üblich.

Ein kleiner Teil der Oliven wird eingelegt, der Rest an eine der vielen privaten oder genossenschaftlichen Ölpressen geliefert. Für einen Liter Öl braucht man 2000–2500 Oliven oder, anders gesagt, 4–5 kg Früchte. In den griechischen Ölmühlen werden so pro Jahr über eine Million Tonnen Öl produziert. Das meiste bleibt im Lande – immerhin verbraucht jeder Grieche statistisch gesehen pro Jahr 18 kg Olivenöl.

Zur Gewinnung des Öls gibt es zwei verschiedene Verfahren. Beim modernen Extraktionsverfahren werden die Früchte zunächst zu einem Brei zerkleinert und dann mit einem chemischen Mittel übersprüht, das das Öl herauslöst; anschließend wird es gereinigt. Da die Ausbeute bei dieser Methode groß ist, kann das Öl relativ preiswert verkauft werden, bleibt lange haltbar und ist geschmacks- und geruchsneutral.

Beim traditionellen Pressen des Öls gibt es wiederum zwei verschiedene Varianten. Beim Heißpressen wird der Früchtebrei erhitzt und unter hohem Druck ausgequetscht. Besseres Öl gewinnt man beim Kaltpressen, bei dem der Druck niedrig gehalten und die Erhitzung des Breis bei 50 °C gestoppt wird. Dieses Öl muß anschließend nicht raffiniert werden und behält alle Geschmacks-, Geruchs- und Fettstoffe, ist damit ernährungsphysiologisch am wertvollsten. Es ist jedoch teuer und nur begrenzt haltbar.

In den letzten Jahren bereiten die Olivenhaine den Griechen zunehmend Sorgen. Da es zwischen 1988 und 1992 viel zu wenig geregnet hat, trugen die Bäume kaum noch Früchte. Viele Familien haben deswegen unter ihren Bäumen schon gar keine Netze mehr ausgebreitet. Andere Olivenhaine verwildern zusehends, weil ihre Besitzer im Winter auf dem Festland und im Ausland wohnen und sich nicht mehr um ihre Bäume kümmern. Die in den Dörfern verbliebenen Alten können die schwere Arbeit nicht übernehmen; junge Leute, die man dafür einstellen müßte, sind zu teuer. Schon werden düstere Prophezeiungen laut: Eines Tages werden die Olivenhaine mangels Pflege zu Urwäldern geworden oder mangels Wasser völlig vertrocknet sein...

jannes gewidmet, der während des griechischen Freiheitskampfes ein türkisches Schiff im Hafen von Paxos in Brand setzte.

Auf der Gaios gegenüber liegenden Insel Agios Nikolaos sind die Reste einer 1423 von den Venezianern erbauten und vor etwa 200 Jahren von den Franzosen erneuerten Festung zu sehen. Auf dem dahinter liegenden Inselchen stehen ein Leuchtturm und, von einer schneeweißen Mauer umgeben, die Wallfahrtskirche der Panagia, die alljährlich am 15. August von zahllosen Booten angelaufen wird. An diesem und dem Vortag wird in Gaios auch ein großes Kirchweihfest begangen.

Ausflüge

Das kleine Dorf **Longos** nördlich von Gaios ist von Olivenbäumen eingerahmt, die fast bis ans Wasser hinunter wachsen. Den Kai des Fischerhafens säumen zahlreiche Kafenia und Tavernen, etwas improvisiert zwar, doch sehr reizvoll. Am Rand des Dorfs steht als beherrschender Bau eine ehemalige Olivenölfabrik mit hoher Esse, in der früher außer Speiseöl auch Seife hergestellt wurde. Demnächst will man sie als stilvolles Hotel renovieren. Davor erstreckt sich ein winziger Kieselsteinstrand.

Lakka, Korfu zugewandt an der Nordküste gelegen, schmiegt sich in eine schöne Bucht, die für Windsurfer hervorragende Bedingungen bietet. Auch eine deutsche Tauchschule ist in Lakka aktiv. Östlich des Dorfs mit kaum mehr als ein paar Dutzend Häusern und engen Gassen liegen kleinere, schattige Kiesstrände.

Der Südostspitze der Insel ist das winzige **Mongonissos** vorgelagert, zu dem man auch trockenen Fußes über einen Damm gelangt. Hier kann man an einem Sand- und Kiesstrand baden. Mit Gaios ist Mongonissos durch häufig verkehrende Motorboote verbunden.

In der **Höhle Ipapandi** an der Westküste soll sich während des Zweiten Weltkriegs monatelang ein griechisches U-Boot versteckt gehalten haben, um von hier aus den Schiffsverkehr im Ionischen Meer zu beobachten. Die **Höhle Petriti** gilt ihrer Lichteffekte wegen als der Blauen Grotte von Capri ebenbürtig. Bemerkenswerte Küstenformationen sind auch die **Felsnadel Ortholitos** und das **Felstor Tripito.**

Antipaxos

Die südlich an Paxos anschließende Insel Antipaxos wird nur noch von etwa 100 zumeist älteren Menschen bewohnt. Wohnen kann man hier nur in ganz wenigen Privatzimmern; die Tavernen sind lediglich im Hochsommer geöffnet. Antipaxos ist vor allem ein Ziel für Bootsausflügler, die die guten Kiesstrände im Norden der Insel schätzen.

Praktische Informationen für Paxos

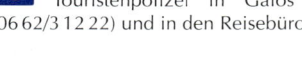 **Schiffsverbindungen:** Mit Patras ist Paxos im Sommerhalbjahr mindestens zweimal, im Winter einmal wöchentlich per Autofähre verbunden. Nur im Sommerhalbjahr wird Paxos auch von Autofähren auf der Route Brindisi – Ithaki – Kefallinia angelaufen. Autofähren verbinden Paxos ganzjährig täglich mit Korfu-Stadt und Igumenitsa sowie ein- bis dreimal wöchentlich mit Murto auf dem gegenüberliegenden Festland. Ausflugsboote fahren von Gaios im Sommer täglich nach Kavos auf Korfu und nach Parga auf dem Festland. Antipaxos erreicht man mit Bootstaxis und Ausflugsbooten von Gaios aus.

Verkehr: Der Inselbus verbindet Gaios mehrmals täglich mit Longos und Lakka.

Unterkunft: Bestes Hotel der Insel ist die Bungalowanlage ›Paxos Beach‹ (3*) am Ortsrand von Gaios, (✆ 06 62/3 12 11). Ansonsten wohnt man überwiegend in Privatzimmern und Ferienwohnungen, die von den Reisebüros in den Küstenorten vermittelt werden.

Restaurants: Tavernen gibt es nicht nur in den drei Küstenorten, sondern auch in den Binnenweilern Fundana und Magazia.

Information: Auskunft bei der Touristenpolizei in Gaios (✆ 06 62/3 12 22) und in den Reisebüros.

Bank: Nur in Gaios.

Post/Telefon: Post und Telefonamt in Gaios.

Statue des Georgios Anemojannes

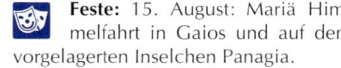 **Feste:** 15. August: Mariä Himmelfahrt in Gaios und auf dem vorgelagerten Inselchen Panagia.

111

Lefkas – Mit dem Festland verbunden

Die Stadt Lefkada

Das Inselinnere

Küstenrundfahrt

Die Inseln Meganissi, Kastos und Kalamos

Im Kafenion auf Poros

Lefkas – Mit dem Festland verbunden

Über eine originelle Brücke ist Lefkas auf dem Landweg zu erreichen. Ebenso reizvoll wie der Blick von der Westküste auf die hohen Berge Akarnaniens sind aber auch die weißen Kliffs auf der Halbinsel Lefkata mit einem der schönsten Strände Griechenlands: Porto Katsiki

Lefkas (20 600 Ew.) erreicht man über eine Autofähre, die nicht fährt. Sie liegt fest vertäut quer in dem schmalen Kanal, der die Insel mit dem Festland verbindet und dreht nur bei, wenn große Sport- und Fischerboote zu festgesetzten Zeiten den Kanal passieren dürfen. Ansonsten sind ihre Auffahrtsrampen ständig heruntergeklappt, so daß Fahrzeuge und Fußgänger sie wie eine Brücke benutzen können.

Die Nordostküste von Lefkas wird nur durch einen schmalen Sund von den gegenüber liegenden, hohen Bergen des akarnanischen Festlands getrennt. Von der Inselhauptstadt Lefkada aus führte früher ein türkisches Aquädukt als Fußgängerbrücke und heute ein von den Briten angelegter Straßendamm auf das äußere Ende der Nehrung, die von der Nordspitze der Insel aus eine Lagune umschließt, in der das Wasser noch nicht einmal einen Meter tief ist. Ein Kanal trennt sie von einer anderen Nehrung, die sich vom Festland aus gen Südwesten erstreckt. Erst in der Antike soll diese natürliche Landbrücke mit dem Festland unterbrochen worden sein, um der Schiffahrt den gefährlichen Umweg entlang der Klippen der Westküste zu ersparen.

Südlich des heutigen Straßendamms und der vom Festland herkommenden Nehrung bildet das Meer nur einen schmalen Sund, der z. T. nicht einmal 500 m breit ist. Die Römer hatten ihn auf Höhe der antiken Inselhauptstadt mit einer Brücke überspannt. Mehrere Festungen säumten das Festlandsufer des Sundes, der für feindliche Heere ja nie ein ernsthaftes Hindernis darstellen konnte.

Sund und Lagune tragen zum besonderen Reiz von Lefkada bei. Geht man auf ihren Uferstraßen spazieren, wähnt man sich am Rande eines Schweizer Bergsees, nicht aber am Mittelmeer. Auf der Nehrung, die von der Nordspitze der Insel zum Kanal führt, fühlt man sich hingegen an die dänische Nordseeküste mit ihren herrlichen Sandstränden und Dünen versetzt.

Damit aber nicht genug. Auf einer Inselrundfahrt offenbart Lef-

Lefkas

kas seine ganze landschaftliche Vielfalt. Wo das Festlandsufer auf der Höhe von Ligia zurücktritt, öffnet sich ein kleines ›Binnenmeer‹, das die gesamte übrige Ostküste der Insel begleitet. Nach Süden hin wird es durch die Inseln Meganissi und Kalamos abgeschlossen; in ihm liegen nahe der Küste von Lefkas kleinere Inselchen verstreut, von denen eins der Familie Onassis gehört. Schöne Buchten werden von Olivenhainen und Zypressen gesäumt; zahllose Boote aller Art beleben das liebliche, adriatisch anmutende Bild. Im Inselinneren aber ragt ein wenig gegliedertes Bergmassiv auf, das mit dem Stavrotas-Gipfel auf 1141 m ansteigt und kaum besiedelt ist. Nur in einigen wenigen kesselförmigen Hochtälern wird Landwirtschaft betrieben; dort sind auch noch ursprünglich gebliebene Dörfer wie Karia zu finden.

An der Süd- und Westküste der Insel liegen so gut wie keine größeren Siedlungen. Außer dem Ferienort Vassiliki sind an der reich gegliederten Südküste nur einige Weiler zugänglich, die früher den Menschen der Bergdörfer als Häfen für ihre kleinen Fischerboote dienten. Die Westküste fällt auf 34 km Länge nahezu überall so schroff ab, daß man bis vor kurzem noch nirgendwo ans Meer gelangte. Die teilweise bis zu 500 m hohen hellen Klippen gaben der Insel Lefkas (= Die Weiße) ihren Namen.

Im äußersten Südwesten von Lefkas springt die Halbinsel Lefkatas mit den ›Leukadischen Felsen‹ weit bis zum Kap Dukato ins Meer vor. Sie wird von einigen der schönsten Sandstände Griechenlands gesäumt, die erst vor wenigen Jahren durch holprige Pisten auch für den Fahrzeugverkehr zugänglich wurden. Die nächsten Strände finden sich dann erst wieder weit nördlich bei Kathisma und Agios Nikitas.

Zwei weitere markante Landschaften von Lefkas sind schließlich die beiden großen, fruchtbaren Küstenebenen. Die eine erstreckt sich ganz im Süden von Vassiliki aus landeinwärts und wird überwiegend landwirtschaftlich genutzt; die andere liegt am nordöstlichen Ende der Insel und wird heute überwiegend von der Stadt Lefkada und ihren Vororten eingenommen.

Wer viel unternehmen will, findet mit Lefkas-Stadt (Lefkada) den günstigsten Standpunkt; für einen Badeurlaub bietet sich die Küste zwischen der Stadt und dem von Briten überlaufenen Nidri an. Wer auf eigene Faust reist und sich für die gesamte Urlaubsdauer ein Moped mietet, mit dem die Strände leicht erreichbar sind, ist in Athani auf der Halbinsel Lefkatas gut aufgehoben – Urlaub in den Bergen ist schließlich in Karia möglich.

Geschichte

Lefkas bietet vor allem Landschaftserlebnisse. Historische Relikte von überregionaler Bedeutung gibt es nicht. Die ältesten Funde im kleinen Archäologischen Museum von Lefkada sind etwa 6000 Jahre alt und belegen eine Besiedlung der Insel in der Jungsteinzeit. Die einzigen nennenswerten Ausgrabungen bei Nidri haben 4000 Jahre alte Gräber aus der frühen Bronzezeit ans Tageslicht gebracht. Das antike Lefkas wurde 640 v. Chr. von Korinthern gegründet, seit 197 v. Chr. gehörte es zum Römischen Reich. In der Bucht von Aktion, nördlich der Insel, fand 31 v. Chr. die entscheidende Seeschlacht zwischen M. Antonius und Kleopatra auf der einen und Octavian, dem späteren Kaiser Augustus, auf der anderen Seite statt (s. S. 51).

Anders als die übrigen Ionischen Inseln war Lefkas in diesem Jahrtausend für viele Jahrzehnte in türkischer Hand: von 1467 bis 1502 und von 1503 bis 1684. Zuvor gehörte es venezianischen Adelsgeschlechtern, danach bis 1797 zu Venedig. Bauten aus islamischer Zeit sind nicht erhalten, aus venezianischer Zeit nur spärlich. Seit dem 15. Jh. haben 24 Erdbeben die Insel erschüttert und Zeugnisse der Geschichte vernichtet. Allerdings wirken die lefkadischen Dörfer und die Inselhauptstadt heute baulich geschlossener als die südlicheren Ionischen Inseln: Das schwere Erdbeben 1953 hat hier weit weniger Schaden angerichtet als auf Kefallinia und Zakinthos. Um Lefkas richtig kennenzulernen, sollte man zumindest für zwei Tage motorisiert sein. Dann kann man auch die Halbinsel Lefkatas und die Bergdörfer erkunden.

Wirtschaftlich lebt Lefkas außer vom Tourismus und den Überweisungen der Emigranten vor allem von der Landwirtschaft. Die Bauerngenossenschaft TAOL produziert Weine und Olivenöl, die private Kellerei Logothetis verarbeitet ebenfalls einheimische Trauben. Angebaut werden außerdem vorwiegend Oliven, Mais und Weizen; man exportiert Fleisch und Honig. In der Lagune und im Sund sind zwei Fischzuchtfarmen tätig.

Lefkada

Das historische Zentrum der Inselhauptstadt (8000 Ew.) liegt auf einer Halbinsel zwischen der Lagune und dem Sund – genau dort, wo der vom Festland herkommende Straßendamm endet. Lefkada empfängt den Besucher mit einem weiten, freien Platz, der überwiegend von Hotels gesäumt wird. Am Ufer haben gen Süden Dutzende von Yachten und Ausflugsbooten festgemacht, während das Ufer der Lagune von einem schmalen Kanal gesäumt wird, den nur Fischerboote befahren dürfen.

Zwischen den Hotels ›To Byzantino‹ und ›Niricos‹ setzt die Hauptgasse des Städtchens an. In ihrem vorderen Teil ist sie nach dem deutschen Archäologen Wilhelm Dörpfeld benannt (dessen Name auf griechisch ΝΤΕΡΠΦΑΙΛΤ geschrieben wird), in ihrem späteren Verlauf heißt sie Zakka. Diese Flaniermeile wird von zahllosen Geschäften, Imbißbuden, Eissalons und anderen Läden gesäumt. Die meisten Häuser sind zweigeschossig; das obere Stockwerk war früher fast überall aus Holz konstruiert. Diese aus türkischen Zeiten stammende Bauweise hat wesentlich dazu beigetragen, daß das Erdbeben von 1953 hier so wenig Schaden anrichtete. Leider werden die Holzfronten häufig mit Wellblech verkleidet. Die Glockentürme der Kirchen hingegen waren fast alle aufgemauert und sind 1953 ausnahmslos eingestürzt. Weil man die Glocken aber wieder aufhängen wollte, hat man Eisengerüste für sie errichtet – ein greußlicher Anblick!

Die Kirchen der Stadt stammen zumeist alle aus venezianischen

Zeiten – von außen recht bescheiden, fallen sie nur durch ihre schönen Portale mit Säulen und Pilastern auf. Da sie bis auf die Zeit, in der Gottesdienste stattfinden, meist verschlossen gehalten werden, sind Besichtigungen der Innenräume leider nur selten möglich. Für Kunstfreunde lohnt sich vor allem ein Besuch der **Kirche Agios Minas** (um 1700, an der Ecke Odos Zakka/Odos Valaoritu), deren Innenausstattung als gutes Beispiel des ›Ionischen Barock‹ gilt. Die Deckengemälde stammen von Nikolaos Doxaras, einem bedeutenden Vertreter der Ionischen Schule (s. S. 190). Die **Kirche Agios Dimitrios** im Fischerviertel zwischen Zakka-Straße und Lagune besitzt außer einer üppig geschnitzten und vergoldeten Ikonostase auch fünf Gemälde von Panajotis Doxaras, dem Vater von Nikolaos.

Den Museen der Stadt sollte man nur bei besonderem Interesse Aufmerksamkeit schenken. Das winzige **Archäologische Museum** in der Odos Faneromeni 21 zeigt in einem einzigen Saal Fotos von den 1912 von Dörpfeld durchgeführten Ausgrabungen in Nidri, einige archaische Idole und hellenistische Reliefs, Grabstelen und noch mit Asche gefüllte Urnen (täglich außer Mo 9–13 Uhr, Eintritt frei). Das **Folklore-Museum** (*Laografiko Museo*) beim Telegrafenamt OTE hält mit einigen Trachten, Möbelstücken und Erzeugnissen der Volkskunst die Erinnerung an das Leben bis vor 30 Jahren wach (Mai bis September täglich 11–13 und 18 bis 21 Uhr, Eintritt frei).

Im gut von der Hauptgasse Zakka her ausgeschilderten, privaten **Phonographischen Museum** sind neben Plattenspielern und Radiogeräten aus verschiedenen Jahrzehnten auch historische Fotos, Gemälde, Waffen und eine Wasserpfeife ausgestellt. Der Wärter verkauft Kassetten mit historischen Aufnahmen griechischer Volksmusik (täglich 10–13.30 und 19–24 Uhr, Eintritt frei).

Ausflüge von Lefkada

Im Mittelalter lag die Hauptstadt von Lefkas nicht auf der Insel selbst, sondern an der Spitze der vom Festland herkommenden Nehrung, dort, wo sich heute an der Brückenfähre die Festung **Santa Maura** (Agia Mavra) erhebt. Erbaut wurde sie um 1300, ihre heutige Form erhielt sie unter den Venezianern kurz vor 1700.

Noch 1 km weiter auf dem Festland erhebt sich direkt an der Hauptstraße die kleinere, von den Türken im 17. Jh. erbaute Festung **Tekia.**

Ein weiterer schöner Ausflug führt von der Stadt per Taxi oder Linienbus hinauf zum 4 km entfernten **Kloster Faneromenis,** in dem noch täglich um 6 und 18 Uhr Gottesdienste stattfinden. Der Ausblick von hier oben auf die Stadt, Lagune und Sund, Festland und Amvrakischen Golf ist großartig; das Kloster selbst bezaubert nur durch seine Lage. An einem Baum im Innenhof hängen zwei kleine Glocken und ein hölzernes Brett, das die gleiche Funktion wie die Glocken hat; in der Nebenkapelle, durch die man die Klosterkirche betritt, zeugen zahlreiche von Gläubigen gespendete Votivtäfelchen, Schmuck und silberne Ampeln von der Wundertätigkeit der sehr westlich wirkenden Ikone (Kloster geschlossen von 14–16 Uhr).

Vom Kloster aus kann man über kleine Feldwege durch dichte Olivenhaine hinuntergehen bis zum Strand von **Frini** und dann über die Nehrung auf dem 7 km langen Sandstrand zur Brückenfähre und in die Stadt zurückkehren.

Karia und Agios Nikitas

Karia, das größte der lefkadischen Bergdörfer, ist von Lefkada aus mehrmals täglich über eine Asphaltstraße gut mit dem Linienbus zu erreichen. Wer sich nach der Ankunft zunächst einmal für ein Stündchen auf den Dorfplatz setzt,

Das Fischerdorf Vassiliki konnte seinen Charme trotz Tourismus wahren

bekommt schon viel vom Leben der Einheimischen mit. An der Platia sind nahezu alle Kafenia und Gemischtwarenhandlungen konzentriert; hier findet man den Friseur, das Postamt und die ersten, noch ganz bescheidenen Souvenirgeschäfte.

Vom frühen Morgen bis zum späten Abend sitzen die älteren Männer im Schatten der Platanen, und auch die drei Kioske sind rund um die Uhr gut besucht. Am Dorfbrunnen an der Platia wird noch immer Wasser geschöpft; Bauern ziehen mit Eseln und Maultieren über den Platz auf die Felder, immer bereit, auf dem Wege für ein Schwätzchen mit Bekannten anzuhalten. An der Platia wirbt der örtliche Kulturverein ›O Apollon‹ für sein alljährlich zwischen Ende Juli und Ende August im Dorf stattfindendes Festival, bei dem man neben Theaterstücken in neugriechischer Sprache und Volkstänzen auch das alte Schattenspiel Karajosis und eine ›traditionelle Dorfhochzeit‹ sehen kann.

Karia besitzt ein kleines, modernes Hotel mit Swimmingpool und ihm gegenüber ein winziges, privates **Volkskunstmuseum** (täglich 9–12 und 17–21 Uhr), dessen Inhaber auf feste Eintrittsgelder verzichtet, weil die nach der Besichtigung erbetenen Spenden meist zu seiner Zufriedenheit ausfallen.

Das einstige Fischerdorf **Agios Nikitas** an der Westküste kann die Touristen heute kaum mehr verkraften, die hier massenweise Ruhe, Einsamkeit und Idylle suchen. Der Ort hat seinen Reiz verloren, der Ortsstrand war noch nie gut. Zum Baden besser geeignet sind die Strände 1–3 km nördlich von Agios Nikitas sowie der südlich des Dorfes gelegene Sandstrand von **Kathisma,** der allerdings auch schon mehr und mehr von Zelten und Wohnmobilen überschwemmt wird.

Inselrundfahrt

Von der Stadt Lefkas aus geht die Fahrt zunächst entlang der Ostküsten gen Süden. Wer wissen will, was vom **antiken Lefkas** erhalten blieb, stoppt sein Fahrzeug etwa 600 m nach dem beschilderten Ortsanfang von Kaligoni gegenüber einer Texaco-Tankstelle und geht ein paar Schritte zurück. Vor dem die Straße flankierenden Felsvorsprung führt ein Feldweg hügelan. Auf dem Felsvorsprung sind dann spärliche Reste der antiken Stadtmauer zu entdecken.

Ligia lohnt für jedermann einen Halt. Im Hafen liegen noch die Kaïkis der Berufsfischer, die man allmorgendlich beim Netzeflicken beobachten kann. Die Kafenia an der Platia am Hafen sind einfachursprünglich; der Blick geht von hier über die Fischerboote zu der auf dem gegenüber liegenden Festland von den Türken erbauten Festung Agios Georgios. Sie steht an der Stelle einer anderen antiken Stadt, von der aber nicht mehr bekannt ist, als daß sie wie das antike Lefkas im 7. Jh. v. Chr. gegründet wurde.

Vorbei an kleinen, schmalen Stränden erreicht die kurvenreiche Küstenstraße, an der immer mehr Hotels und Pensionen entstehen, dann **Nidri,** den bedeutendsten Urlaubsort der Insel. Hier legen auch die Fähren nach Meganissi, Ithaki und Kefallinia ab, so daß der kleine Hafen recht geschäftig wirkt. Vom Anleger erblickt man das Inselchen Maduri mit einer klassizistischen Villa direkt am Ufer, die ursprünglich dem Dichter Andreas Valaoritis gehörte (s. S. 49). Das Ufer von Nidri wird von einem schmalen Strandstreifen und zahllosen Tavernen gesäumt. Die einige Schritte landeinwärts verlaufende Hauptstraße mit viel zu schmalen Gehwegen ist so belebt wie die Einkaufsstraße einer mittelgroßen deutschen Stadt.

Dennoch ist ein schönes Stück Natur gar nicht weit von Nidri entfernt: eine enge, grüne Schlucht mit **Wasserfällen.** Folgt man am Beginn des Ortszentrums zunächst dem Wegweiser zum Hotel Gorgona und dann nach 1,4 km dem Wegweiser zum ›Waterfall‹, gabelt sich nach weiteren 500 m die Asphaltstraße; hier hält man sich rechts. Nach weiteren 300 m wird ein Fußballplatz passiert, bald dar-

Todessprünge am Kap Dukato

Die Leukadischen Felsen am Kap Dukato auf Lefkas haben schon die Griechen der Antike beeindruckt und ihre Phantasie angeregt. Für Homer führte der Weg der Seelen der Verstorbenen in den Hades an ihnen vorbei (nachzulesen in der Odyssee 24,11 f.). Der ionische Dichter Anakreon, der um 500 v. Chr. die Liebe und den Wein pries, dichtete die Zeilen »Vom leukadischen Felsen mich wiederum schwingend, tauche ich in das graue Meer, trunken von Liebe.« Und Strabo, der griechische Geograph aus der Zeit um Christi Geburt, berichtet von einem traditionsreichen lefkadischen Brauch. Er schreibt, daß jährlich am Opferfest des Apollon, für den am Kap ein Tempel errichtet war, ein verurteilter Verbrecher zur Sühne herabgestürzt wurde. Vorher hatte man ihm Federschwingen und lebende Vögel an den Leib gebunden, die den Sturz mildern sollten. Unten warteten bereits zahlreiche Boote. Überlebte der Verbrecher den Sturz, nahmen sie ihn auf und brachten ihn außer Landes in Sicherheit.

Am bekanntesten geworden ist das Kap Dukato jedoch durch den attischen Komödiendichter Menander, der um 300 v. Chr. in Athen lebte. Er bringt den Leukadischen Felsen in einem seiner Werke mit Sappho (sprich: *sap-fo*), der ersten Lyrikerin der Weltgeschichte, in Verbindung. Sappho wurde 617 v. Chr. als Tochter adliger Eltern geboren. Nach einem längeren, zwangsweisen Aufenthalt auf Sizilien kehrte sie um 585 v. Chr. auf ihre Heimatinsel Lesbos vor der kleinasiatischen Küste zurück. Dort gründete sie eine Art Internat, in dem – wie in Athen oder Sparta die Jünglinge – junge Mädchen aus hochgestellten Familien erzogen wurden. Sie erhielten Unterricht in häuslichen Arbeiten, in der Religion, der Kultausübung und in gutem Benehmen, in gefälligem Auftreten und in den musischen Künsten.

So wie in der Erziehung der griechischen Jünglinge auch die erotische Bindung an den Lehrer eine große Rolle spielte, so schwingt der Eros in der Beziehung zwischen Sappho und ihren Schülerinnen mit – von ihr in vielen gefühlvollen Zeilen verewigt. Später prägte man darum den Begriff ›lesbische Liebe‹ und sah Sappho als ihre erste Repräsentantin an. Darüber geriet die eigentliche Bedeutung Sapphos als Dichterin in den Hintergrund. Mit ihr sprach zum erstenmal in der Kulturgeschichte eine Frau von sich selbst und von ihrem Gegensatz zur Männerwelt – wie etwa in diesen Zeilen über ein Mädchen aus ihrer Umgebung: »Ihren anmutigen Schritt wollte ich lieber sehen / Und das helle Leuchten auf ihrem Antlitz / Als die Streitwagen der Lyder und ihr gewappnetes Fußvolk.«

Menander schreibt nun, Sappho habe sich im Alter in den schönen Jüngling Phaon verliebt und sei, weil er diese Liebe nicht erwiderte, aus Liebeskummer vom Leukadischen Fels gesprungen – ein Gebet an Apoll auf den Lippen. Wörtlich genommen, paßt diese Darstellung kaum zu den allgemein angenommenen Charakterzügen der Sappho – ganz abgesehen davon, daß Sappho in ihrem Leben wahrscheinlich niemals auf Lefkas war. Es gibt jedoch eine Möglichkeit, diese Aussage des Menander, die auf einer alten Überlieferung beruht, als Lobpreis auf die Dichterin zu interpretieren:

Phaon war in der lesbischen Tradition ein Heros im Gefolge der Liebesgöttin Aphrodite, der ja auch Sappho diente. Apoll wiederum war der Gott der Jugend, der Schönheit und der Dichtkunst. Phaon könnte also für die Liebe schlechthin stehen, der zu huldigen dem Alter nicht mehr möglich ist. So wählte die Dichterin denn den Sprung vom Apollo-Tempel auf dem Leukadischen Felsen, an dem schon nach Homer der Weg in den Hades vorbeiführt, um damit wie trunken in die Ewigkeit einzugehen. Durch ihre Dichtkunst, die unter dem Schutz des Apoll stand, ist ihr das ja auch gelungen.

auf geht der Asphalt in Schotter über. Nach insgesamt 3 km, am Ende der Straße, folgt man 15 Min. lang einem Pfad, der entlang einer Wasserleitung oberhalb eines Bachbetts verläuft. Er endet in der engen, von Bachstelzen und Fröschen belebten Schlucht, in der bis weit ins Frühjahr hinein Wasser über bemooste Felsen zu Tale stürzt.

Auf der Weiterfahrt gen Süden steht am Ortsende von Nidri eine Avin-Tankstelle und 100 m weiter ein verblichenes Schild mit der Aufschrift ›Archeological Site Steno-Nidri‹. Hier durchschneidet die Straße das Gelände, in dem Wilhelm Dörpfeld 1912 eine Nekropole mit 33 Gräbern aus der frühen Bronzezeit freilegte, als er nach dem Palast des Odysseus (s. S. 142 f.) suchte, um seine These zu untermauern, Lefkas sei das homerische Ithaka. Heute sind von ihnen nur noch vier zu erkennen. Sie wurden über der Verbrennungsstätte des Toten errichtet. Nachdem der Scheiterhaufen mit Wein gelöscht worden war, mauerte man darüber bis zu 1 m hohe kreisförmige Gräber aus Kalksteinplatten und vom nahen Fluß rundgeschliffenen Steinen auf, die dann noch von einem kegelförmigen Erdhügel überdeckt wurden.

Die Hauptstraße führt jetzt am nahezu völlig vom Sund abgeschlossenen Golf von **Vlicho** entlang. Hier fertigen einige kleinere Werften noch immer die traditionellen hölzernen Kaïkis an. Am

Sie beflügelten schon in der Antike die Phantasie: Die Leukadischen Felsen

Der schöne Strand von Porto Katsiki
auf der Dukato-Halbinsel

Ortsende von Vlicho zweigt eine
mit ›Desimi-Geni‹ beschilderte
Straße ab, der man am Ufer des
Golfes entlang bis zu ihrem Ende
folgen kann. Dort beginnt ein
schmaler Fußweg, der zur meist
verschlossenen Kapelle der Agia
Kiriaki auf der Spitze der Landzunge führt. Bei diesem Spaziergang
passiert man das heute noch blu-
mengeschmückte Grab Wilhelm
Dörpfelds, der bis zu seinem Tode
1940 auf Lefkas lebte, und kann einen phantastischen Blick über den
Golf auf die lefkadischen Berge
und Nidri genießen. Die ehemalige

Villa Wilhelm Dörpfelds, die oberhalb der Kapelle steht, kann nicht
besichtigt werden – sie ist in Privat-
besitz.

Hinter Vlicho steigt die Inselrundstraße bergan und erreicht
nach insgesamt 27 km das sehens-
werte Bergdorf **Poros**. Seine winzige Platia mit öffentlichem Brunnen
und zwei Kaffeehäusern, die zugleich die Gemischtwarenhandlungen des Dorfes sind, lohnt eine
Rast auf schattiger Terrasse. Fünf
kurvenreiche Kilometer unterhalb
des Dorfes lockt der im Hochsommer übervolle Kieselstrand, landläufig **Poros Beach** genannt, zum
Bad am wenig kinderfreundlich
steil abfallenden Ufer.

Von der Inselrundstraße zweigt
wenig später eine asphaltierte

Stichstraße zum Strand von **Sivota** ab, der sich langsam zu einem Badeort entwickelt. In den guten Fischrestaurants am Ufer genießt man einen prächtigen Blick auf das hier wieder wie ein Binnensee wirkende Meer und die grünen, niedrigen Hügel ringsum.

Vassiliki ist dann die Perle des Inselsüdens. Der historische Ortskern mit seinen ziegelgedeckten Häusern, deren Obergeschosse mit Holz verkleidet sind, sorgt für eine anheimelnde Atmosphäre; am Hafenbecken sitzt man unter Eukalyptusbäumen recht romantisch. Ein fast 2 km langer, am Ufer feinkiesiger, im Wasser sandiger Strand beginnt unmittelbar am Ortsrand; im Hintergrund bildet die weite Küstenebene vor hohen, kahlen Bergen eine schöne Kulisse. Von Vassiliki aus fahren Badeboote in die Strandbuchten von Agiofili und Ammusa sowie an die Strände auf der Halbinsel Lefkatas.

Um auf das sagenumwobene Kap Dukato (s. S. 121 f.) zu gelangen, muß man zunächst weit zurück nach Norden, in das große Bergdorf **Agios Petros** mit mehreren Restaurants und Pensionen fahren. Bei Komilio zweigt dann eine 25 km lange Stichstraße über den Rücken der Lefkatas-Halbinsel ab.

Bis **Athani,** dem südlichsten Dorf auf dieser Landzunge, ist sie asphaltiert (um ins Dorfzentrum zu kommen, nimmt man am Ortsschild die linke, obere Straße). Hier kann man in Privatzimmern wohnen, in mehreren Restaurants essen, den von den Einheimischen hochgelobten Thymianhonig kaufen und hinunterschauen auf die Frachter, Fähren und Yachten, die zwischen Lefkas und Kefallinia hindurch ihrem Kurs gen Patras, Korinth und Athen folgen. Unterhalb des Dorfs liegt der kilometerlange und fast menschenleere Sandstrand von **Egremni.** Von Athani führen eine 4 km lange Asphaltstraße zum Ortsstrand und eine 1994 vollendete, etwa 16 km lange Asphaltstraße zum vielleicht schönstgelegenen Strand des Ionischen Meeres, **Porto Katsiki.** Unter der hohen Steilküste ist hier weißer Sand aufgespült worden – ein ideales Motiv für Werbeplakate, die denn auch überall in Griechenland aushängen. Sie zeigen allerdings nicht, daß die Umgebung des wirklich herrlichen Strandes mit Hunderten von Autos vollgeparkt ist.

Auf dem **Kap Dukato,** dem Felsen des ›Sprungs der Sappho‹ steht heute nur ein kleiner, unbemannter Leuchtturm. Eine gute Piste führt hin. Von dem Apollo-Tempel der Antike sind keine Spuren mehr sichtbar. Trotzdem lohnt sich die weite Fahrt hierher: die Steilküste am Kap ist atemberaubend.

Auf die Inselrundstraße zurückgekehrt, werden jetzt auf der Rückfahrt nach Lefkas-Stadt noch mehrere Bergdörfer wie Exanthia und Drimonas passiert, in denen das Leben noch seinen alten Gang geht, der so sehr im Gegensatz steht zu dem, was man in Orten wie Nidri und Agios Nikitas erlebt.

Praktische Informationen für Lefkas

Flugverbindungen: Der Flughafen für die Insel Lefkas liegt nicht auf Lefkas selbst, sondern auf dem Festland nahe der Straße nach Preveza, 22 km von der Inselhauptstadt entfernt. Ein Flughafenbus verkehrt zwar nicht, doch der Linienbus nach Preveza hält nahe am Airport. Flugverbindungen bestehen ein- bis zweimal täglich mit Athen und zweimal wöchentlich mit Korfu.

Schiffsverbindungen: Autofähren verbinden Nidri von Juni bis Mitte September zweimal täglich, in den restlichen Monaten viermal wöchentlich mit Frikes auf Ithaki und Fiskardo auf Kefallinia sowie mehrmals täglich mit Meganissi (Auskunft ✆ 06 45/9 21 34). Von Vassiliki aus verkehrt ein- bis zweimal täglich eine Autofähre nach Fiskardo auf Kefallinia, nach Piso Aetos auf Ithaki sowie nach Sami auf Kefallinia.

Verkehr: Fernbusse fahren von Lefkada mehrmals täglich nach Athen und Preveza. Auf der Insel gibt es mehrmals täglich eine Busverbindung von Lefkada nach Nidri, Vlicho, Vassiliki, Agios Nikitas, Karia und Poros. Der Busbahnhof befindet sich an der Uferstraße südöstlich des Straßendamms. Ab 1994 gibt es eventuell auch eine Minibusverbindung über Athani nach Porto Katsiki.

Unterkunft: Porto Galini (4*): Mit einem Architekturpreis ausgezeichnetes Hotel mit großen Zimmern in ein- und zweigeschossigen Gebäuden oberhalb eines schmalen Kiesstrandes. Sehr ruhige Lage, großes Wassersportangebot. 4 km nördlich von Nidri unterhalb der Küstenstraße gelegen. Magana Nikianas, ✆ 06 45/9 24 31.

Karia Village (3*): Sehr ruhig gelegenes Hotel am oberen Dorfrand von Karia, kleiner Pool, 22 Zimmer ✆ 06 45/4 10 30 und 421 04.

Niricos (2*): Einfaches, aber gutes Stadthotel unmittelbar am Beginn des Damms zum Festland und der Hauptgasse von Lefkada. 36 Zimmer, ✆ 06 45/2 41 32.

Byzantio (1*): Einfaches Hotel mit 9 Zimmern am dammseitigen Beginn der Hauptgasse, nur Etagenduschen. Odos Derpfeld 4, ✆ 06 45/2 26 29.

Robotis (1*): 10 Privatzimmer mit Dusche/WC im Zentrum von Athani nahe bei Porto Katsiki und anderen grandiosen Sandstränden. Falls kein Minibus zu den Stränden eingesetzt werden sollte, ist der Aufenthalt hier nur motorisierten

Im Bergdorf Drimonas mit seiner festländisch geprägten Architektur im Nordwesten der Insel geht das Leben noch seinen alten Gang

Romantica: Große Taverne mit Garten im Stadtzentrum, Wein vom Faß, im Sommer abends mit Kantades-Musik. Odos Mitropoleos 13, Lefkada.

 Information: Nur in privaten Reisebüros.

 Banken: In Lefkada.

Post und Telefon: Hauptpost in Lefkada, Odos Mela 1; Zweigstellen in Karia, Nidri, Vassiliki und Vathi. Telefonämter in Lefkada und Nidri.

Feste: 3. Mai: Agia Mavra in Lefkada; 8. Juni: Offenbarung Mariens im Kloster Faneromenis; 7. Juli: Agia Kiriaki in Nidri und Sivota; 6. August: Fest des Erlösers in Nikiana; 1. Augusthälfte: Literatur- und Kunstfestival in Lefkada und Ligia; August: Folklore- und Kulturfestival in Karia; 6. Dezember: Agios Nikolaos in Poros.

Urlaubern zu empfehlen. ✆ 0645/33291 und 33476.

Restaurants: Agrambeli: Nur im Hochsommer geöffnete Taverne mit griechischer Live-Musik neben dem Hotel Niricos an der Uferstraße von Lefkada.

Anamnise: Einfache, preiswerte, nur bis 16 Uhr geöffnete Musikkneipe. Faßwein, Suppen, auch Patsá (Kuddelsuppe). Odos Karabela 6 (am Ende der Odos Derpfeld die Straße halb links voraus).

Bellino: Modernes Café an der Platia im Zentrum von Lefkada, gute Appetithappen (Mesé) zu Bier oder Ouzo.

Bitsounas: Einfache Ouzeri mit lefkadischen Weinen vom Faß, Grillgerichten und vielen Vorspeisen. Odos Mitropoleos 14 (Seitenstraße, die von der Odos Derpfeld abzweigt), Lefkada.

Meganissi

Obwohl die kleine Autofähre von Nidri auf Lefkas bis zur Insel Meganissi nur 45 Minuten unterwegs ist, kennt kaum jemand auf Lefkas die ›Große Insel‹ – so die Übersetzung ihres Namens. Sie ist zwar nur mit 18 km² Fläche vermessen, ist aber die größte einer ganzen Reihe von

Inseln für Segler:

Kastos und Kalamos

Von Maren Martell

In der tiefen Bucht zwischen Lefkas und dem akarnanischen Festland liegen zwei kleine ständig bewohnte Inselchen, die selbst eingefleischten Griechenlandkennern weitgehend unbekannt sind. Ganz aufs Festland ausgerichtet, sind sie mit den Linienschiffen von den Ionischen Inseln aus kaum zu erreichen. Segler aber können sie ansteuern und so ein noch weitgehend unberührtes Stück Griechenland kennenlernen. Nach Kalamos fährt im Sommer außerdem einmal wöchentlich ein Ausflugsboot von der Stadt Lefkada aus.

Kalamos ist zwar nur 24 km² groß, aber sehr gebirgig. Der Kalamida als höchster Inselgipfel steigt immerhin 785 m aus dem Ionischen Meer auf. Die 250 ständigen Bewohner des Eilands leben überwiegend noch von der Viehzucht, vom Wein-, Oliven- und Getreideanbau. Ihre Häuser verteilen sich auf den Hauptort Kalamos, der sich vom kleinen Hafen aus mit seinen weißen und grauen Häusern den Hang des Kalamida hinaufzieht, und auf die Weiler Episkopi und Kefali. Fahrwege verbinden die Zwergsiedlungen untereinander, die Zahl der Autos aber läßt sich an zwei Händen abzählen. Hotels, Pensionen oder Campingplätze fehlen, lediglich ein paar einfache Privatzimmer werden vermietet. Man verbringt seine Zeit an den kleinen Sand-Kieselsträndchen bei Episkopi, sitzt in den beiden Tavernen am Hafenkai

kleinen, zumeist unbewohnten Inselchen zwischen Lefkas, Ithaki und dem Festland.

Auf dem Eiland leben im Winter schätzungsweise noch etwa 500 Menschen, im Sommer vielleicht 1500. Touristen gibt es so gut wie gar nicht, von Tagesausflüglern aus Lefkas einmal abgesehen. Die Bewohner verteilen sich auf drei Dörfer, die dicht beieinander stehen, von denen aber nur Vathi unmittelbar an der Küste liegt. Die Insel ist überwiegend sanft hügelig, der höchste Berg erreicht nur eine Höhe von 267 m. Auffällig ist bei einem Blick auf die Karte die eigenartige Form von Meganissi, von der ein schmaler Keil wie ein Griff gen Südosten ins Meer hinausragt. Hier gibt es mehrere Strände, die aber bislang nur mit dem Boot erreichbar sind. Baden kann man auch unterhalb der Dörfer Spartochori und Katomeri an kleinen Kies- und Kieselsteinsträndchen.

oder wandert auf Schotterwegen und Eselspfaden – mehr gibt es auf Kalamos nicht zu tun.

Kastos ist noch winziger als das ohnehin schon kleine Kalamos. Etwa 40 Menschen leben noch ständig auf dem nur 7 km² großen Inselchen. Es sind überwiegend alte Leute, die von ihren Renten zehren, ein wenig Wein und einige Oliven ernten und für den Eigenbedarf manchmal auf Fischfang gehen. Kastos ist noch völlig autofrei; die einzige Übernachtungsmöglichkeit bietet der Inselpriester Papas Nikolaos, der Gästen die 12 Zimmer im Gemeindehaus überläßt. Für Verpflegung sorgen zwei Tavernen am Hafeneingang; die Strände sind zum Teil zu Fuß, zum Teil aber auch nur mit einem Schiff zu erreichen.

Von der Yacht aus mutet Kastos mit seinen Ölbaumhängen und den darin verstreuten weißen Häuschen mit roten Ziegeldächern sehr idyllisch und verträumt an. Kleine Sandstrände und eine verfallende Windmühle am Eingang der Bucht, eine kleine Hafenmole mit mehreren daran vertäuten Kaïkis und ein kanalähnlicher Hafen für die kleinsten Fischerboote machen einen einladenden Eindruck. Ein Paradies ist Kastos dennoch ebensowenig wie Kalamos: Das Problem dieser Inselwinzlinge ist der sich beständig vermehrende Müll. Niemand kümmert sich um seine Beseitigung; überall liegen Abfälle herum, denen nur die frei herumlaufenden Hühner auf der Suche nach ein paar Krumen gackernd und pickend etwas Aufmerksamkeit widmen.

So sind Kastos und Kalamos denn insgesamt gesehen nur für Segler und leidenschaftliche Inselsammler einen Besuch wert. Für den Urlauber, der auf Lefkas ein oder zwei Wochen verbringt, gibt es lohnendere Ausflugsziele.

Aus der Geschichte der Insel ist nicht viel bekannt. Aus der Antike fehlen Zeugnisse völlig; was das Mittelalter betrifft, deutet einiges darauf hin, daß Meganissi das Schicksal von Lefkas teilte.

Meganissi besucht man am besten auf eigene Faust mit der Autofähre. Man kann dann morgens bis nach **Vathi** fahren, dort in der Taverne am Anleger den Blick auf die Onassis-Insel Skorpios genießen und das dörfliche Leben betrach-

ten. Ein Spaziergang führt durch lichte Olivenhaine hinauf nach **Katomeri** (15 Min.) und dann auf der Höhenstraße weiter ins Dorf **Spartochori** (60 Min.) mit seinen engen Gassen. Unterhalb des Dorfes stehen am Strand von **Porto Spilia** schöne Tavernen. Am Nachmittag fährt von dem etwa 10 Gehminuten entfernten Anleger im Osten eine Autofähre zurück nach Nidri auf Lefkas.

Porto Spilia auf der Lefkas vorgelager-
ten Insel Meganissi

Praktische Informationen
für Meganissi

 Schiffsverbindungen: Zwei- bis dreimal täglich per Autofähre mit Nidri.

 Verkehr: Auf der Insel gibt es weder Busse noch Taxis.

 Unterkunft: Am Dorfrand von Katomeri steht das einzige Hotel der Insel, das Hotel ›Meganisi‹ (2*) (ganzjährig geöffnet, ☎ 06 45/5 12 40 und 5 16 39).

 Restaurants: Tavernen gibt es in allen drei Dörfern und am Strand von Porto Spilia.

 Information: Am besten im Hotel Meganisi.

 Banken: Keine; Geldwechsel und Scheckeinlösung im Postamt von Katomeri.

 Post/Telefon: In Katomeri

 Feste: 21. Mai: Agios Konstantinos in Katomeri; 15. August: Mariä Entschlafung in Katomeri; August: Kunst- und Musikfestival in allen Inselorten; 15. September: Agia Vissariona in Vathi.

Ithaki –
Heimat des
Odysseus?

Die Hauptstadt Vathi

Buchten und Grotten

Fahrt in den Inselnorden

Fischer auf Ithaki bei der täglichen Arbeit

Ithaki – Heimat des Odysseus?

Nach Ithaki kommt man nicht zum Baden. Hier wandelt man auf den Spuren des homerischen Epos und genießt die Ruhe einer Insel, die vom Pauschaltourismus noch gänzlich unberührt geblieben ist.

Ithaki, bei uns landläufig auch Ithaka, von den Griechen oft auch Thiaki genannt, gilt als Heimatinsel des antiken Helden Odysseus. Wo sein Palast gestanden haben soll, ist allerdings umstritten. Die einen verlegen ihn auf den Berg Aetos im Süden, die anderen nach Polis oder Stavros im Norden, und manche glauben gar, er sei nirgends zu finden, da Odysseus nur eine Gestalt der Sage sei. Als erster besuchte Heinrich Schliemann 1868 mit der Odyssee in der Hand die Insel, las den Einheimischen daraus vor und setzte den Spaten an; später kamen britische und griechische Archäologen. Handfeste Beweise für die historische Siedlung des Odysseus brachte freilich niemand ans Tageslicht. Die Einheimischen ficht das wenig an: Sie nutzten den Ruf der Insel, haben viele Schilder aufgestellt, die zu den Schauplätzen der Odyssee weisen und freuen sich, daß die 2800 Jahre alte Geschichte ihnen einige Touristen bringt.

Die nämlich haben sie bitter nötig. Ihre kleine Insel, die vor 200 Jahren noch 12 000 Einwohner er-

nährte, hat bis in die 60er Jahre hinein unter Auszehrung gelitten; heute leben nur noch 3100 Menschen auf Ithaki, gut zwei Drittel der einstigen Einwohnerschaft sind inzwischen in Athen, Australien, Südafrika und den USA zu Hause. Die wenigen Verbliebenen konzentrieren sich hauptsächlich auf zwei Siedlungszentren: die Inselhauptstadt Vathi im Süden und die Dörfer in der Umgebung von Stavros im Norden.

Die 24 km lange, mit 94 km² vermessene Insel ist deutlich zweigeteilt. An der Nahtstelle zwischen der südlichen und der nördlichen Hälfte wird sie von einem nur 620 m breiten Isthmos zusammengehalten. Er ist so gebirgig wie die beiden Hälften, die im Norden bis auf 796 m, im Süden bis auf 669 m Höhe aufsteigen. Zum Meer hin fällt die Insel meist steil ab; die Küsten sind deshalb nur an wenigen Stellen besiedelt. Entsprechend selten sind auch Strände. Ithaki ist keine Insel für Badeurlauber, große Hotels fehlen deshalb auch. Man kommt eben nach Ithaki, um auf den Spuren des Odysseus zu wan-

Ithaki

Geschichte

deln – und das läßt sich am besten zu Fuß erledigen. Dabei genießt man nicht nur die unterschiedlichen Landschaften der Insel, sondern fast immer auch den Anblick des benachbarten Kefallinia im Westen, das nur durch eine 2–5 km breite Meeresenge von Ithaki getrennt wird.

Erste Siedlungsspuren stammen aus dem 3. Jahrtausend vor Christi Geburt. Glaubt man Homer, war Ithaki zur Zeit des Trojanischen Krieges

Lord Byron und der griechische Freiheitskampf

Als sich die Griechen 1821 gegen die türkische Fremdherrschaft erhoben, hatte Europa gerade erst die Französische Revolution, die Napoleonischen Kriege und den Wiener Kongreß hinter sich, der die bestehenden Monarchien noch einmal gestärkt hatte. Die revolutionären Bewegungen in Europa wurden von den Herrschenden mißtrauisch betrachtet, nach Möglichkeit in ihrem Bewegungsspielraum eingeschränkt. Insbesondere das offizielle Österreich und das offizielle England betonten die legitimen Ansprüche des osmanischen Sultans auf Hellas, weil sie sowohl eine allgemeine Schwächung des monarchistischen Gedankens fürchteten, als auch einen Machtzuwachs Rußlands, das sich mit den orthodoxen Glaubensbrüdern in Griechenland verbinden könnte.

Um so größer war die Begeisterung bei Europas Liberalen und Revolutionären für den griechischen Freiheitskampf. Das Griechenlandbild, das ihnen vor Augen stand, hatte allerdings nur wenig mit der Realität zu tun. Es war von humanistischer Bildung geprägt, von den Träumereien der Klassik. Die Wirklichkeit aber sah anders aus, als sie sie sich vorstellten – und auch ganz anders, als sie heute in griechischen Broschüren für Touristen dargestellt wird.

Das bekam auch Lord Byron schnell zu spüren, als er am 2. oder 3. August 1823 in Argostoli auf Kefallinia griechischen Boden betrat. Der große Dichter der englischen Romantik, 1788 geboren, hatte das griechische Festland schon zwischen 1809 und 1811 auf einer zweijährigen Reise kennengelernt, war damals von Preveza über Ioannina nach Athen gezogen und hatte diese Zeit als die glücklichste seines Lebens beschrieben. Jetzt war er als Beauftragter des Londoner Griechischen Komitees unterwegs, einer Vereinigung von Philhellenen, die den Freiheitskampf tatkräftig unterstützen wollten. Der Segler Hercules, mit dem Byron von Livorno in Italien nach Kefallinia übersetzte, war denn auch mit Waffen, Munition, Medikamenten und 10 000 Silbertalern beladen. Kefallinia war als Ziel ausgewählt worden, weil dessen britischer Gouverneur, Lord Napier, unter allen Gouverneuren der eigentlich ja strikt neutralen Inseln der einzige engagierte Philhellene war.

Byron mußte zunächst erfahren, daß die griechischen Freiheitskämpfer untereinander zutiefst zerstritten waren. Es gab keine einheitliche Strategie, geschweige denn eine allgemein anerkannte Führung. So wartete Byron zunächst das weitere Geschehen ab, bezog ein Haus im Dorf Metaxata und vertrieb sich die Zeit mit Ausflügen. Einer davon führte von Argostoli in neun Stunden Ritt nach Agia Evfimia, »auf schlechteren Straßen, als ich sie im Laufe mancher Reisejahre in unkultivierten Gegenden vieler Länder vorgefunden hatte«. Man segelte von dort hinüber nach Ithaki und unternahm von Vathi aus einen Abstecher mit Maultieren zur Quelle der Arethusa sowie per Ruderboot zur ›Schule des Homer‹ bei Stavros. Am letzten Tag des kurzen Ithaki-Aufenthalts schwamm Byron noch begeistert in der Bucht von Vathi, dann kehrte man nach Agia Evfimia zurück, übernachtete im Kloster der Gottesmutter oberhalb von Sami und machte sich am nächsten Tag auf Maultieren auf den Rückweg nach Argostoli.

Dort lag inzwischen ein Brief des Komitees an ihn vor, das ihn bat, in Griechenland die Verteilung weiterer Hilfslieferungen zu betreuen, die demnächst mit einem zweiten Schiff ankommen sollten. Um schon etwas zu tun, heuerte Byron zunächst auf eigene Kosten eine Truppe von 40 Freischärlern an. Die Erfahrungen mit ihnen waren enttäuschend: Ich »hätte ihre Zahl möglicherweise vergrößert – doch fand ich sie untereinander in allem gänzlich uneins, außer wenn sie Forderungen an mich richteten – obwohl ich pro Mann jeden Monat einen Taler mehr gegeben hatte, als sie von der Griechischen Regierung erhalten konnten.« Er bot ihnen darum noch einen Monatssold im voraus an und schickte sie damit aufs Festland, wo sie sich den griechischen Truppen anschließen sollten. Weitere 250 Silbertaler sandte Byron nach Ithaki zur Unterstützung griechischer Flüchtlingsfamilien. Ansonsten aber war sich Byron immer noch nicht im Klaren darüber, welche griechische Fraktion er nun unterstützen sollte.

In seinem Tagebuch notierte er: »Wer immer zum gegenwärtigen Zeitpunkt nach Griechenland hineingeht, sollte es so tun, wie Mrs. Fry nach Newgate hineinging: nicht in der Erwartung, irgendwelchen besonderen Anzeichen bestehender Rechtschaffenheit zu begegnen, sondern in der Hoffnung, daß die Zeit und eine bessere Handhabung die gegenwärtige Einbruchs- und Diebstahlsmentalität... bezwingen werde. Wenn die Gliedmaßen der Griechen ein bißchen weniger steif sind von den Beinschellen der vier Jahrhunderte, werden sie nicht mehr so sehr marschieren, als ob sie Fesseln an ihren Beinen hätten. Das Schlimmste an ihnen ist, daß sie ... solch verdammte Lügner sind; solches Unvermögen zur Aufrichtigkeit hat man nicht gesehen, seit Eva im Paradies lebte.« Der Lord stellte etwas später sogar das Tagebuchschreiben ganz ein, weil er es nicht lassen konnte, darin auf die Griechen zu schimpfen.

Byron blieb bis zum 29. Dezember auf der Insel. In dieser Zeit empfing er zahlreiche Gesandte der verschiedensten griechischen Freischärlergruppen, die sich alle um seine materielle Unterstützung bemühten. Er organisierte englische Anleihen für die griechischen Kämpfer und unterstützte kleinere Aktionen aus eigener Tasche. Schließlich war er des Wartens leid. So brach er Ende Dezember nach Messolongi am Golf von Patras auf, das von den Türken belagert wurde. Dort erwartete ihn der griechische Heerführer Mavrokordatos, der besonders eindringlich um seine Unterstützung geworben hatte – ohne das Geld Lord Byrons wären die griechischen Kämpfer nicht mehr zu besolden gewesen. In Messolongi starb Lord Byron am 19. April 1824 am Sumpffieber und an ärztlichen Kunstfehlern, ohne zuvor an irgendwelchen Kampfhandlungen teilgenommen zu haben.

um 1200 v. Chr. Zentrum eines Königreichs, zu dem auch Kefallinia und Zakinthos gehörten. In historischer Zeit war die Insel meist von Kefallinia oder später dann von Korfu abhängig. 1484 eroberten die Türken Ithaki, wurden aber schon 1500 durch die Venezianer wieder vertrieben. Da die Insel durch Piratenüberfälle und Emigration weitgehend entvölkert war, lockten die Venezianer zahlreiche

Bauern von anderen Inseln durch billige Landverkäufe und eine vorläufige Steuerbefreiung zur Neuansiedlung an. Ithaki blühte auf; Weizen, Öl, Wein und Wolle wurden exportiert. Man wandte sich nun auch dem Bootsbau und der Seefahrt zu. Der wachsende Wohlstand hatte jedoch auch negative Folgen. Um 1800 war die Insel eindeutig überbevölkert, die Menschen begannen auszuwandern. Diese Bewegung wurde erst in den 70er Jahren unseres Jahrhunderts gestoppt.

Die Landwirtschaft der Insel dient heute fast nur der Eigenversorgung; wichtigster Wirtschaftszweig ist trotz seiner bescheidenen Dimensionen der Tourismus.

Vathi

Vathi (2000 Ew.) liegt ausgesprochen schön am innersten Ende einer langgezogenen Schlauchbucht ohne Blick aufs offene Meer. Nahe dem südlichen Ufer trägt das winzige Inselchen Lazaretto heute nur noch eine 1668 erbaute Kapelle für den Erlöser; der Name jedoch verweist auf ihre Geschichte. Die Briten legten auf dem Eiland 1836 eine Quarantänestation an, die nach dem Anschluß an Griechenland bis 1912 als Gefängnis diente. Nach dem Erdbeben von 1953 hat man die Ruine abgetragen. Trotz ihrer wenig attraktiven Aufgabe wählten sowohl Lord Byron als auch Heinrich Schliemann das Inselchen als Ziel ihrer morgendlichen Schwimmvergnügen.

Der Ort Vathi besteht überwiegend aus Häusern, die nach 1953 erbaut wurden. Sein kommerzielles und soziales Zentrum ist die Uferstraße, einzige Sehenswürdigkeit ein kleines **Archäologisches Museum.** Die dort ausgestellten Funde stammen vor allem aus einer von 1400 v.Chr. bis in römische Zeit hinein bewohnten Siedlung am Berg Aetos, wo auch jetzt noch griechische und amerikanische Archäologen graben. Die Exponate waren zumeist Votivgaben für das dortige Apollo-Heiligtum. Sie beweisen, daß Ithaki bis ins 7. Jh. v.Chr. hinein ein bedeutendes Zentrum der Keramikproduktion war, die jedoch nahezu zum Erliegen kam, nachdem die Korinther auf die Ionischen Inseln vordrangen.

Einen Blick wert ist auch die Mariä Lichtmeß geweihte **Kathedrale** von Vathi mit einer sehr reich und volkstümlich geschnitzten Ikonostase.

Zum Baden fährt man mit kleinen Booten ans Nordostufer der Bucht, wo es mehrere urige Tavernen und im Hochsommer allerdings überfüllte Kiesstrände gibt.

Arethusa-Quelle und die Schweineställe des Eumäos

Nach Arethusa, einer antiken Quellnymphe, sind viele griechi-

Bäuerliches Leben auf Ithaki

sche Quellen benannt. An der Arethusa-Quelle auf Ithaki soll Eumäus
die Schweine des Odysseus ge-
tränkt haben. Eumäus wiederum
war jener an Odysseus verkaufte
Sklave königlichen Geblüts, der
die Schweine seines Herrn hütete
und dem Helden bei seiner Rückkehr tatkräftig in dessen Kampf gegen die ungebührlichen Freier der
Penelope beistand. Die Schweine-
ställe glaubte Heinrich Schliemann, der Entdecker von Troja, in
den Ruinen einer mittelalterlichen
Burg auf der Marathia-Ebene iden-
tifiziert zu haben, die hoch über
der Arethusa-Quelle liegt.

Um hinzukommen, fährt oder
geht man von Vathi aus, wo am

Ufer ein Schild nach ›Maratha‹
weist, auf einem breiten Feldweg
zunächst durch eine grüne Ebene.
Später steigt die Strecke an, es öffnen sich schöne Ausblicke über die
Bucht von Vathi. Nach 4,2 km
steht rechts unmittelbar vor einer
kleinen Brücke ein unscheinbares
Schild, das auf den Fußpfad zur
ganz nahen Grotte hinweist, in der
Eumäos gehaust haben soll. 250 m
weiter führt vom Feldweg ein
schmaler Pfad abwärts zum Meer,
der an seinem Beginn mit einem
roten Punkt gekennzeichnet ist. Er
endet nach etwa 20 Min. an der
Arethusa-Quelle vor einer hohen
Felswand. Wasser schöpfen kann
man aus ihr freilich nur, wenn man
ein Gefäß an einem Seil hinunter-
läßt – unvorstellbar, daß Eumäos so
den Durst einer ganzen Schweine-
herde gestillt haben soll. Aber viel-

leicht sprudelte sie vor 3200 Jahren ja stärker...

Von der Quelle führt ein steiler, sehr schwieriger Fußpfad hinauf auf die **Marathia-Hochebene.** Besser aber gelangt man auf dem Feldweg hin (1 km hinter dem Pfad zur Quelle). Von mutmaßlichen Schweineställen läßt sich freilich keine Spur mehr entdecken; reizvoll ist jedoch die ländliche Stille auf der kleinen Hochebene und der Blick entlang der Küste.

Bucht von Sarakiniko

Der Name dieser 2,5 km von Vathi entfernten Bucht ging 1979 durch die deutsche Presse. Eine Gruppe von Deutschen hatte sich hier über 720 000 m² Land gekauft – als ›Aussteiger‹ wollten sie gemeinsam ein neues Leben beginnen. Das Projekt ist in seiner ursprünglichen, auf alternative Lebensformen zielenden Ausrichtung zwar längst gescheitert; aber das neue ›Dorf‹ Sarakiniko besteht noch immer. Am Kiesstrand hat einer der alten Sarakiniker ein idyllisches kleines Café errichtet, in dem man Salbeitee und Kräuter kaufen, klassische Musik hören, FAZ und Rundschau lesen, zelten und Skat spielen kann, während Hühner, Gänse, Hunde und Katzen zwischen den Tischen herumlaufen. Man sieht Kinder, die in Sarakiniko geboren wurden, und Aushänge, die zur Vollversammlung im Gemeinschaftshaus einladen, deren Thema die Vorbereitung der Hauptversammlung sein soll...

Perachori

3 km oberhalb von Vathi liegt in 300–340 m Höhe das größte Dorf der Insel, Perachori, dem leider urige Tavernen fehlen, obwohl es das Zentrum des ithakischen Weinanbaus ist. Hinaufzufahren lohnt sich aber trotzdem, wegen des schönen Blicks auf Vathi, ebenso wegen der mittelalterlichen Ruinen von Paleochora, das in den letzten 1000 Jahren wohl bedeutender war als die heutige Hauptstadt.

Gleich am unteren Ortsanfang steht links der Straße die Ruine eines venezianischen Herrenhauses, neben der sich der Rest eines Campanile erhebt. In der dazugehörigen Kirchenruine sind noch einige Fresken zu erkennen, so die Jungfrau mit dem Kind und der thronende Christus.

Im Ort weist ein Schild auf den Pfad hin, der den Besucher durch Olivenhainterrassen zu einer anderen, noch interessanteren Kirchenruine führt (15 Min.). Das Gotteshaus war dem Evangelisten Johannes geweiht. Am bemalten Templon erkennt man noch gut ganz links Johannes, daneben Maria mit dem Kind, den thronenden Christus und Johannes den Täufer und kleiner darüber die 12 Apostel; in der Apsis ist unter der Gottesmutter der Leib Christi als Brot in der Abendmahlsschale dargestellt.

Odysseus
König von Ithaka

Die beiden berühmten Heldenepen, die Homer zugeschrieben werden, die Odyssee und die Ilias, gelten als erste Meisterwerke der Weltliteratur, der Dichter selbst gar als Vater der europäischen Dichtkunst. In beiden Epen ist von Odysseus die Rede. In der Ilias wird er als König genannt, dessen Reich von Ithaka bis Zakinthos reichte; seinen Irrfahrten hat Homer dann die rund 12 000 Verse der Odyssee gewidmet. Noch heute ist die Insel Ithaki stolz darauf, Heimat des Odysseus gewesen zu sein; an vielen Stellen behaupten zum Teil handgemalte Schilder, den Weg zu einer Stätte der Odyssee zu weisen.

Dabei ist nicht einmal sicher, ob es je eine historische Persönlichkeit namens Homer gegeben hat. Bereits im Altertum wurde darüber gestritten. Heute ist die gängigste Ansicht, daß ein vielleicht Homer genannter Dichter, der Mitte des 8. Jh. v. Chr. lebte, die Ilias unter Verwendung älterer Lieder gedichtet und wahrscheinlich auch schon schriftlich fixiert hat. In ihr werden 51 Tage aus der Endzeit des Trojanischen Kriegs beschrieben. Dieses Epos hat sicherlich einen historischen Hintergrund, an den ja auch schon Heinrich Schliemann glaubte, der mit dem Text in der Hand die Stadt Troja ausgrub.

Die Odyssee hingegen nimmt zahlreiche Motive aus Seefahrergeschichten und dunkles Wissen über die griechischen Kolonisationsgebiete im Mittel- und am Schwarzen Meer auf. Sie erzählt die zehnjährige Irrfahrt des Odysseus nach Abschluß des Trojanischen Krieges und die Ereignisse auf seiner Heimatinsel während seiner Abwesenheit. In den ersten vier Büchern wird geschildert, wie Telemachos auf Anraten der Göttin Athena nach seinem Vater forscht und wie frech die Freier Odysseus' Gattin Penelope bedrängen. Im 5. Buch verläßt Odysseus auf einem Floß die Insel der Kalypso, erleidet Schiffbruch und strandet an den Gestaden von Scheria, der Insel der Phäaken. Scheria wird heute oft mit Korfu gleichgesetzt. Am Hof des dortigen Königs Alkinoos erzählt er in den Büchern 6 bis 12 von seinen Abenteuern: Zunächst segelt er mit seinen Gefährten zur thrakischen Stadt Ismaros und stürmt sie. Nach neuntägiger Seefahrt gelangen die übrigen zu den Lotosessern, wo sie die Heimfahrt vergessen. Nachdem Odysseus seine Männer mit Gewalt zurück auf die Schiffe gezwungen hat, begegnen sie dem einäugigen Riesen Polyphemos. Der Kyklop, der täglich zwei seiner Leute verspeist, wird überlistet und Odysseus kann mit den überlebenden Gefährten fliehen. Er kommt nun zur Insel des Beherrschers der Winde, Äolos, der ihm einen Schlauch schenkt, in dem alle widrigen Winde verborgen sind. So gelangt Odysseus schon bis kurz vor seine Heimatinsel Ithaka, öffnet dann aber aus Neugierde den Schlauch und wird wieder weit abgetrieben. Er landet bei den Laistrygonen, die alle Schiffe außer dem seinen zerstören und viele seiner Gefährten verspeisen. Schließlich gelingt die Flucht zur Insel der Zauberin Kirke, die einen Teil seiner Mannen zeitweilig in Schweine verwandelt. Nach einem Jahr steigt Odysseus in die Unterwelt, den Hades, hinab, um den verstorbenen Seher Teiresias nach seinem weiteren Schicksal zu befragen.

Auf der Weiterreise gelingt es Odysseus, dem lockenden Gesang der Sirenen zu entgehen, indem er seinen Gefährten Wachs in die Ohren stopft, sich selbst aber am Mast festbindet. In einer Meerenge holt das sechsköpfige Ungeheuer Skylla sechs seiner Gefährten von Bord. Auf der Insel Thrinakia schlachten die Männer aus Hunger die heiligen Kühe des Sonnengottes Helios. Zur Strafe läßt Göttervater Zeus alle Frevler umkommen; nur Odysseus überlebt und landet bei der Nymphe Kalypso, die sich in ihn verliebt und ihn erst sieben Jahre später weiterziehen läßt.

Im 13. Buch kommt Odysseus schließlich mit Unterstützung der Phäaken nach Ithaka zurück. In den folgenden Büchern 14 bis 24 wird nun ausführlich erzählt, wie Odysseus und sein Sohn Telemachos Rache an den unverschämten Freiern nehmen.

Daß der Dichter der Odyssee nicht mit dem der Ilias identisch ist, steht heute mit Sicherheit fest. Bezweifelt wird mittlerweile auch, daß das Ithaka des Odysseus mit dem heutigen Ithaki identisch ist. Die Beschreibungen im Epos stimmen nicht mit den geographischen Gegebenheiten überein. Der deutsche Archäologe Wilhelm Dörpfeld war der festen Überzeugung, das heutige Lefkas sei das antike Ithaka, andere setzten Ithaka mit Kefallinia oder sogar mit Korfu gleich.

So kann im Grunde jeder sein eigenes Ithaka suchen. Wer will, kann den Ithakern glauben: sie lokalisieren den Palast des Odysseus im Dorf Stavros, halten Polis für den Hafen des Odysseus und wissen sogar, wo der Hirte Eumäos die Schweine des Königs gehütet hat. Realisten freilich werden eher dem Ausspruch des antiken Geographen Erastosthenes Beifall zollen, der bereits im 3. Jh. v. Chr. meinte, man werde die Schauplätze der Odyssee finden, wenn man zuvor den Schuster gefunden habe, der den Schlauch für die widrigen Winde zusammennähte, den Äolos dem Odysseus schenkte.

Folgt man der Straße durch Perachori weiter bergan, gelangt man durch Weingärten nach 4 km auf die 500 m hoch gelegene, kleine Ebene beim Kloster Taxiarchon. Es wurde 1645 gegründet, war bis zu Beginn unseres Jahrhunderts bewohnt und liegt seit 1953 in Ruinen. Jährlich am 1. Mai wird der von Maronen- und Walnußbäumen beschattete, zementierte Tanzplatz noch für ein Fest genutzt.

Nymphengrotte

Schon kurz nach dem Ortsende von Vathi zweigt von der Straße in den Inselnorden ein beschildertes Sträßlein zur 2 km entfernten Nymphengrotte (›Nimfis Cave‹) ab. Sie soll der in der Odyssee erwähnte Ort sein, an dem die Ithaker den Nymphen Opfer darbrachten und in dem Odysseus seine Schätze zunächst vor den Freiern verbarg. Die kleine Höhle ist heute effektvoll mit farbigen Strahlern ausgeleuchtet, leise Musik erklingt wie aus einer anderen Welt – und wer sich von der Romantik einfangen läßt, erkennt in den Tropfsteingebilden vielleicht die an ihren steinernen Webstühlen sitzenden Nymphen, von denen Homer erzählt (täglich 9–21 Uhr; wenn geschlossen, Schlüssel im Rathaus von Vathi erfragen).

Vom Zugang zur Nymphengrotte aus zeigt ein Wegweiser den Pfad (15 Min.) zu einem antiken Sarkophag (›Kassonaki Sculptured Grave‹), der aus dem Felsen gehauen wurde und ein Tierrelief, vermutlich einen Löwen, trägt.

Wer zu Fuß unterwegs ist, kann von hier aus durch Oliven- und Johannisbrothaine in einer Stunde nach Vathi zurückwandern.

Im Norden von Ithaki

Die Straße in den Inselnorden passiert zunächst die Bucht von **Dexia** mit einem kurzen Sandstrand unter Ölbäumen. Ein Schild mit der Aufschrift ›Forkinos Harbour‹ weist darauf hin, daß man in dieser Bucht den Landeplatz des Odysseus vermutet, an dem die Phäaken ihn schlafend mitsamt seinen Schätzen abgesetzt haben sollen. Die kleine Industrieanlage hier ist nicht etwa eine Klär-, sondern eine Meerwasserentsalzungsanlage.

Kurz darauf zweigt eine Asphaltstraße nach **Piso Aetos** ab (3 km), einem Fähranleger und 140 m langen, schattenlosen Kiesstrand. Sie überquert eine Paßhöhe, wo rechts noch Überreste eines hellenistischen Wachtturms stehen. Er gehörte zur Stadtmauer der antiken Siedlung **Alalkomenai,** die schon in mykenischer Zeit besiedelt war. Auf dem Gipfel des Berges Aetos oberhalb dieser Stadt suchte Schliemann erfolglos den Palast des Odysseus.

Die Hauptstraße in den Norden steigt jetzt kurvenreich auf die Kammlinie der ithakischen Berge an, erreicht die schmalste Stelle der

Im Hafen des
romantischen
Fischerdorfs Kioni

Insel, an der beide Ufer sichtbar sind, und folgt dann in großer Höhe der Westküste. Sie passiert im Anblick Kefallinias die Siedlungen Agios Jannis und Lefki, zu denen schmale, steile Straßen hinunterführen, und erreicht dann **Stavros,** den Hauptort des Inselordens.

An der großen Platia steht in einem winzigen Park gegenüber der Kirche eine Büste des Odysseus. Von dort führt eine 1,3 km lange Straße zum Weiler **Polis** hinunter, einem kleinen Fischerhafen mit schmalem Kieselsteinstrand. Auf dem gegenüber liegenden Höhenzug sind die Mauern einer antiken Akropolis als völlig überwucherte, gerade Linie zu erkennen. In einer nicht mehr erhaltenen Höhle an der Bucht von Polis entdeckten Archäologen in den 30er Jahren Reste von 12 bronzenen Dreifüßen, die wohl Preise bei den in der Antike

hier veranstalteten Odysseischen Spielen darstellten. Spuren eines Stadions wurden in dem kurzen Tal gefunden, das sich von Polis aus in Richtung Stavros erstreckt.

Von Stavros aus fährt man am besten weiter in Richtung Platrithias. Man kommt dabei durch den Ortsteil Pelikata mit seinem kleinen **Archäologischen Museum,** das ungefähr dort steht, wo manche Archäologen heute den einstigen Standort des Palastes des Odysseus vermuten. Gezeigt werden Funde aus Pelikata und Polis aus den letzten drei vorchristlichen Jahrtausenden (Mo bis Sa 9–15 Uhr).

Wenig später kann man einen Abstecher von der Hauptstraße nach **Exogi** unternehmen, einem inzwischen fast gänzlich verlassenen Bergdorf, das sich weitläufig an einem Hang emporstaffelt. Noch vor 100 Jahren hatte es über

1300 Einwohner, heute sind es kaum mehr als 40. Nur am Festtag der hl. Marina, dem 17. Juli, herrscht hier zum Kirchweihfest noch buntes Leben.

Ein Feldweg führt von Exogi aus weiter auf den Gipfel des Berges Exogi mit dem verlassenen Kloster Pernarakia, dessen letzter Mönch im Zweiten Weltkrieg von Deutschen erschossen wurde, weil sie ihn seines Bartes wegen für einen Partisanen hielten.

Zurück auf der Hauptstraße, wird wenig später **Platrithias** erreicht. Am Ortseingang beginnt am Kafenion ›Leventi‹ ein alter, gepflasterter Pfad entlang eines Bachbetts bis zu einer Quelle (5 Min.). Hier zweigt ein anderer Pfad nach rechts ab, der nach 200 m einen Feldweg überquert. Nochmals 50 m weiter sind rechterhand im Olivenhain die Ruinen einer Kirche zu sehen, in der sich Grabplatten aus dem letzten Jahrhundert erhalten haben. Auf einer kleinen Terrasse unmittelbar unterhalb der Kirche erkennt man nebeneinander zwei rechteckige Nischen, noch eine Terrasse tiefer einen Brunnen und einen Sarkophag. Wiederum etwas tiefer, fast unmittelbar an einem Feldweg, steht noch die Ruine eines Brunnenhauses. Der ganze idyllische Fleck ist der Überrest eines antiken, nicht näher bestimmbaren Heiligtums, der seit dem letzten Jahrhundert manchen als ›**Schule des Homer**‹ gilt – als ein Ort, an dem der Dichter Unterricht in seiner Kunst gegeben haben soll.

Von Platrithias führt eine Stichstraße in die Dörfer Kolieri und Kalamos. Gleich an ihrem Beginn steht ein überaus originelles Denkmal für alle, die einst das Land in diesem Inselteil bebauten. Man hat zwei Obelisken aus Mühlsteinen errichtet, dazu eine Öl- und Weinpresse wieder aufgebaut und aus Stein und Zement einen Dreschflegel nachgebildet.

Frikes ist ein kleiner Hauptort mit idyllischen Ufertavernen. Entlang der Küste erreicht man **Kioni,** ein Fischerdorf, das vielen als schönstes der Insel gilt. Am Ortsrand gibt es mehrere Kiesstrände; viele meist zweigeschossige Häuser mit roten Ziegeldächern zwischen grünen Oliven und Zypressen bilden eine romantische Kulisse für die bislang nur wenigen Urlauber.

Eine inzwischen gut ausgebaute Bergstraße führt von Stavros zurück in Richtung Süden. Sie durchquert das über 500 m hoch gelegene Dorf **Anogi** inmitten verkarsteter Felsen, die zu bizarren Formen verwittert sind. Die Kirche der Panagia im Dorfzentrum mit einem venezianischen Campanile und gut erhaltenen Fresken stammt aus dem Jahre 1670 (täglich 8–12 und 16–20 Uhr). Wie in den Kirchenruinen von Perachori ist auch hier das Templon bemalt – mit der Entschlafung Marien, der thronenden Gottesmutter, dem thronenden Christus und Johannes dem Täufer. Darüber sind die 12 Apostel zu erkennen. Das Geländer der Frauenempore zeigt das Jüngste Gericht, an den Seitenwänden sind biblische Szenen und zahlreiche Heilige zu sehen.

3 km weiter südlich zweigt eine Stichstraße zum 550 m hoch gelegenen **Kloster Katharon** ab, in dem nur noch eine zivile Verwalterin lebt. Sie zeigt gern den großen Leuchter, den Onassis anläßlich seines Besuches mit Maria Callas dem Kloster verehrt hat.

Praktische Informationen für Ithaki

Schiffsverbindungen: Ganzjährig verkehrt einmal täglich eine Fähre zwischen Patras, Sami/Kefallinia und Vathi. Autofähren verbinden Vathi im Sommerhalbjahr ein- bis dreimal wöchentlich mit Korfu-Stadt und Gaios auf Paxos. Mehrmals täglich verkehren im Sommerhalbjahr Fähren zwischen Piso Aetos und Sami/Kefallinia, Fiskardo/Kefallinia und Vassiliki/Lefkas. Weitere Fähren verbinden mehrmals wöchentlich Vathi mit Sami/Kefallinia und Astakos auf dem Festland. Von Frikes fahren Fähren zwischen Juni und Mitte September zweimal täglich nach Fiskardo/Kefallinia und Nidri/Lefkas, in der übrigen Jahreszeit viermal wöchentlich.

Verkehr: Drei- bis viermal täglich fahren Linienbusse von Vathi über Stavros nach Frikes und Kioni.

Unterkunft: Zelten kann man an den Buchten von Dexia und Sarakiniko. Die beiden einzigen Hotels der Insel sind das ›Mendor‹ (3*) in Vathi (✆ 06 74/3 24 33) und das ›Nostos‹ (2*) in Frikes (✆ 06 74/3 16 44); in Kioni werden 8 Zweibett-Apartments im Haus

Kioni vermietet (✆ 06 74/3 13 62). In Vathi steht außerdem die kleine Pension ›Odysseus‹ (✆ 06 74/3 23 81). Die meisten Urlauber wohnen in Privatzimmern, die von den Reisebüros an den Häfen von Vathi, Frikes und Kioni vermittelt werden. Das Reisebüro ›Polyctor Tours‹ (GR 28300 Vathi/Ithaki, ✆ 06 74/3 31 20, Fax 06 74/3 31 30) versendet auf Anfrage auch einen Katalog mit Ferienhäusern und Apartments.

Restaurants: Restaurants gibt es in Vathi, Stavros, Frikes und Kioni. Besonders zu empfehlen ist die Metzgereiwirtschaft Petra in Stavros (eigener Faßwein).

Information: Bei der Touristenpolizei in Vathi (✆ 06 74/3 22 05) und den Reisebüros an den Häfen.

Bank: Nur in Vathi

Post/Telefon: Telefonamt in Vathi nahe der Platia; Postämter in Vathi und Stavros.

Feste: Osterdienstag: Kloster Panagia Pernarakia bei Exogi; 1. Mai: Kloster Taxiarchon bei Perachori; Mitte Mai bis Mitte Juni: Festival des griechischen Laienspieltheaters in Vathi; 16./17. Juni: Agia Marina in Exogi; 24. Juni: Agios Jannis in Kioni; 30. Juni: Agion Apostolon in Frikes; 20. Juli: Profitis Ilias in Kioni; August: Theater- und Musikfestival in Vathi mit Erstaufführungen neuer Werke griechischer Komponisten und Theaterpremieren; August: an einigen Tagen Weinfest in Perachori; 5./6. August: Sotiras in Stavros (das größte Kirchweihfest der Insel mit viel Musik und Tanz); 15. August: Mariä Entschlafung in Vathi und Anogi; 8. September: Marienfest im Kloster Katharon.

Kefallinia –
Ein Land-
schafts-
mosaik

Die Hauptstadt Argostoli

Halbinseln und
Hochebenen

Die anderen Inselstädte

Inselrundfahrten

Agios Gerassimos Kloster

Kefallinia – Ein Landschaftsmosaik

Kefallinia ist nicht nur die größte, sondern auch die vielfältigste aller Ionischen Inseln. Wer ihre landschaftlich ganz verschiedenen Halbinseln und das grüne Landesinnere ganz kennenlernen will, braucht mindestens zehn Tage Zeit.

Die größte der Ionischen Inseln, deren Name auch Kefalonia, Cephalonia und anders geschrieben wird (27700 Ew.), ist wie ein Puzzle aus ganz unterschiedlichen Teilen zusammengesetzt, jedes anders schattiert. Da gibt es dichte, dunkle Tannenwälder an den Hängen des 1628 m hohen Enos, des höchsten Berges der Ionischen Inseln. Da breitet sich eine steppen-, teilweise sogar wüstenartige Landschaft mit flachen Tafelbergen und unzähligen Erosionstälern im Südwesten von Lixuri aus. Im Norden der Insel erinnern sanfte und dicht von Olivenhainen bestandene Hügel, aus denen hundertfach schlanke Zypressen aufragen, an die Toskana; im Süden der Insel verweisen flache, von Stränden gesäumte Küstenebenen auf den nahen Peloponnes. In der Küstenebene Livatho erinnern die zahlreichen Dörfer inmitten fruchtbarer Felder an die venezianische Zeit, in den kleinen Hochtälern inmitten der Berge im Norden fühlt man sich in die Einsamkeit von Gebirgen versetzt. Ebenfalls zu Kefallinia gehören faszinierende

Tropfsteinhöhlen und immer noch bewohnte Klöster, venezianische Burgen und seltene Naturerscheinungen – Kefallinia ist eine kleine Welt für sich.

Dem eigentlichen Inselkörper sind drei Halbinseln angefügt, die für eine schwer überschaubare Gestalt von Buchten und Uferlinien sorgen. Im Norden erstreckt sich die ehemals dicht bevölkerte Halbinsel Erissos, deren Dörfer überwiegend in den Bergen liegen, parallel zur Nachbarinsel Ithaki. Nur eine weniger als 3 km breite Meeresenge trennt beide voneinander, so daß man von den meisten Dörfern auf der Halbinsel Erissos aus meint, Ithaki sei ein Teil von Kefallinia.

Die Halbinsel Paliki bildet auf viele Kilometer einen Kontrapunkt zum Westufer des Inselkörpers. Dadurch entsteht ein tief ins Land vordringender Golf, auf dem ständig Fähren zwischen den beiden wichtigsten Inselstädten, Lixuri und Argostoli, hin und her pendeln.

Argostoli schließlich liegt am Ansatz der – im Vergleich zu den

Kefallinia

beiden anderen – kleinen Halbinsel Lassi, die eine Bucht innerhalb des Golfs von Argostoli umfaßt und so zur Verwirrung beiträgt. An ihrem Westufer stehen die meisten größeren Hotels der Insel, dort hat sich an den schönen Sandstränden von Platis Jalos und Makri Jalos das touristische Zentrum der Insel herausgebildet – dem nahen Flughafen zum Trotz.

Der Tourismus spielt auf der größten Ionischen Insel insgesamt aber noch eine untergeordnete Rolle. Nur im August kommen Italiener zuhauf, für deren Schlauch- und Motorboote die reichgegliederte Küste ein ideales Bootsrevier

151

darstellt. Insgesamt verfügt die Insel aber erst über 4000 Fremdenbetten, mehr als die Hälfte allein in Argostoli und Umgebung. An der Südküste zwischen Poros und Skala machen zumeist Briten in kleinen Pensionen Urlaub, an den Stränden im Süden der Halbinsel Paliki überwiegen noch griechische Touristen. Individualurlauber zieht es am ehesten nach Fiskardo und Assos im Norden; Rucksackurlauber bleiben meist im Fährhafen Sami hängen. Sami ist aber bei weitem nicht der einzige Fährhafen der Insel. Verwirrend wie die Geographie der Insel sind ihre Verkehrsverbindungen: auch von Argostoli, Lixuri, Pessada, Poros, Agia Evfimia und Fiskardo aus setzen Fähren zum Festland oder zu den Nachbarinseln über.

Die Entfernungen auf Kefallinia sind groß. Von Poros im Süden bis Fiskardo im Norden sind es immerhin 96 Straßenkilometer, von Sami im Osten bis Lixuri im Westen 44. Ist man unterwegs, wirken die fruchtbaren Gebiete der Insel und die Küsten zunächst dicht besiedelt. Bei genauerem Hinsehen jedoch entpuppen sich etliche Dörfer außerhalb der Saisonmonate als Geisterstädte: viele Häuser, darunter auch etliche Neubauten, sind nur im Sommer bewohnt. Tatsächlich ist Kefallinia eine der am dünnsten besiedelten Ionischen Inseln. Nach dem Erdbeben von 1953 waren zahlreiche Dörfer zerstört, ihre Bewohner zogen aufs Festland oder emigrierten ins Ausland. Im Laufe der Jahrzehnte hat man viele Orte – teilweise mit großer Unterstützung reicher kefallinischer Reeder – wieder aufgebaut, die früheren Einwohner kommen aber nur noch in den Ferien zurück.

Wer Kefallinia ganz kennenlernen möchte, braucht für mindestens vier Tage ein Fahrzeug. Wegen der großen Entfernungen und der vielen interessanten Ziele lohnt sich auch die Mitnahme des eigenen Autos. Der beste Standort für Unternehmungslustige ist das zentral gelegene Argostoli mit seinen nahen Stränden, den besten der Insel.

Blick auf Kefallinias Hauptstadt Argostoli

Geschichte

Die ältesten Siedlungszeugnisse stammen aus der mittleren Steinzeit, sind also etwa 10 000 Jahre alt. Die etwa 3300 Jahre zurückliegende mykenische Zeit ist mit zahlreichen Gräbern vertreten. In der Antike existierten auf der Insel vier voneinander unabhängige Stadtstaaten. Auf der Halbinsel Paliki lag Pale, beim heutigen Argostoli Krane, an der Stelle von Sami das antike Same und beim heutigen Poros schließlich Pronnoi. Überreste der Stadtbefestigungen sind zum Teil noch zu sehen und zeugen vom Wohlstand jener Gemeinwesen, die besonders unter den Römern als Handelsstützpunkte florierten.

Mit der Eroberung durch die Normannen 1185 ging Kefallinia dem Byzantinischen Reich dauerhaft verloren. 1228 besuchte Kaiser Friedrich II. die Insel, die nun nach europäischem Lehenssystem verschiedenen italienischen Adelsgeschlechtern unterstand, bis sie 1479 von den Osmanen besetzt wurde. Schon 21 Jahre später gelang es den Venezianern, die Insel mit Hilfe spanischer Söldner wieder in Besitz zu nehmen. Vor der Schlacht von Lepanto 1571 (s. S. 52) sammelten sich die später siegreichen christlichen Flotten in der Bucht bei Sami. Im 16./17. Jh. lieferten sich einheimische Familien immer wieder heftige Kämpfe um die fruchtbarsten Regionen. Erst unter britischem Protektorat seit 1815 wurde die Insel befriedet. Immerhin brachte der Export von Korinthen den Kefalliniern seit dem 17. Jh. einigen Wohlstand: Um 1660 lebten hier fast 60 000 Menschen, mehr als doppelt so viele wie heute.

Wirtschaftlich besitzt Kefallinia heute jedoch keinerlei überregionale Bedeutung. Bei Argostoli wird im Golf Fisch gezüchtet, exportiert werden Korinthen und der unter Kennern sehr geschätzte *Robola*-Wein.

153

Argostoli

Die größte Stadt der Insel (8000 Ew.), erst 1757 von den Venezianern gegründet, hat beim Erdbeben 1953 ihr traditionelles Gesicht eingebüßt. Sie gibt sich heute ganz nüchtern, buntes griechisches Treiben herrscht tagsüber nur an der Uferstraße nahe beim Markt und Busbahnhof sowie in der Haupteinkaufsgasse, der Odos Lithostrotu. Abends allerdings geht es auf der bei Sonnenlicht viel zu groß erscheinenden Platia Valianu ebenso lebhaft zu wie überall in Hellas zur Zeit der Volta.

Argostoli

Die Stadt erstreckt sich über 2 km entlang des Ostufers der Halbinsel Lassi. Uniforme Stahlbetonbauten und einige ältere Häuser mit roten Ziegeldächern steigen den sanften, niedrigen Hügel an, auf dessen anderer Seite die Feriensiedlungen und Strände von Lassi liegen. Den langen, schmalen Golf, der die Halbinsel vom Inselkern trennt, durchquert ein von den Engländern bereits 1812 geschaffener Straßendamm. Von ihm aus hat man auch einen schönen Blick auf die Stadt.

Die **Kirche Agios Spiridon** in der Odos Lithostrotu ist der interessanteste Bau von Argostoli. Sie wurde vor einigen Jahren vollständig ausgemalt. Im abgeflachten Tonnen-

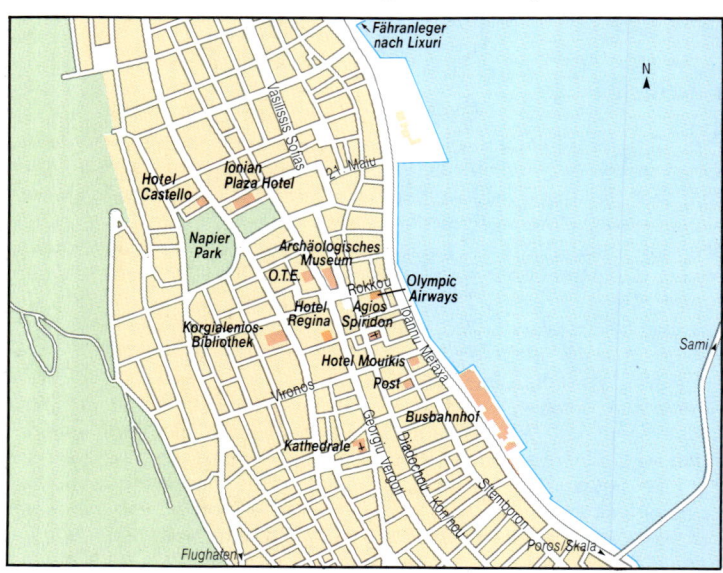

gewölbe der Decke sind Wunder Christi und andere neutestamentarische Szenen dargestellt, im Zentrum der Decke Christus als Pantokrator, umgeben von den Propheten des Alten Testaments und den vier Evangelisten. Hinter der Ikonostase erkennt man an der Decke das Gastmahl des Abraham und Christi Himmelfahrt. Interessant ist auch das erst vor wenigen Jahren entstandene Stifterbildnis über dem Eingang. Es zeigt ein modern gekleidetes Ehepaar und einen Priester, die dem hl. Spiridon ein Modell der Kirche überreichen.

Das kleine **Archäologische Museum** (täglich außer Mo 8.30–15 Uhr) zeigt Werkzeuge aus der Steinzeit, Reste von mykenischen Grabbeigaben, römische Porträt-

köpfe und Münzen von antiker bis byzantinischer Zeit sowie ein kleines römisches Fußbodenmosaik aus einer Villa auf der Halbinsel Paliki. In einer Vitrine an der linken Wand des letzten seiner drei Säle werden Funde aus einem hellenistischen Pan-Heiligtum in der Höhle von Melissani präsentiert. Besonders schön ist eine runde Tonplatte mit einem Relief, das sechs Frauen zeigt, die um den gehörnten, Flöte spielenden Hirtengott tanzen. In der gleichen Vitrine sieht man auch die Statuette eines sitzenden Pan, den man gut an seinen Ziegenbockbeinen, dem gewaltigen Bart und den Hörnern erkennt. Vor seiner Brust hält er ein Trinkgefäß.

Im Untergeschoß der **Korgialenios-Bibliothek** werden in einem

Das Mönchsrobben-Projekt

Jeden Morgen macht die junge griechische Biologin Aliki Panou im Hafen von Fiskardo im Norden Kefallinias ihr Schlauchboot flott und fährt hinüber nach Polis auf der Nachbarinsel Ithaki. Dort unterhält sie sich mit den heimkehrenden Fischern, hört sich ihre Sorgen und Nöte an und fragt sie, ob sie auf der letzten Fangfahrt eine Mönchsrobbe gesehen haben.

Der tägliche Ausflug nach Ithaki ist nur ein fester Bestandteil im umfangreichen Arbeitsprogramm der engagierten Frau, die in München Zoologie studiert hat und jetzt schon seit fünf Jahren auf Kefallinia arbeitet. Sie verteilt Fragebögen an die Urlauber, führt Seminare mit den Lehrern auf Kefallinia und Ithaki durch, hilft mit bei der Gründung eines Naturschutzvereins, verhandelt mit Behörden und der Hafenpolizei, informiert Journalisten und kommt nur selten dazu, ein paar Mußestunden in dem kleinen Häuschen außerhalb von Fiskardo zu verbringen, das sie seit Jahren bewohnt.

Die Arbeit von Aliki dient dem Schutz der letzten vielleicht 20 Mönchsrobben, die noch im Gebiet zwischen Kefallinia, Ithaki, Lefkas und Zakinthos leben. Homer beschreibt in der Odyssee noch von diesen Tieren bevölkerte Strände; heute gibt es auf der ganzen Welt nicht mehr als 1000 Exemplare der Species *Monachus monachus*. Sie kommt nur im Mittelmeer, im Schwarzen Meer, an der Nordwestküste Afrikas und bei Madeira vor; die Hälfte der Gesamtpopulation lebt in griechischen Gewässern. Die Tiere benötigen Meeresgrotten, in denen sie ungestört ausruhen und ihre Jungen – meist nur eins pro Muttertier – zur Welt bringen können. Sie fressen täglich 10–12 kg Fisch und werden bis zu 250 kg schwer.

1983 starteten mit Hilfe der EG zwei Programme zum Studium der Mönchsrobbe und ihres Lebensraumes sowie der Entwicklung möglicher Schutzmaßnahmen: eins davon auf den Ionischen Inseln mit Schwerpunkt auf Kefallinia und Ithaki. Dieses Programm wird jetzt mit Hilfe der griechischen Regierung und des World Wildlife Fund (WWF) fortgesetzt. Der Jahresetat ist mit 90 000 DM allerdings äußerst knapp bemessen.

Der größte Feind für die Mönchsrobben waren bisher die Fischer. Im ohnehin fischarmen Mittelmeer sahen sie in den Tieren Konkurrenz, zumal die Robben dem Fisch öfters auch noch in den Netzen nachstellten und diese dadurch zerstörten. Aliki und ihren Mitarbeitern ist es inzwischen freilich gelungen, die Fischer von der Schutzwürdigkeit der Mönchsrobben zu überzeugen. Statt sie zu schießen, beobachten die Fischer die Robben jetzt und unterstützen die Biologen durch ihre Berichte. Zugleich haben die Fischer in den Robbenschützern aber auch Verbündete in ihrem eigenen Kampf um mehr Schutz gefunden: dem Schutz vor harpunierenden Touristen.

Jeden Sommer werden die Ionischen Inseln von überwiegend italienischen Sporttauchern überschwemmt, die für die griechischen Fischer inzwischen eine sehr viel härtere Konkurrenz sind als die letzten Mönchsrobben. Sie schießen Fische jeder Größe und verkaufen ihre Beute zu Schleuderpreisen an Hoteliers und Tavernenbesitzer. Daß die Berufsfischer darüber erbost sind, ist verständlich. 1990 schrieb die 110 Familien umfassende Fischerei-Kooperative von Zakinthos einen Brief an die Behörden, in dem sie deren Untätigkeit beklagte: »Im August 1989 hat die Hafenpolizei einen ausländischen Sportfischer, der seinen Fang verkaufte, festgenommen und ihm eine Geldbuße von 100 000 Drachmen auferlegt. Am nächsten Tag hat der Italiener wieder illegal gefischt, um sich seine Geldbuße zu verdienen, ist aber zu seinem Pech dabei ertrunken.« Die Mitarbeiter des Mönchsrobben-Projekts unterstützen die Griechen in ihren Forderungen nach mehr Kontrollen durch die Hafenpolizei und härteres Durchgreifen gegen harpunierende Urlauber. Gelegentlich patrouillieren sie sogar selbst mit ihrem Schlauchboot an den Küsten und zeigen illegale Sportfischer an.

Statt der Fischer haben die Mönchsrobben jetzt aber andere Feinde. Touristen auf der Suche nach einsamen Badeplätzen vertreiben die Tiere auch von ihren letzten ungestörten Ruheplätzen; einheimische Landeigentümer stellen immer mehr Uferregionen mit Tavernen, Hotels und Sommerhäusern voll und tragen den Fremdenverkehr in immer entlegenere Zonen. Sich mit ihnen zu einigen, ist den Tierschützern kaum möglich. Hier ist die Regierung gefragt.

Die griechische Regierung und deren untergeordnete Behörden aber sind das größte Hindernis beim Schutz der Mönchsrobbe. Sie hat zwar bereits 1988 ihren Willen erklärt, an den Küsten ausgedehnte Schutzzonen zu errichten, bisher jedoch den Worten keinerlei Taten folgen lassen. Die zuständige Hafenpolizei der Inseln ist personell unterbesetzt und materiell schlecht ausgerüstet, vor allem aber überhaupt nicht motiviert. Die Touristen sind im Verständnis der Behörden anders als die Natur wichtige Devisenbringer, die man nicht verärgern will; die mächtigen Landeigentümer können anders als die wenigen Naturschützer viele Wählerstimmen mobilisieren.

Deswegen widmen sich die Mitarbeiter des Projekts nicht mehr nur intensiv der Aufklärung in den Schulen, sondern schenken auch den Urlaubern viel Aufmerksamkeit. Ihre wohl zu optimistische Hoffnung ist, daß die Einheimischen eines Tages verstehen, daß der Schutz der Mönchsrobben und der Natur überhaupt langfristig die beste Investition in eine gesicherte touristische Zukunft darstellt – wenn sie es nur oft genug auch von den Urlaubern hören.

Historischen und Volkskundlichen Museum neben Ikonen aus dem 17. und 19. Jh., Trachten, Möbeln, Haushaltsgegenständen und landwirtschaftlichen Geräten auch historische Fotos ausgestellt, die Kefallinia vor dem großen Erdbeben zeigen (tägl. außer So 9–14).

Halbinsel Lassi

Verläßt man Argostoli auf der Uferstraße in nördlicher Richtung, kommt man zunächst an zwei **Meerwassermühlen** vorbei. An der Nordspitze der Halbinsel fällt dann ein klassizistischer Rundbau auf,

der fast einem Tempelchen gleicht. Von dem ersten britischen Gouverneur Charles Napier (s. S. 137) 1820 gestiftet, bauten ihn die Griechen nach 1953 vereinfacht wieder auf – heute scheint er vor allem als Toilettenersatz zu dienen …

Folgt man der Küstenstraße weiter, zweigt nach links eine 700 m lange Asphaltstraße zum **Monumento Caduti** ab, einem italienischen Gefallenendenkmal besonderer Art. Es erinnert an die 9470 italienischen Soldaten, die sich nach der Kapitulation Italiens im September 1943 nicht den Deutschen ergeben wollten und teilweise sogar Anschluß an die linke griechische Partisanenorganisation EAM suchten – und von den Deutschen hingemetzelt wurden.

Im Wehrmachtsbericht vom 24. September 1943 liest sich das so:

»Die mit Masse auf der Insel Kefallonia eingesetzte italienische Division Acqui hatte sich nach dem Verrat der Badoglio-Regierung geweigert, die Waffen zu strecken und die Feindseligkeiten eröffnet. Nach Vorbereitung durch die Luftwaffe traten deutsche Truppen zum Angriff an … Abgesehen von 4000 Mann, die rechtzeitig die Waffen niederlegten, wurde die Masse der aufrührerischen Division mit dem Divisionsstab im Kampf vernichtet.«

Die Halbinsel Lassi mit dem Napier-Leuchtturm

Wenig später ist man im Touristenzentrum von **Makri** und **Platis Jalos** (Gialos) mit seinen Hotels, Restaurants und Hamburger-Buden. Der 10 bis 20 m breite Sandstrand, an dem alle Arten von Wassersport angeboten werden, ist im Hochsommer zwar übervoll, gehört aber zu den schönsten der Insel. Platis Jalos ist auch durch eine quer über die Halbinsel führende Straße direkt mit Argostoli verbunden.

Livatho und Omalon

Die fruchtbarsten Landstriche der Insel sind die Küstenlandschaft Livatho und die Hochebene von Omalon. Ihren Besuch kann man gut zu einer erlebnisreichen Rundfahrt verbinden. Man verläßt Argostoli über den Straßendamm und fährt in Richtung Sami. Nach 3 km steht rechts ein Wegweiser zu den 2 km entfernten ›Ciclopean Walls Kranis‹. Dort kann man Reste der polygonalen Stadtmauer der antiken Stadt Krane sehen. Nach weiteren 5 km zweigt eine gute Asphaltstraße (Wegweiser: ›Agios Gerassimos Nunnery‹ ab. Sie führt über das Dorf Frangata, das bereits 400 m über dem Meer auf der **Hochebene von Omalon** liegt, zum **Kloster Agios Gerassimos.** Es ist das bedeutendste Wallfahrtsziel der Insel und besitzt auch deren größte Kirche. Die künftige Mitropolis wurde in den 80er Jahren erbaut – die Fertigstellung der Innenausstattung

wird wohl dieses Jahrzehnt in Anspruch nehmen. Wie prunkvoll das Gotteshaus einmal sein soll, lassen der marmorne Bischofsthron und die ungewöhnlich große marmorne Ikonostase schon erkennen.

Die alte Klosterkirche ist da sehr viel bescheidener. Ihren kultischen Mittelpunkt bildet der silberne Schrein mit den Gebeinen des Inselheiligen Gerassimos, täglich Ziel vieler Pilger. Sie schreiben ihren Namen und ihren Gebetswunsch auf einen Zettel, den sie dann beim anwesenden Priester abgeben. Regelmäßig öffnet er zwei Klappen am Sarg, damit die Pilger die Gebeine des Heiligen küssen können. Dabei spricht er laut die ihm auf Zetteln eingereichten Gebete im Namen des Bittenden.

Die Wandmalereien in der Klosterkirche stellen an der Decke Szenen aus dem Neuen Testament dar. Links sind von hinten nach vorn Jesu Taufe, Jesu Geburt, die Verkündigung und Christi Himmelfahrt zu sehen, rechts das Heilige Abendmahl, die Kreuzigung, Christi Abstieg in die Unterwelt und das Pfingstwunder. An der rechten Seitenwand erkennt man gegenüber der Eingangstür die Entschlafung des hl. Gerassimos: Christus steht an seinem Sterbebett und hält bereits die Seele des Toten in Gestalt eines in Windeln gewickelten Kleinkinds im Arm.

Im hinteren Teil der Kirche kann man über eine steile Leiter in eine kleine Höhle hinabsteigen, in der

Am Strand von Makris Jalos

Gerassimos für einige Zeit als Eremit gelebt haben soll. Besonders viele Pilger besuchen das Kloster am 16. August, dem Todestag des Heiligen, und am 20. Oktober, dem Tag seiner Heiligsprechung.

Nahebei macht ein großes Schild auf die benachbarte **Weinkellerei** der Winzergenossenschaft von Omalon aufmerksam, die etwa 260 Mitglieder hat. Sie produziert den besten Wein der Insel, den trockenen *Robola*. Alljährlich am 20. August beginnt die Weinlese, ab Juni des nächsten Jahres wird der junge Wein dann in Flaschen abgefüllt. Im Durchschnitt produziert die Genossenschaft 250 Tonnen Wein pro Jahr. Organisierte

Führungen durch die Kellerei gibt es nicht; wer besonderes Interesse hat und griechisch spricht, geht einfach ins Büro und läßt sich den Betrieb zeigen.

Über die Dörfer Torianata und Mitakata geht es dann weiter nach **Kastro.** Der Ort liegt auf einem Hügel unmittelbar unterhalb der Festung Agios Georgios. Ursprünglich byzantinisch, erhielt sie ihre heutige Form im späten 16. Jh. durch die Venezianer, die von hier aus bis 1757 die gesamte Insel regierten (täglich außer Mo 8.30–15 Uhr).

Von Kastro aus fährt man nun hinab in die **Landschaft Livatho,** in der die dicht beieinander liegenden Dörfer modern und wohlhabend wirken. Von der Straße nach Metaxata zweigt eine beschilderte Stichstraße zum **Kloster Agios An-**

Das Rätsel der Meerwassermühlen

An der Ostküste der kleinen Halbinsel Lassi nördlich von Argostoli stehen ganz nah am Meeresufer zwei fast unauffällige Wasserräder, die dennoch eine ganz ungewöhnliche technische Konstruktion darstellen. Anders, als auf den ersten Blick zu vermuten, wurden diese Wasserräder nämlich nicht von einem hier ins Meer mündenden Bach angetrieben, sondern vom Meer selbst.

Schon lange floß an dieser Stelle das Meerwasser durch natürliche Rinnen landeinwärts und versickerte einige Meter vom Ufer entfernt durch Schlucklöcher, in der Fachsprache Ponoren oder Kathavothren genannt, im karstigen Boden. Während der englischen Besatzungszeit meißelte man die Rinnen zu kleinen Kanälen aus und stellte die beiden Wasserräder auf, deren Mühlsteine noch bis 1953 das in der Umgebung erzeugte Getreide mahlten.

Immer wieder überlegte man, wohin das Meerwasser wohl versickert. Erst 1963 beantworteten Geologen von der Universität Graz die Frage. Sie wußten, daß es an der Ostküste der Insel bei Melissani einige leicht salzhaltige Quellen gibt und färbten das versickernde Wasser an den Meerwassermühlen ein. Nach 15 Tagen trat es aus den Quellen bei Melissani, darunter auch im See der Höhle von Melissani, wieder zutage. Der genaue Weg des Wassers freilich ist immer noch unbekannt.

Die Meerwassermühlen sind heute nicht mehr in Betrieb. Durch das Erdbeben von 1953 hat sich die Küste der Halbinsel Lassi leicht angehoben, so daß nicht mehr genug Meerwasser durch die Kanäle fließt. Bei einer der beiden Mühlen wird der Kanal jetzt vom Restaurant ›O Milos Katavothres‹ als Bassin für Langusten und Fische genutzt; beim anderen ist im Restaurant ›Thalassomilos‹ auch noch der alte Mühlstein zu sehen.

dreas ab, dessen Kirche aus der Zeit um 1600 heute als **Byzantinisches Museum** dient. Sehr gut erhalten sind die Wandmalereien aus dem 17. und 18. Jh. An der linken Seitenwand sind von hinten nach vorn zu erkennen: Kreuzigung, Grablegung, Abstieg in die Unterwelt, Pfingstwunder und Entschlafung Marien, an der rechten Seitenwand: Erweckung des Lazarus, Verklärung, Taufe und Darstellung Jesu im Tempel. Hinter der Ikonostase findet man neben der Gottes-

mutter und dem Mandilion (s. S. 46) das Gastmahl Abrahams und die Opferung Isaaks. Ausgestellt sind außerdem gerahmte Reste von Wandmalereien des 13. Jhs. aus einer anderen Kirche, viele schöne Ikonen, liturgische Geräte und Reliquare (täglich außer So 9–13.30 und 17–20.30 Uhr).

Kehrt man vom Kloster wieder auf die Hauptstraße in Richtung Metaxata zurück, zweigt sogleich nach rechts eine kleine Straße ab, die nach 250 m ein eingezäuntes Gelände passiert. Hier sind zahlreiche spätmykenische Gräber freigelegt worden. Man findet sowohl einfache Schachtgräber als auch die typisch mykenischen Kammergräber.

Von **Metaxata** aus, dem bedeutendsten Ort im Livatho mit großen Villen kefallinischer Reederfamilien, wo der romantische Lyriker Lord Byron 1823 sein Domizil wählte (s. S. 136 ff.), sind dann noch Abstecher zu einigen schönen Stränden möglich. Von Karawados führt eine Straße hinunter nach **Agios Thomas,** einem kleinen, flach abfallenden Sandstrand (babyfreundlich) mit Tavernen und Duschen. Schöne Sandstrände sind auch **Irinni Beach** und **Ammos Beach,** die man von Ntomata aus erreicht.

Das Örtchen Kastro auf einem Hügel unmittelbar unterhalb der Festung Agios Georgios

Lixuri

Lixuri (3500 Ew.) wirkt weitaus vornehmer als Argostoli, zugleich auch architektonisch geschlossener und wesentlich ruhiger. Es ist ein überaus beschauliches Landstädtchen, stolz auf seine kulturellen Leistungen und Traditionen. Die zweitgrößte Stadt der Insel ist mit Argostoli zwar durch eine häufig verkehrende Autofähre verbunden, steht im übrigen aber in deutlicher Konkurrenz zur Inselhauptstadt. Man unterhält eigene Schulen, ein eigenes Krankenhaus und hat sogar einen eigenen Busbahnhof, von dem aus nicht nur die Dörfer der Halbinsel Paliki, sondern auch Athen und der Peloponnes direkt zu erreichen sind.

Auf der Platia nahe dem Ufer mit vielen Cafés und hochgewachsenen Gummibäumen stimmt man sich am besten auf die Atmosphäre Lixuris ein. Zwischen der Platia und der Brücke über das Trockenbachbett, das nur nach den Winterregen Wasser führt, herrscht buntes Markttreiben. Von der Brücke aus fahren auch die lokalen Busse zu den Dörfern und Stränden in der Umgebung ab. Am oberen Ortsrand zeigt das **Museum** von Lixuri, zugleich auch die städtische Bibliothek, wie man in der Stadt vor dem Erdbeben gelebt hat. Die Holzböden und die mit Ranken, Blüten und Vögeln bemalten Dekken der alten Villa inmitten eines schönen Gartens sind 120 Jahre alt; auch kleine Flächen der ursprünglichen Wandbemalung wurden in jedem Raum restauriert. Ausgestellt werden hier auch alte, zum Teil illuminierte Handschriften sowie eine kleine Sammlung von Ikonen (Mo bis Fr 8–13.30; Mo, Di und Do auch 17.30–19.30, Sa 9.30 bis 12.30 Uhr).

Halbinsel Paliki

Trotz seiner hervorragenden Strände ist das Hinterland von Lixuri, die Halbinsel Paliki, touristisch noch sehr wenig entwickelt. Die Landschaft im Süden der Insel mag auf manchen allerdings etwas abschreckend wirken. Agaven ragen als nahezu einzige Pflanzen aus einer steppenhaft wirkenden Ebene auf; kleine Erosionstäler haben die Sandsteinfläche zerfräst und regelrechte Miniatur-Tafelberge geschaffen. Die Strände werden denn auch überwiegend von hellen, niedrigen Klippen gesäumt und bestehen zumeist aus rötlichem Feinsand, der aus der Sahara zu stammen scheint. Gut zu Fuß von Lixuri aus zu erreichen ist der **Lepeda Beach** südlich des Städtchens, 250 m lang und 20 m breit, an dem – ungewöhnlich für Griechenland – noch nicht einmal eine Taverne steht.

Die weiteren Strände erreicht man im Bus oder eigenem Fahrzeug: der **Mega Lakkos Beach** ist mehrere Kilometer lang; der rötliche Sand fällt kinderfreundlich ganz sanft ab. In der Ferne steigt das Massiv des Enos auf, der Küste

vorgelagert lockt das kleine, unbewohnte Inselchen Vardiani. Weiter im Westen geht dieser Strand in den **Xi-Beach** über, wo es bereits größere Hotels gibt und wo man vor 20 bis 30 m hohen Klippen besonders idyllisch der Sonne und dem Meer frönen kann. Weitere kleine Sandstrände säumen die Küste bis hin zur Fischersiedlung **Kunopetra** und unterhalb von **Akrotiri** – schon in Sichtweite des Leuchtturms am Kap Gerogompos.

Nördlich dieses Leuchtfeuers erhebt sich ein Bergzug, der die gesamte Westküste der Halbinsel flankiert. So fällt sie denn auch überwiegend steil ins Meer. Nur zum Kieselsteinstrand **Petani Beach** und zum sehr kleinen, aber sandigen **Agios Spiridon Beach** im Norden führen kurvenreiche Straßen hinunter. Im Südteil dieser Berge wird das **Kloster Kipouria** noch von einem Mönch bewohnt. Es steht auf einer fruchtbaren Terrasse über dem ansonsten steil zum Meer abfallenden Berghang in völliger Einsamkeit und wird gerade wieder restauriert: Die Einheimischen feiern hier noch immer gern Taufen und Hochzeiten und bescheren den Mönchen damit ein gutes Auskommen. Das Kloster wurde 1759 gegründet und besitzt einige schöne Ikonen, darunter einen ›Christus als König der Könige‹, gemalt 1663 von Emmanuel Tzanes, und eine andere Ikone, die die drei Hauptheiligen der Ionischen Inseln vereint: den hl. Dionisos von Zakinthos, den hl. Spiridon von Korfu (s.

S. 74) und den hl. Gerassimos von Kefallinia. Auf dem Weg zum Kloster Kipouria passiert man die Ruine des verfallenden Klosters Tafiu, zu dem das noch bewohnte Kloster einst gehörte.

Verläßt man die Halbinsel Paliki von Lixuri aus auf dem Landweg entlang des flachen Golfs von Argostoli, fällt an seinem Ende eine neuere Ruine am Ufer auf. Sie war bis 1974 ein gut gesichertes Gefängnis, in dem die Militärjunta seit 1967 politische Gefangene unter erbärmlichen Umständen internierte.

Sami

Sami (1000 Ew.) besitzt zwar den bedeutendsten Fährhafen der Insel, wirkt im Vergleich zu Argostoli und Lixuri aber abseits der Uferstraße recht trostlos und bescheiden. Auch der schmale, kieselige Strand spricht nicht unbedingt für eine Wahl Samis als Urlaubsort – dennoch gibt es einige kleinere Hotels und viele Tavernen.

Daß der heutige Ort auf dem Boden des antiken Same liegt, bezeugen nur ein kleines römisches Kammergrab und die noch etwa 5 m hoch stehenden Ziegelsteinmauern der **römischen Thermen.** Recht eindrucksvoll wirken jedoch die Reste der antiken **Stadtmauer** auf den Hügeln hinter Sami. Wer

Am Strand von Sami

hinauffährt (oder wandert), kann auch das noch bewohnte Kloster Agrilion und die Ruine der Kirche Agios Nikolaos mit außergewöhnlichen byzantinischen Fresken besuchen.

Der Weg hinauf beginnt am nördlichen Ortsrand. Nur auf griechisch weist ein Schild den Weg zum MONH AΓPIΛIΩN. An der nächsten Gabelung steht wieder ein Wegweiser zum Kloster. An der dann folgenden Weggabelung geht es links noch 600 m weiter zum Kloster, rechts zum noch 3 km entfernten KAΣTPO, dem eindrucksvollsten Teil der Stadtmauer.

Im **Kloster Agrilion** lebt nur noch ein einziger Mönch, der sich bereits 1941 hierher zurückgezogen hat. Kirche, Glockenturm und die wenigen intakten Gebäude wurden nach dem Erdbeben von 1953 neu errichtet; von den einst großen Pilgerherbergen und Zellentrakten zeugen freilich nur noch Ruinen.

Vom Weg zum Kastro aus erkennt man an den rechterhand gelegenen Berghängen bereits die mächtigen Überreste der antiken Stadtmauer. Auf dem nördlichen der beiden Hügel lag die antike Akropolis, die man von der kleinen Hochebene aus in 10 bis 15 Min. bequem zu Fuß erreichen kann. An der Kastro genannten Stelle selbst erhebt sich eine neue Kapelle über alten Gemäuern. Gleich daneben führt ein mittelalterliches Tor in eine kaum noch als solche zu erkennende, mittelalterliche Klosterkirche hinein und wenige Schritte weiter an die bis zu 5 m hoch erhaltenen Außenwände eines antiken Wachtturms, der aus sorgfältig behauenen Quadern aufgemauert ist.

Nur drei Minuten zu Fuß von hier entfernt liegt, hinter Kiefern verborgen, die Ruine der mittelalterlichen **Kirche Agios Nikolaos.** Seit 1988 wird sie durch ein hohes, hölzernes Schutzdach vor Regen und Sonne behütet. Die Ostwand des Gotteshauses, also die Apsis, ist fast noch in Originalhöhe erhalten und mit sehr seltenen byzantinischen Fresken geschmückt. Links von der Apsisnische erkennt man die Entschlafung des hl. Nikolaus und darüber Abraham und Isaak. Rechts von der Apsisnische sind über der Verkündigungsszene Maria im brennenden Dornbusch und die Übergabe der 10 Gebote an Moses zu sehen. Die Apside selbst zeigt (von unten nach oben) die Apostelkommunion, Maria mit dem Kind, Christi Himmelfahrt, die Propheten und das Mandilion. Einen solchen Kunstschatz in völliger Einsamkeit zu finden, ist das eigentliche Erlebnis dieses Ausflugs, der freilich auch mit einem schönen Ausblick auf Sami und die Küste belohnt wird.

Halbinsel Erissos

Ein Ausflugsziel, das sich kein Kefallinia-Urlauber entgehen läßt, ist der Norden der Insel, die Halbinsel

Der kieselige, von Felsen umrahmte
Mirtos Beach auf der Halbinsel
Erissos

Erissos mit den romantischen Orten Assos und Fiskardo und dem
Postkartenstrand von Mirtos.

Zum **Mirtos Beach** führt schon
bald hinter dem Weiler Diograta
eine größtenteils asphaltierte, steile
Straße hinunter. Er besteht überwiegend aus Kieselsteinen und fällt
steil ab, wird dafür jedoch von
einer prächtigen Felsküste eingerahmt.

Die Hauptstraße windet sich
kurvenreich und durch keinerlei
Leitplanken gesichert am Steilhang
entlang weiter nach Norden. Voraus ist tief unten schon die kleine
Halbinsel von **Assos** zu sehen, zu
der eine asphaltierte Stichstraße
durch zahllose Terrassen hinunter-
läuft, die von der einstigen Fruchtbarkeit der Insel zeugen.

Die gesamte Halbinsel war von
den Venezianern im späten 16. Jh.
ummauert worden, um den Einwohnern von Erissos bei feindli-
chen Angriffen als Schutzburg zu
dienen. Auf ihrem höchsten Punkt
lag die Zitadelle, im Gelände sind
noch die Überreste eines Gefängnisses und anderer Bauten zu erkennen. Schön ist der Blick von der
Burgmauer auf die schmale, lang-
gestreckte Bucht, an deren innerem
Ende der kleine Ort Assos liegt, der
wegen seines allerdings nur kurzen
und steinigen Strandes viel besucht
wird. Bei einem Gang durchs Dorf
erkennt man an zahlreichen Haus-
ruinen und manchen Details, daß
Assos vor 1953 eine intakte, wohlhabende Siedlung war – es gab
Bauern und Gerber, Schneider, Fischer und Schuster. Heute wohnen
hier im Winter nur noch zehn alte
Leute.

Die Hauptstraße wendet sich
bald hinter der Abzweigung nach
Assos von der Küste ab und passiert
den Weiler **Enosis** (auf dem Ortsschild steht der offizielle, aber un-
gebräuchliche Name ›Vasilikia-
des‹). Wer mit dem eigenen Fahrzeug unterwegs ist, kann von hier
aus einen Abstecher in stille und
noch ganz untouristische Berg-

dörfer unternehmen. Man passiert zunächst Mesovunia (s. S. 171 f.), kommt dann auf das Hochplateau von Plagia und schließlich ins Dörfchen **Vari,** dessen einzige Taverne eine prächtige Aussichtsterrasse besitzt, von der aus man den gesamten Norden der Insel und große Teile von Ithaki überblickt. In allen drei Dörfern rufen die Ruinen

einst stattlicher Häuser das Erdbeben von 1953 in Erinnerung.

Von der Katastrophe weitgehend verschont blieb hingegen **Fiskardo,** der wohl idyllischste Ort der Insel, wo die Hauptstraße endet. Sein Name wird von dem Normannenführer Robert Guiscard abgeleitet, der mehrfach Raubzüge gegen die Ionischen Inseln unternahm und

Halbinsel Assos

Größe eng an eng. An der schmalen Uferpromenade wetteifern die Souvenirgeschäfte und Tavernen um die Gunst der Bootsbesatzungen und der anderen Urlauber; nirgendwo sonst auf Kefallinia herrscht eine solch mediterrane Bilderbuchatmosphäre wie hier. Gebadet wird entweder von den Felsplatten an der Hafenbucht aus oder an den Kiesstränden zweier in etwa 20 Min. auch zu Fuß erreichbarer Nachbarbuchten.

Inselrundfahrt

Den Halbinseln Lixuri und Erissos widmet man am besten jeweils eigene Tagesausflüge, ebenso Argostoli und der Lassi-Halbinsel sowie den Landschaften Omalon und Livatho. Den Rest der Insel, ihren eigentlichen Rumpf, kann man dann auf einer weiteren Ganztagestour erkunden.

Von Argostoli aus geht es über den Straßendamm und dann nach Norden entlang des Golfes von Argostoli. Ein erster Zwischenstopp lohnt in **Angona,** wo der Laienmaler Gerassimos Liwadas Razos durch die Bemalung einer Betonmauer mit naiven Landschaftsbildern auf sich aufmerksam macht. Er wohnt in einem modernen Haus unterhalb der Straße und zeigt Besuchern gern seine Bilder, ohne unbedingt verkaufen zu wollen. Bis

hier 1085 auf dem Weg zu einem weiteren Überfall an der Pest starb. Auf der kleinen Halbinsel, die die Bucht von Fiskardo gen Norden abschließt, stehen die Gemäuer einer normannischen Kirche, die wahrscheinlich über seinem Grab errichtet wurde.

Im Hafen von Fiskardo drängen sich Fischerboote und Yachten jeder

Idyllisch: Im Hafen von Fiskardo

1953 hat er ständig auf der Insel gelebt. Nach seinen Erzählungen kündigte sich das große Beben schon eine Woche vorher durch zahlreiche kleine Erderschütterungen an. Die Dorfbewohner übernachteten deswegen in den nächsten Tagen auf ihren Feldern im Freien oder auf ihren Fischerbooten. Das kurze, verheerende Erdbeben vom 12. August beschreibt er mit wenigen, eindringlichen Worten: »Erst schüttelte sich die Erde, dann kreiste sie, dann hob sie sich – und dann war alles kaputt«.

Durch eindrucksvolle Landschaften führt die Inselrundstraße weiter nach **Agia Evfimia** an der Ostküste. Der beschauliche Hafenort lohnt höchstens eine Kaffeepause; denn wenige Kilometer weiter gibt es sehr viel Interessanteres zu sehen. Da ist zunächst einmal die **Höhle von Melissani,** in der das bei den Meerwassermühlen von Argostoli im Boden versickernde Meerwasser wieder zu Tage tritt (s. S. 161). Ein kurzer Fußgängertunnel führt hinunter an das Ufer eines Höhlensees, dessen Decke zum Teil eingestürzt ist und den Blick in den Himmel freigibt. Man kann den See mit einem Ruderboot erkunden, dessen Führer die verschiedenen Tropfsteingebilde in mehreren Sprachen mit Tiernamen belegt. Der See ist 60 × 40 m groß und bis zu 13 m tief, das Wasser stets 11 °C warm. Auf dem kleinen Inselchen im See befand sich in der Antike ein Pan-Heiligtum, zu dem sich die Gläubigen durch das Loch in der Höhlendecke herunterlassen mußten. Die Funde aus diesem Heiligtum sind im Archäologischen Museum von Argostoli (s. S. 155) ausgestellt.

Zwischen Inselrundstraße und Meer liegt kurz darauf der kleine Teich von **Karavomilos.** Aus der Quelle in der dahinter liegenden Felswand, die das Gewässer speist, tritt ebenfalls das bei Argostoli versickernde Meerwasser aus; ein restauriertes Wasserrad zeugt davon, daß es seit britischer Zeit für den Antrieb einer Getreidemühle genutzt wurde.

Durch Sami führt die Straße nun weiter zur hallenartigen, gut und effektvoll ausgeleuchteten **Höhle von Drongarati.** Hier werden gelegentlich Konzerte gegeben.

Von der Inselquerstraße, der Direktverbindung nach Argostoli, zweigt einige Kilometer weiter eine zunächst asphaltierte, später in einen guten Waldweg übergehende, 7,5 km lange Straße auf den **Berg Enos** ab. Sie passiert die moderne Kapelle Agios Eleftherios und eine Antennenanlage der NATO. Am Wegesrand stehen zahllose dunkle Kefallinia-Tannen (*Abies cephalo-*

Sommer in Mesovunia

Mesovunia ist ein Dorf abseits der Küste im Norden Kefallinias. Es besitzt weder herausragende Sehenswürdigkeiten noch sonderlich idyllische Winkel. So kommen auch kaum Touristen hierher – abgesehen von den Gästen, die in einer alten, jetzt als Ferienhaus vermieteten Villa am höchsten Punkt des Ortes wohnen. Urlauber bevölkern das Dorf aber dennoch in jedem Sommer: Griechen, die früher einmal in Mesovunia zu Hause waren, jetzt jedoch auf dem Festland oder gar im Ausland wohnen und arbeiten.

Im Winter leben nur noch etwa 15 Familien und einige alte Leute im Dorf. Leben bringen die Kinder in den Ort, die aus allen Dörfern der Umgebung in die elfklassige Schule von Mesovunia gebracht werden. Sind sie wieder fort, liegt fast Totenstille über dem Ort. Dennoch haben zwei Kaffeehäuser geöffnet. Das eine, das zugleich Gemischtwarenhandlung ist, gehört Irini und ihrem Sohn Gerassimos, der gelegentlich direkt Ziegen und Schafe schlachtet. Das andere hat 1993 der junge Georgios übernommen. Er ist als Grieche in Rhodesien geboren und aufgewachsen, hat dann etwa zehn Jahre lang als Schmuckverkäufer in den Touristenzentren wie Mykonos, Santorin und Rhodos gearbeitet. Dann hatte er die Nase voll vom sommerlichem Saus und Braus, zog zu seiner Mutter nach Mesovunia und übernahm das Kafenion. Im Winter sind die Schüler seine Hauptkunden, holen Süßigkeiten und Getränke, spielen an den Videogeräten.

Mit dem schöner werdenden Wetter kehren dann immer mehr Ältere ins Dorf zurück. Die kühlen Monate haben sie in den Städten verbracht, in denen ihre Kinder leben. Man sitzt im Kafenion zusammen, erzählt von den vergangenen Monaten und immer wieder von den vergangenen Jahrzehnten.

Mit Beginn der Sommerferien Mitte Juni kommt dann richtig Leben ins Dorf. Fast täglich treffen Verwandte und Bekannte ein, um ein paar Wochen in Mesovunia zu verbringen. Väter schicken ihre Familien vor, bis sie selbst im August Urlaub haben; der Taxifahrer aus Patras kommt wie immer für 20 Tage, obwohl er jetzt im Sommer mit seinem Wagen die mageren Umsätze des Winters ausgleichen könnte. Die Tage vergehen mit Besuchen und Gesprächen im Kaffeehaus, Fahrten zu den Stränden oder Reparaturen am Haus. Manch einer baut auch aus, obwohl er doch nur für ein paar Monate im Jahr kommen kann – aber man denkt eben ans Alter, in dem man vielleicht wieder ganz nach Mesovunia zurückkehren will. Abends geht man mit Freunden zum Essen ins Restaurant im Nachbardorf, wo jetzt im Sommer mehrmals in der Woche Spanferkel gegrillt werden, oder gar in das große *Kentro* an der Hauptstraße, in dem in den heißen Monaten an jedem Wochenende zu griechischer Live-Musik gefeiert und getanzt werden kann.

Im September gehen alle wieder auseinander, fahren nach Patras, Athen oder Thessaloniki zurück, fliegen wieder nach Australien oder in die USA – bis zum nächsten Sommer in Mesovunia.

nica), die nur in Griechenland vorkommen. Einen schönen Ausblick hat man vom Gipfel aus, auf dem im Sommer eine Feuerwache zur Verhütung von Waldbränden installiert ist.

Vom Enos aus geht die Fahrt zunächst zurück bis zur Kapelle Agios Eleftherios. Dort zweigt eine nicht ausgeschilderte Piste nach rechts ab. Vorbei an den noch ganz traditionellen kleinen Dörfern Tsarkassianos, Charakti und Agios Nikolaos wird ein Hinweisschild zum

See bei Avithos

See von Avithos erreicht, der im Schilf verborgen zwischen Oliven und Zypressen liegt. Bedenkt man die allgemeine Wasserarmut auf den Inseln, sicherlich ein ganz ungewöhnliches Erlebnis. Das aus einer starken Quelle gespeiste Wasser des Sees, dessen Tiefe angeblich nicht ausgelotet werden kann, bewässert viele Felder im ganzen Tal bis hinunter nach Poros.

Poros ist ein aufstrebender Badeort mit mehreren schattenlosen, viele hundert Meter langen Kies- und Kieselsteinstränden, an denen zahlreiche Wassersportmöglichkeiten angeboten werden. Oberhalb des Dorfes steht hoch oben am Hang des 895 m hohen Atros-Berges das noch von etlichen Mönchen bewohnte **Kloster Iperagias Theotoku Atru**. Der Weg hinauf ist befahrbar, jedenfalls für die, die ihren Wagen nicht zu sehr lieben. Die Piste beginnt hinter einer Schlucht 1,4 km vom Meeresufer entfernt an der Asphaltstraße in Richtung Argostoli und ist insgesamt 4,3 km lang. Sie endet vor dem modernen Klostergebäude an einer Zisterne, an der noch Eimer und Trinkgefäß hängen. Dahinter erhebt sich die gut erhaltene Ruine des alten Klosters mit einem festungsartigen Wohnturm als Mittelpunkt, der früher nur über Strickleitern zugänglich war. Die Mönche schließen dem Besucher die beiden nach dem Erdbeben von 1953 restaurierten Kirchlein auf, bewirten ihn mitunter auch mit Wasser,

Ouzo und Kaffee. Grandios ist der Blick von hier oben auf die Bucht von Poros.

An der Küste entlang kann man nun von Poros aus auf einer guten Piste weiterfahren nach Skala. Man kommt an mehreren Stränden vorbei und am kleinen, weißen Kirchlein **Agios Georgios**, wo drei Säulenstümpfe und rund ein Dutzend Steinquader alles sind, was von einem antiken Tempel aus dem 6. Jh. v. Chr. erhalten blieb.

Skala ist ein vor allem bei Briten beliebter Urlaubsort mit langem Sandstrand, einigen Dünen und einem schattigen Wäldchen am Ufer. Am Ortsrand, nahe dem südöstlichen Ende der Uferstraße in einem grünen Bachtal, stehen die Überreste einer römischen Villa, die allerdings nicht zugänglich und kaum einsehbar sind.

Vorbei am langen, noch unverbauten Strand von **Ratzakali** führt die Inselrundstraße nun nach Argostoli zurück. Unterhalb der Straße liegen das bewohnte Kloster Sissi und etwas weiter der schöne, über 1 km lange Kiesstrand von **Lurdas**. In diesem Ort selbst ist die kleine, stimmungsvolle Platia bemerkenswert, an der ein öffentlicher Brunnen mit Waschhaus steht.

Praktische Informationen für Kefallinia

✈ **Flugverbindungen:** Mit Athen ist Kefallinia ein- bis zweimal täglich verbunden.

Schlangenkult auf Kefallinia

Von Rainer Störtenbecker

Arginia, ein kaum 100 Einwohner zählendes Dorf hoch oben an der Südwestflanke des mächtigen Ainos-Berges, döst auch am 227. Tag des Jahres gemächlich vor sich hin. Außer dem unaufhörlichen Zirpen der Zikaden, außer Eselsgeschrei von weit her herrscht eine andächtige Stille. Wir haben Mitte August, auch an diesem Vormittag brennt die Sonne unerbittlich herab. Schatten ist in und um Arginia zu einer Rarität geworden. Wie durch ein Wunder blieb das Dorf von der vernichtenden Feuersbrunst verschont, die vor gar nicht langer Zeit hier wütete. Wo man auch hinschaut, überall verbrannte Erde. ›Wälder‹ von verkohlten Baumstümpfen reichen bis unmittelbar in die Vorgärten der wenigen Häuser. Doch Arginia blieb der Welt und den Landkarten, sofern überhaupt erfaßt, noch einmal erhalten. Und das ist auch gut so, schließlich ranken sich um diesen Ort Geschichten ganz besonderer Art.

In der Kirche bin ich baff vor Erstaunen: Wild züngelnd ziehen Schlangen in weiten Bögen über den Mosaikfußboden. Auf den ver-

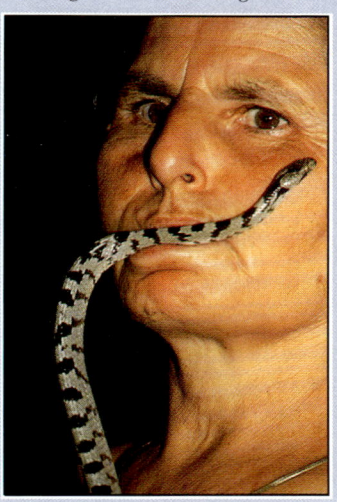

goldeten Schnitzereien der Altarwand, an Säulen, auf Stuhllehnen, zwei, drei, fünf, immer mehr Schlangen kann ich im Halbdunkel ausmachen. Den Dorfbewohnern ist die Freude über die Ankunft der ›Schlangen der Muttergottes‹ anzumerken. Ihr Erscheinen ist ein gutes Zeichen, gegen Schicksalsschläge welcher Art auch immer.

»Schau ganz genau hin, dort auf die Stirn, siehst du das Kreuz?« Da gleitet dieses fast ein Meter lange Reptil über die Schulterpartie einer mir gegenüber stehenden Griechin. Die Schlange erreicht ihren Hals, überwindet den Wangenbereich. Fast scheint es, nein es ist so: Auge in Auge, die Blicke von Mensch und Tier treffen sich. Die Frau atmet tief, murmelt etwas in sich hinein. Sie verzieht keine Miene, ruht in sich selbst. Das Maul des Tieres öffnet sich, und schon im nächsten Moment gleitet die faden-dünne Zunge in Richtung Pupille. Schier perplex verliere ich die Kontrolle über die Kamera. Der Blick trifft alles, nur nicht das Objekt der fotografischen Begierde. Die Frau zieht mich beschwörend zur Seite: »*Ela*, komm, schau genau auf die Zungenspitze, da ist noch ein Kreuz.« Ja, ja, ja, ich bin mir sicher, es gesehen zu haben. Wirklich, ich hab's gesehen!

Ein trocknes Schlucken, dann verschlägt's mir vollends die Stimme. Sie führt dieses glitschige Etwas in ihren Mund ein, schließt ihre sprö-den, weiß anlaufenden Lippen, die mit Druck den Körper der Schlan-ge umpressen. Für die Menschen hier ist der Umgang mit den Schlan-gen das Selbstverständlichste der Welt. Von Kindesbeinen an ist man mit ihnen vertraut. Die Küsterin Sophia sucht folglich auch nicht lan-ge nach Erklärungen: »Eines wissen wir genau. Sie tun uns nichts, weil wir ihnen nichts tun.«

Die Freude über den Besuch der Schlangen ist schon deshalb so groß, weil es nicht selbstverständlich ist, daß diese Tiere jedes Jahr aufs neue am 15. August ins Dorf zurückkehren. Obgleich die Men-schen von Arginia eigentlich keine Wundertätigkeit von den Schlan-gen verlangen, ist die Hoffnung, die in sie gesetzt wird, unvorstellbar groß. Man erhofft sich für die Fortdauer des Lebens Schutz vor Krank-heiten, vor Erdbeben und Tragödien jedweder Art. Der 80jährige Ge-rasimos Siliverdis kann sich an Zeiten erinnern, als sein Dorf vergeb-lich auf ihre Heimkehr wartete.

»Als ihr Deutschen im Zweiten Weltkrieg hier wart, aber auch bei diesem fürchterlichen Erdbeben, da sind sie nicht gekommen. Immer dann, wenn sie nicht kommen, passiert irgend etwas Schreckliches«. Der Alte spricht das aus, was allen hier tief unter die Haut geht, was sie Jahr für Jahr auf die Rückkehr der Schlangen warten läßt.

Ich frage Ioanna Melidoni vom inseleigenen Radiosender, ob sie sich an eine konkrete Wundertätigkeit der Schlangen erinnern kann. Womöglich ein Erlebnis, das die Magie der in den Abendstunden statt-findenden Schlangenhuldigung noch um ein Vielfaches verstärken würde. »Doch ja, das mußt du wissen, die Schlangen verschwinden entweder schon unmittelbar nach dem Gottesdienst, spätestens aber nach dem Fest. Eines ist gewiß: am 16. August wirst du hier keine Schlange mehr antreffen«.

Am Abend in der Kirche. Die Dorfgemeinschaft ist unter sich. Kindergeschrei hallt durch das Gotteshaus. Gedränge, Geschiebe, Gestoße, manch ein hysterisches Wort. Dutzende von Händen strecken sich den Schlangen entgegen, die, scheinbar unberührt vom Trubel um sie herum, alles in stoischer Ruhe über sich ergehen lassen. Jeder möchte sie berühren, sich dem heiligen Tier zuwenden, es im Kreis der Familie herumreichen. Die unterschiedlichsten Gefühlsregungen sind zu beobachten: unbeschwerte Neugier, gläubige Verehrung und ekstatischer Wunderglaube.

Der Wechselgesang des Psalmenchores nimmt derweil an Intensität zu. Der Höhepunkt, die Segnung des Brotes, steht unmittelbar bevor. Der Priester mischt sich unter seine Schäflein, aus dem Weihrauchschwenker quillen mächtige Schübe des betäubenden Aromas. Ein letztes Gebet, und auch die mahnenden Worte finden ihre Empfänger. Dann wendet sich der Geistliche dem mit Basilikum geschmückten Brot zu, zwischen dem sich weitere Schlangen wälzen. Und was kaum denkbar ist, angesichts dieses tiefreligiösen Umfeldes: Die heutige Nacht wird erst im Morgengrauen ausklingen, mit einem Fest unter der großen Platane vor der Kirche.

Und am nächsten Morgen – ich schwöre es – war keine der Schlangen mehr da.

Schiffsverbindungen: Im Sommer verbinden Autofähren Sami mit Ancona, Brindisi, Patras, Korfu, Igumenitsa und Paxos. Die lokalen Fähren fahren ganzjährig. Killini auf dem Peloponnes wird ein- bis zweimal täglich von Argostoli und Lixuri sowie mehrmals täglich von Poros aus angelaufen. Von Agia Evfimia kommt man täglich nach Astakos auf dem Festland. Zakinthos erreicht man im Sommer zweimal täglich ab Pessada. Vassiliki auf Lefkas wird ab Sami und Fiskardo angesteuert, Nidri auf Lefkas nur ab Fiskardo. Frikes auf Ithaki erreicht man von Fiskardo aus; Vathi auf Ithaki laufen Fähren von Sami und Agia Evfimia an. Tag und Nacht verkehren Autofähren zwischen Argostoli und Lixuri.

Verkehr: Die meisten Inselorte erreicht man per Bus ab Argostoli. Die Dörfer und Strände auf der Halbinsel Paliki werden von Lixuri aus angesteuert.

Unterkunft: In und um Argostoli:
Mediterranée (4*): Am Sandstrand von Makri Jalos gelegenes Strandhotel mit 227 Zimmern, Pool, Tennisplatz, Surfschule und Wasserskimöglichkeiten. ✆ 06 71/2 87 63.
Ionian Plaza (4*): Architektonisch gelungenes, komfortables Stadthotel an der Platia von Argostoli. Gutes Preis-/Leistungsverhältnis. Platia Vallianu, ✆ 06 71/2 55 81.
White Rocks (4*): Hotel und Bungalowanlage in einem Pinienwäldchen am

Kloster Atru

feinen Sandstrand von Platis Jalos. 102 Zimmer, 60 Reihenbungalows. Im Hochsommer Sportclub mit Wasserski, Parasailing und Windsurfschule. ✆ 06 71/ 2 83 32.

Regina (2*): Einfaches, aber freundliches Hotel im Stadtzentrum. 21 Zimmer, Odos Vergoti 24, ✆ 06 71/2 35 57.

In Fiskardo:

Filoxenia (3*): Älteres Inselhaus am Hafen mit 3 Apartments mit jeweils zwei Doppelzimmern, Küche, Bad und Balkon oder Terrasse. ✆ 06 74/5 14 87.

Fiscoardona (3*): Pension in einem restaurierten Bürgerhaus nahe dem Ha-

fen. 6 Zimmer mit Gemeinschaftsküche. ✆ 06 74/5 14 84; im Winter werden Reservierungen für den Sommer in Athen angenommen, ✆ 01/8 02 18 38.

In und um Lixuri:

Cephalonia Palace (4*): Modernes Hotel in der Erosionslandschaft der Paliki-Halbinsel. 150 m bis zum Strand, 2 km bis zum nächstgelegenen Dorf (Manzavinata) und 6 km bis Lixuri. Pool, Tennis, Wasserski, Windsurfen. 136 Zimmer, ✆ 06 71/9 13 01.

Summery (3*): Älteres Hotel am kleinen Ortsstrand von Lixuri. 56 Zimmer, ✆ 06 71/9 17 71.

Zoi (1*): Gute Privatzimmer in unmittelbarer Nähe des Hotels Summery. ✆ 06 71/9 18 77.

In Sami:
Pericles Beach (3*): Sehr ruhig gelegenes Hotel im Hinterland von Sami, etwa 800 m vom Ort und 900 m vom Strand entfernt. Pool, Tennisplatz. 72 Zimmer, ☎ 0674/2 27 80.
Ionion (2*): Schon etwas älteres, aber recht ruhig gelegenes Hotel. 16 Zimmer, Odos Chorofilakis 5, ☎ 0674/2 20 35.
Riviera (1*): Gute Privatzimmer über der gleichnamigen Cafeteria an der Uferstraße nahe den Fähranlegern. ☎ 0674/2 22 46.

Restaurants: Ein ganz besonderes Erlebnis ist ein Spanferkelessen im Bergdorf **Vari** auf der Halbinsel Erissos. Es findet jeweils samstags auf der Terrasse des einzigen Kaffeehauses statt; persönliche Voranmeldung ist unbedingt erforderlich. Sehr gut ißt man auch in den beiden jeweils einzigen Tavernen in den Dörfern **Magano** und **Enosis** (hier nur abends) auf der Halbinsel Erissos.
In **Sami** ißt man besonders gut im alteingesessenen Restaurant ›Saoulis‹ an der Uferstraße. Eine der ursprünglichsten Tavernen der Insel ist das Restaurant ›Maria‹ in **Lixuri** (Odos Kosti Palama). Man findet es, wenn man vom Fähranleger nach links die Uferstraße entlanggeht und nach Passieren der Platia in die erste Gasse rechts einbiegt. Wirtin Maria und ihr Mann Niko vermieten übrigens auch Ferienhäuser bei Lixuri. Ein besonderes Lob hat Panajis Komitas verdient, der Wirt des Café-Restaurants ›Thalassomilos Komitas‹ in den Gebäuden einer restaurierten Meerwassermühle unweit von Argostoli auf der **Lassi-Halbinsel**. In stimmungsvollem Rahmen bietet er auch Fisch und Langusten aus dem Vorhaltebecken an; an Sommerabenden ist hier häufig inseltypische Musik live zu hören.

Bestes Restaurant in **Argostoli** ist das ›Captain's Table‹, 15 m von der Platia entfernt in der Straße mit den Palmen gelegen (die neben dem Hotel Ionian Plaza beginnt). Auf der umfangreichen Karte stehen auch viele Vorspeisen, Gemüsegerichte und Salate. Der Wirt ist erfolgreich um Kreativität bemüht, der Service ist sehr freundlich. Alles wird sehr heiß serviert. Für ein einfaches Mittagessen ist die preiswerte Taverne ›Tzivras‹ zu empfehlen. Sie liegt in der kleinen Gasse, die gegenüber der Shell-Tankstelle an der Uferstraße beim Busbahnhof beginnt.

 Information: Büro der Griechischen Zentrale für Fremdenverkehr nahe dem Fähranleger in Argostoli (☎ 0671/2 28 47).

Banken: Banken sind in Argostoli, Luxuri und Sami vorhanden.

Post/Telefon: Postämter gibt es auch in Enosis, Fiskardo, Lixuri, Nea Skala und Poros, Telefonämter in Argostoli (Leoforos Vergoti 8), Lixuri, Poros und Sami.

Feste: 21. Mai: Feiern zum Gedenken an den Anschluß der Ionischen Inseln an Griechenland in Argostoli; Ostermontag: Ikonenprozession im Kloster Sissi; 11. Juli: Agia Evfimia in Agia Evfimia; 2. Julihälfte: Theaterfestival in Argostoli; August: Internationales Musikfestival in Argostoli und Lixuri; 15. August: Mariä Entschlafung in Assos und Lixuri; 16. August: Reliquienprozession im Kloster Agios Gerassimos; 23. August: Kirchweihfest im Kloster Agrilion bei Sami; Anfang September: Volkstanzfestival in Argostoli und Lixuri; 20. Oktober: Reliquienprozession im Kloster Agios Gerassimos; 12. Dezember: Agios Spiridonos in Fiskardo.

Zakinthos –
Die Blume
der Levante

Die Stadt Zakinthos

Die schönsten Inselstrände

Inselrundfahrten

Shipwreck Beach

Zakinthos – Die Blume der Levante

Das alte Zante gilt vielen als lieblichste Insel im ganzen Archipel. Aber nicht nur Landschaftsenthusiasten, sondern auch Strandliebhaber und Kunstreisende kommen hier auf ihre Kosten.

Die drittgrößte der Ionischen Inseln (32 600 Ew.) liegt schon vor der Küste des Peloponnes. Sie wirkt lieblich und lyrisch; ihre Landschaftsformen sind überwiegend sanft. Auf dem Lande stehen Bauernhäuser und Villen nicht wie anderswo in Griechenland unmittelbar an der Straße, sondern vornehm zurückgesetzt; mit ihren Pforten und geradlinigen Zugangswegen schaffen sie eine toskanisch anmutende Atmosphäre. Die Inselhauptstadt Zakinthos zieht sich mehrere Kilometer weit vor der Kulisse flacher, aber steil abfallender Hügel am Meer entlang; die zwischen den zumeist niedrigen Häusern aufragenden Campanili der Kirchen erinnern an die alten italienischen Städte an der Adria. Nur die skurrile Felskuppe des 492 m hohen Skopos, die im Hintergrund der nach dem Berg benannten Halbinsel wie eine Brustwarze aufsitzt, verweist schon auf die Inseln der Ägäis, auf der solche Formen häufig sind.

Zakinthos ist eine grüne Insel. In der weiten Ebene, die das 401 km² große Eiland von Nordwesten nach Südosten durchzieht, sowie in den Küsten- und Hochebenen wird zumeist Wein angebaut; die Hänge der Hügel sind von dichten, uralten Olivenhainen bedeckt. Im Süden der großen Ebene steigt ein Bergzug bis zu 756 m hoch auf, der nahezu die ganze Südhälfte der Insel einnimmt, als sanftes, nie alpin anmutendes Gebirge aber seine Höhe verleugnen zu wollen scheint. Zur Südküste hin fällt der Vrachionas allerdings nahezu überall als Steilküste ab, so daß es dort keine einzige Siedlung am Meer und nahezu keinen auf dem Landweg erreichbaren Strand gibt. Dafür sind die Sandbuchten, die man nur mit dem Boot anlaufen kann, um so idyllischer und menschenleer.

An den Stränden im Norden und Osten der Insel hingegen stehen schon zahlreiche Hotels, Pensionen und Tavernen. Zentrum des Badetourismus sind die Dörfer Laganas und Kalamaki, wo ignorante Urlauber immer mehr Meeresschildkröten von ihren angestammten Brutplätzen vertreiben. Die eher zaghaften Versuche, diese Küstenabschnitte zu schützen, haben eine Verbauung der grandiosen Sandstrände

Zakinthos

auf der Südseite der Skopos-Halb-insel zwar bisher noch verhindern können, doch an der Nordseite entstehen zunehmend mehr kleine Hotels und Apartmenthäuser. Auch an der Nordküste westlich der Haupt-stadt lebt ein Großteil der Menschen inzwischen vom Fremdenverkehr, obwohl die Strände vor einer Kulis-se aus niedrigen, grünen Hügeln recht schmal sind. Weise Selbstbe-schränkung hat man sich lediglich in Limni Keriu auferlegt, wo ge-mäß Gemeindebeschluß in keinem Haus mehr als 16 Zimmer oder Apartments vermietet werden dür-fen.

So sind denn Laganas und Kala-maki die Urlaubsorte für den, der überwiegend baden will, und den der Massentourismus nicht schreckt. An der Nordküste sind die Strände etwas kleiner, aber dafür auch die Orte weniger überfüllt; Limni Keriu schließlich bildet eine Alternative für den Individualisten. Wer viel unternehmen und von der Insel kennenlernen will, ist schließlich in der Stadt Zakinthos am besten aufgehoben, von wo aus die Inselstrände bequem und schnell per Bus oder Mietfahrzeug zu erreichen sind.

Geschichte

Obwohl Zakinthos nachweislich seit der Jungsteinzeit besiedelt ist, besitzt die Insel doch so gut wie keine herausragenden archäologischen Spuren. Man weiß, daß die Insel in der mykenischen Zeit zum ›Reich des Odysseus‹ (s. S. 142 f.) gehörte und daß eine antike Stadt von Siedlern vom Peloponnes, aus dem arkadischen Psorphis, gegründet wurde. Am Peloponnesischen Krieg nahm Zakinthos als Flottenstützpunkt der Athener teil. 467 n. Chr. zogen die Vandalen plündernd über die Insel. Wie Kefallinia wurde auch Zakinthos 1185 von Normannen aus Brindisi besetzt und dem Königreich Sizilien angeschlossen. 1209 fiel die Grafschaft Kefallinia und Zakinthos in die Hände des italienischen Adelsgeschlechts der Orsini und 1335 in die der Tocchi. Die Feudalherrn beuteten die Einheimischen nach Kräften aus, ließen ihnen aber ihre Religionsfreiheit. Als die Osmanen 1479 Zakinthos besetzten, flohen darum viele Bewohner auf die italienisch verbliebenen Inseln. 1484 fiel Zakinthos durch einen Vertrag an Venedig, bei dem es bis 1797

verblieb. Die neuen Herrn nannten das Eiland ob seiner Lieblichkeit und Fruchtbarkeit bald *Il fiore di Levante*, die ›Blume der Levante‹, und schätzten die Insel nicht nur wegen ihrer Wein- und Olivenproduktion, sondern auch wegen ihrer Pechquellen und Salinen.

Nachdem Kreta im Jahre 1669 von den Osmanen eingenommen worden war, wurde Zakinthos wie Korfu zum Exil vieler kretischer Maler und Dichter und um 1800 schließlich zu einem ersten Zentrum der neugriechischen Malerei und Literatur (s. S. 187 u. S. 47 f.). Die Nähe des Peloponnes, eines der Hauptkampfplätze im griechischen Freiheitskampf gegen die Türken, brachte ein starkes Engagement der Insulaner für diesen Kampf mit sich, der zugleich auch mehrmals zu Aufständen gegen die britischen Besatzer führte. So setzten Bauern von Zakinthos 1821 gegen den Willen der Briten in der Bucht von Laganas ein türkisches Schiff in Brand, das sich vor seinen griechischen Verfolgern in die Gewässer der offiziell ja neutralen Inselrepublik geflüchtet hatte; die griechischen Anführer wurden daraufhin kurzerhand von den Engländern gehängt.

Nach einigen Jahrzehnten hatten die Briten die ›wilden Zakinther‹ jedoch weitgehend gezähmt. Ein athenischer Reisender bewunderte in jener Zeit die bürgerliche Sicherheit auf der Insel, die ganz im Gegensatz zu den chaotischen Zuständen im freien Griechenland

Das große Beben

»Wir sahen, wie in der zerstörten Stadt Zante zahlreiche Brände entstanden. Über die benachbarten Inseln Kephalonia und Ithaka stiegen ebenfalls große Rauchwolken auf. Von griechischen Polizisten geführt, konnten wir auf Bergpfaden die Küste erreichen. Alle anderen Straßen, die zur Küste führten, waren blockiert. 10 Stunden lang befanden wir uns in einem Fischerboot in der Nähe der Küste, während weitere Erdstöße die Insel erschütterten. Die Szenen der Zerstörung und die Panik der Inselbewohner sind nicht zu beschreiben. Furchtbar war es, als die Insassen des Gefängnisses von Zante die Flucht ergreifen wollten und die Gendarmen das Feuer eröffneten. Schüsse, der aufsteigende Rauch, die Erdstöße und die Ruinen ringsherum bildeten eine Vision des Schreckens.«
(Augenzeugenbericht der britischen Lehrerin Molly Batley, zitiert in der Neuen Zürcher Zeitung vom 16. 8. 1953)

stand. Er schreibt, auf Zakinthos könne man unbesorgt mit einer Tasche voller Gold von einer Seite der Insel zur anderen wandern, während man das auf dem Wege von Athen in den Vorort Kifissia wohl kaum mit heiler Haut überstehen würde.

Gegen Ende des letzten Jahrhunderts war Zakinthos noch eine wohlhabende Insel; 1879 zählte sie fast 45 000 Bewohner. Man exportierte Korinthen, Wein, Öl, Seide, Salz und Seife und produzierte in kleinen Manufakturen Baumwolle, Teppiche, Seidenerzeugnisse, Leinwand und Liköre. Heute hingegen haben nur noch die Wein- und Ölproduktion Bedeutung, die einzige wirklich bedeutsame ›Industrie‹ auf der Insel ist die Tourismusindustrie.

Im Zweiten Weltkrieg wurde Zakinthos mehrfach bombardiert, und zwar von Flugzeugen der Alliierten wie auch der Achsenmächte, erlitt aber nur geringe Schäden. Verheerend war hingegen das schwere Erdbeben vom 12. August 1953: Anders als auf den übrigen Inseln brach in der Stadt Zakinthos ein Feuer aus, das nur drei Gebäude verschonte: eine Bank, eine Schule und die Kirche des Inselheiligen, Agios Dionisios. Inzwischen sind kaum noch Spuren davon zu sehen, ist Zakinthos wieder eine Stadt mit Atmosphäre.

Zakinthos-Stadt

Äußerst fotogen erstreckt sich die Inselhauptstadt (10 000 Ew.) von

Blick auf Zakinthos-Stadt

Nord nach Süd entlang dem Meeresufer und einem Höhenzug, der nur wenige hundert Meter davon entfernt parallel zur Küste verläuft. Sein Steilabfall verhindert jedes Ausufern des Stadtkerns und bildet mit seinen teils bewaldeten, teils blendend weißen Hängen eine unverbaubare Naturkulisse. Nur im Süden der Stadt, wo das zumeist ausgetrocknete Bachbett des Charalambos-Flusses ins Ionische Meer mündet, zieht sich ein Tal gen Süden, das Platz für neue Häuser bietet.

Das soziale Zentrum der Stadt bildet die kleine Platia Agiu Marku, die über die Leoforos Vassileos Georgiu B' mit der weitläufigen Platia Solomu am Meer verbunden ist –

mit dem Museum und der Bibliothek auch das kulturelle Zentrum von Zakinthos. Von beiden Plätzen aus verlaufen parallel zur breiten Uferstraße kleinere Gassen gen Süden, an denen Werkstätten, Lagerplätze und andere Kleinbetriebe liegen. Ganz im Süden der Uferstraße erhebt sich an einem weiteren Platz die Kirche des Inselheiligen Agios Dionisios, der Fokus des religiösen Lebens auf dem Eiland. Zwischen der Kirche und dem Platz mit den Museen wurde durch künstliche Molen ein geschützter Hafen angelegt, in dem Fähren, Ausflugsdampfer und Frachter festmachen.

In den Straßencafés an der Platia Agiu Marku sitzt man dem markanten Gebäude des **Solomos-Museums** unmittelbar gegenüber. Im Erdgeschoß sind die Dichter Dionisios Solomos und Andreas Kalvos

(s. S. 47 f.) beigesetzt; im Treppenhaus und in den Räumen des Obergeschosses werden neben Manuskripten, Dokumenten und anderen Erinnerungsstücken an Solomos auch einige schöne alte Möbelstücke und Ikonen sowie Porträts einheimischer Adliger präsentiert. Der Eintritt ist frei, so daß sich ein kurzer Besuch lohnt, auch wenn man des Griechischen nicht mächtig ist.

Gleich daneben befindet sich die kleine römisch-katholische **Kirche San Marcus,** in der im Sommerhalbjahr an jedem Sonntag um 19 Uhr von einem Priester aus Patras die heilige Messe gelesen wird. Weitgehend schmucklos präsentiert sich der Kirchenraum; das Gemälde über dem Altar wird Tizian zugeschrieben. Die große Ikone an der linken Seitenwand ist ein interessantes Dokument für die gegenseitige Durchdringung orthodoxer Traditionen und westlichen Gedankenguts: Die heilige Paraskevi ganz im byzantinischen Stil, die Beschriftung jedoch sowohl griechisch als auch italienisch – und die Votivtäfelchen, die an den Ikonen hängen, sind eigentlich nur in orthodoxen Kirchen üblich.

Wenige Schritte von der Platia Agiu Marku entfernt ragt die orthodoxe Kathedrale, die **Mitropolis,** über die Häuser der Stadt empor. Ihr Campanile wurde wie der so vieler anderer Inselkirchen in den 70er Jahren aus dem zwar erdbebensicheren, aber wenig schönen Beton neu errichtet. Der Innenraum ist vollständig mit Wandmalereien im traditionellen Stil ausge-

Zakinthos-Stadt

schmückt, die freilich erst aus dem letzten Jahrzehnt stammen. Über dem Westeingang findet man die Entschlafung Mariens, über der linken Seitentür den Tod des hl. Nikolaus, über der rechten die Geburt Johannes des Täufers. Das Tonnengewölbe zeigt rechts (von hinten nach vorn): den Einzug in Jerusalem, die Kreuzigung, die Kreuzabnahme und das Pfingstwunder, links die Verklärung Christi, die Auferweckung des Lazaros, die Hades-Fahrt Christi (s. S. 44) und Christi Himmelfahrt. Das Zentrum des Gewölbes nimmt die Darstellung Christi als Pantokrator ein, als Allbeherrscher, umgeben von den vier Evangelisten und einem Engelschor. Über die vergoldete Ikonostase hinweg erblickt man in der Apsiskonche Maria als Himmelskönigin und darüber das von zwei Engeln gehaltene Mandilion als Beleg für die Gottgefälligkeit von Ikonen und Wandmalereien (s. S. 46).

Wiederum nur einige Schritte weiter steht unterhalb des heutigen Straßenniveaus die kleine **Kirche Kiria ton Angelon,** die 1687 von der Gilde der Barbiere gestiftet und nach dem Erdbeben von 1953 hervorragend rekonstruiert wurde. Am Hauptportal erkennt man links Sonne und Sterne, rechts Mond und Sterne und dazwischen ein Kreuz, darüber zwischen Blattwerk und Seraphimen die Gottesmutter mit dem Kind, neben der erhöht auf dem Giebel des Portals zwei Engel knien. Über dem Seitenportal sind der byzantinische Doppeladler und darüber der Erzengel Michael zu sehen.

Statt weiter zum nahen Strandbad an der Dionissiu Roma zu gehen, kann man nun umdrehen und zur großen Platia Solomu spazieren, deren ganze Westseite das **Zakinthos-Museum** einnimmt. Es verwahrt vor allem Ikonen und Ikonostasen sowie Wandmalereien aus verschiedenen Epochen und zakinthischen Kirchen, so daß man hier bei einem Rundgang ausgezeichnet die Geschichte der Malerei auf den Ionischen Inseln nachvollziehen kann. Im Saal links des Eingangs sind außerdem ein großes Reliefmodell der Stadt vor dem Erdbeben sowie historische Fotos aus jenen Jahren zu sehen (Mo, Di, Mi 12–19.30 Uhr und Do, Fr, Sa 7–14.30 Uhr). Weit mehr und weitaus interessantere Dokumente zum ›großen Beben‹ geben in der **Bibliothek** an der Nordseite des Platzes Zeugnis der gewaltigen Aufbauleistung, die die Zakinthier seither vollbrachten. Fotos aus dem Jahr 1953 zeigen, daß die Stadt nach der Katastrophe fast vollständig dem Erdboden gleichgemacht war, daß die Platia vor der Bibliothek später einem einzigen Zeltlager für Obdachlose glich. Auch in den folgenden Jahren machte das heutige Stadtgebiet noch den Eindruck einer trostlosen Wüste, einzig das Gebäude der National Bank, der Bibliothek gegenüber, ragte aus den Schuttmassen heraus.

Die kleine **Kirche Agios Nikolaos** in der Nordostecke des Platzes,

Am Westen orientiert:
Die Ionische Schule
Ein Rundgang durch das Zakinthos-Museum

Griechenlandkenner werden es längst bemerkt haben: Die Malereien in den Kirchen auf den Ionischen Inseln unterscheiden sich häufig grundlegend von den religiösen Werken, die man in Kirchen und Klöstern anderswo in Hellas findet. Sie wirken häufig überhaupt nicht mehr byzantinisch-orthodox, sondern erinnern an die italienische Malerei. Das Museum von Zakinthos bietet die beste Gelegenheit, die Unterschiede zwischen byzantinischer Kunst und der Malerei der Ionischen Schule auf einen Blick zu erfassen.

Die byzantinische Malerei ist an strenge, theologisch und religionsgeschichtlich begründete Vorschriften gebunden (s. S. 43 ff.). Nur auf fremdem Boden wie im Falle der italienischen Madonnieri oder der in Venedig arbeitenden Griechen, konnte sie sich von ihnen lösen – oder dort, wo römisch-katholische Christen ehemals byzantinischen Boden als fremde Herren beherrschten. Die erste bedeutende Loslösung vom engen Kanon der Orthodoxie vollzog sich dann auch auf Kreta, das bereits 1204 venezianisch wurde. Als die Osmanen 1453 Konstantinopel eroberten, flüchteten viele hervorragende Kirchen- und Ikonenmaler auf diese große, wohlhabende Insel im Süden der Ägäis und machten sie zu einem Zentrum des religiösen Kunstschaffens. Unter dem Einfluß der italienischen Kunst, venezianischer Auftraggeber und häufiger Studien- und Arbeitsaufenthalte in Venedig selbst verbanden sie fortan byzantinische mit italienischen Elementen und schufen so den Kretischen Stil, dessen bedeutendste Vertreter Michail Damaskinos und Emmanuel Tzanes wurden.

Dann fiel 1669 auch Kreta unter türkische Herrschaft. Jetzt waren nur noch die Ionischen Inseln christlich beherrscht – wenn auch von Katholiken aus Venedig. Manche Sakralmaler siedelten angesichts der türkischen Bedrohung direkt nach Venedig um, andere zogen sich auf die Ionischen Inseln zurück. Zakinthos wurde ein neues Zentrum der griechischen Malerei; zahlreiche bedeutende Werke im kretischen Stil entstanden hier und schmückten fortan die vielen Inselkirchen. Bereits um 1700 wandten sich manche Maler dann nahezu vollständig von den byzantinischen Traditionen ab und der italienischen Malerei zu. Sie wurden zu den Begründern der Ionischen Schule und werden heute zu den Urvätern der neugriechischen Malerei gezählt, die sich aus zwei weiteren Quellen speist: dem Einfluß der mit dem Wittelsbacher König Otto ins Land gekommenen deutschen Maler und den rustikal-naiven Versuchen von Laien, die Ereignisse des Freiheitskampfes im Bild festzuhalten.

Die Meister der Ionischen Schule ließen sich vor allem von den Vorbildern der italienischen Renaissance inspirieren. Ihr erster Meister ist Panajotis Doxaras (1662–1729), der auch den ersten griechischen Essay der Neuzeit über die Ästhetik der Malerei schrieb. Weitere bedeutende Vertreter dieser Stilrichtung waren dann Nikolaos Doxaras (1705–75), Strati Plakotos (1662–1728) und die orthodoxen Priester Nikolaos Koutouzis (1741–1813) und Nikolaos Kantounis (1767 bis 1834). Zusammen mit Ioannis Korais dem Älteren (1720–99) und Ioannis Korais dem Jüngeren (1781–1841) waren sie die ersten neugriechischen Maler, die neben Sakralbildern auch nicht-religiöse Werke schufen, darunter auch Stilleben und Porträts.

Die Werke dieser Künstler findet man über die Kirchen der Ionischen Inseln verstreut, in der Nationalgalerie in Athen und im Museum von Zakinthos. Hier kann man binnen einer Stunde einen interessanten Rundgang durch die Malereigeschichte des Archipels unternehmen.

Gleich in Saal I wirkt die Stillende Gottesmutter (Nr. 4; alle Bilder im Museum sind numeriert) aus dem 18. Jh. auf den ersten Blick noch den strengen byzantinischen Formen unterworfen. Erst bei genauerem Hinsehen erkennt man an der Muskulösität des Kindes, den weichen Gesichtszügen beider Figuren und dem punzierten Hals den westlichen Einfluß. Deutlicher im kretischen Stil gemalt ist die Marienikone von Leo Moskos aus dem 16. Jh. an der Ikonostase der Pantokrator-Kirche

1560 von der Fischergilde erbaut, ist hingegen eine Rekonstruktion. Wenn sie einmal zufällig offensteht, lohnt die geschnitzte Ikonostase für Kunstfreunde einen Blick.

Entlang der Uferstraße kann man nun zur Kirche des Inselheiligen gehen, zur **Kirche Agios Dionisios.** Seine Gebeine, in einem prächtigen Silbersarkophag in einer Kapelle rechts der Apsis verwahrt, sind täglich das Ziel zahlreicher Pilger und Gläubiger, für die ein Kuß der Gebeine durch eine Klappe im Sarkophag den Höhepunkt ihrer Wallfahrt darstellt. Das Gebäude mit seinem schönen Mauerwerk, das nach byzantinischer Tradition mit phantasievollen Schmuckstreifen aus Ziegelsteinen durchsetzt ist, wurde erst nach dem Zweiten Weltkrieg erbaut und überstand –

aus dem Jahre 1681 (Nr. 9); schon dem ionischen Stil zugerechnet werden die beiden Ikonen von Victoros an der gleichen Ikonostase, die die Verklärung Christi und Christus als König der Könige darstellen. Ganz der ionischen Schule verbunden ist auch die Darstellung des Gastmahls des Abraham (Nr. 18) an einer Ikonostasentür mit barockem Tischfuß, Besteck und Leuchter auf dem Tisch und einer stilisierten Renaissance-Architektur als Hintergrund.

Wie stark der westliche Einfluß auf die Maler der Ionischen Inseln war, zeigt besonders deutlich eine Ikonostase aus dem Jahre 1690 (Nr. 22), auf der die römischen Päpste Clemens, Silvester und Leon als orthodoxe Heilige dargestellt sind. An gleicher Stelle ist auch ein Werk von Michail Damaskinos zu sehen: Christus als thronender Allesbeherrscher, als Pantokrator. Enger mit Byzanz verbunden sind wiederum die vollständig ins Museum verbrachten Wandmalereien aus der Kirche Agios Andreas Volimon aus dem 17. Jh. Die Hinwendung zu weltlichen Themen in der Ionischen Schule zeigen hingegen die Ikonen Nr. 97 und 98 mit ihren romantischen Landschaftsdarstellungen, während die Marienikone von Emmanuel Tzanes (Nr. 119) aus dem Jahre 1641 der klassischen byzantinischen Malerei noch näher steht als manch anderes Werk der Kretischen Schule.

Reine Vertreter der Ionischen Schule sind dann die Malereien in den letzten beiden Museumssälen, darunter die zahlreichen Gemälde von Nikolaos Kantounis aus dem Jahre 1834, die ursprünglich eine Ikonostase zierten. Hier fehlt sogar bereits die für Ikonen unerläßliche Beschriftung. Die Darstellung des die Heilige Jungfrau malenden Lukas über dem Ausgang des letzten Saals bildet dann schon den endgültigen Schritt hin zur neugriechischen Malerei.

dank der Kraft des Heiligen – das Erdbeben nahezu unversehrt.

Die Kirche wurde im letzten Jahrzehnt vollständig ausgemalt. Zahlreiche Fresken zeigen Szenen aus dem Leben des hl. Dionisios, der 1547 auf Zakinthos geboren wurde und hier auch 1622 starb. Er war zunächst Abt eines Klosters auf den südlich von Zakinthos gelegenen, heute unbewohnten Strofa-den-Inseln, dann Bischof der Insel Ägina im Saronischen Golf, Abt des Klosters Anafonitria auf Zakinthos, Bischof der Insel und zum Schluß Pfarrer in der Kirche Agios Nikolaos.

Das Tonnengewölbe wurde mit Szenen aus dem Neuen Testament ausgeschmückt. Besonders bemerkenswert sind die Fresken an der Rückwand der Kirche: auf der einen Seite stellen sieben Szenen die Erschaffung der Welt dar, wobei dem Maler die Tier- und Landschaftsdarstellungen besonders gut gelangen; auf der anderen Seite wird eindrucksvoll der Tag des Jüngsten Gerichts geschildert. Beide Werke sind erst 1990 entstanden. Von der Verehrung, die dem so wunderkräftigen Heiligen entgegen gebracht wird, zeugen auch der kostbare Mosaikfußboden im Mittelschiff und die schematische, mit Tierdarstellungen verzierte, geschnitzte Ikonostase sowie der kostbare Silberoklad, mit dem vier der großen Ikonen an der Ikonostase bedeckt sind. Zweimal im Jahr, am 24. August und 17. Dezember, werden die Gebeine des Heiligen in einer feierlichen Prozession durch die Stadt getragen.

Für den späten Nachmittag empfiehlt sich ein Spaziergang durch das Dorf **Bochali** und zur gleichnamigen Festung auf dem Hügelzug oberhalb der Stadt. Man kann über die Asphaltstraße vorbei am alten britischen Friedhof mit zahlreichen klassizistischen Grabmalen hinaufgelangen, nimmt sich in Anbetracht der Abgase aber besser ein Taxi. Von dort oben aus bietet sich ein hervorragender Blick über die gesamte Stadt, der bei Tag und bei Nacht gleich schön ist. In der Taverne ›Panorama‹ kann man ihn auch bei Wein vom Faß und gutem Essen genießen. Eine Pause lohnen auch die beiden anderen großen Tavernen des Dorfes, wo im Hochsommer typisch zakinthische Musikweisen, die *Kántades,* zu hören sind. Von den Tavernen aus sind es nur drei Gehminuten bis zum Eingang der großen Festung, deren Ruinen überwiegend aus venezianischer Zeit stammen. Vom höchsten Punkt der Burg überblickt man weite Teile der Insel und erkennt in der Ferne auch den Peloponnes.

Skopos-Halbinsel

Die Skopos-Halbinsel südöstlich der Stadt ist mit guten Stränden reich gesegnet. Die meisten sind bequem mit dem Linienbus oder Mietfahrzeug zu erreichen. Ausgerechnet dort, wo der Strand am schlechtesten ist, stehen die meisten Pensionen und Apartments: in **Argassi.** Hier verbringen vor allem Briten ihren Urlaub. Am Strand gleich östlich vom Hotel ›Zakantha Beach‹ langweilt sich mitten auf dem Strand noch eine schöne, funktionslos gewordene Brücke aus venezianischer Zeit.

Die Pisten zu den anderen Stränden im Ostteil der Landzunge sind von der Asphaltstraße gut ausgeschildert. Nach rechts verläuft ein mittelmäßiger, fast 4 km langer Weg zum Sandstrand von Dafni. An der Nordküste sind der 300 m lange Sandstrand von Porto Zoro sowie die schmalen, dünigen Sandstrände Long Beach und Ionion Beach, an denen jeweils auch Privatzimmer vermietet werden, über Asphalt zu erreichen. Eine kleine Feriensiedlung ist am 300 m

Der Sandstrand von Porto Zoro

langen Sandstrand Agios Nikolaos Beach mit vielfältigem Wassersportangebot entstanden, und auch am Strand von Porto Roma, klein und kieselig, zerstört man die schöne Natur durch immer mehr Pensionen und Apartmenthäuser. Am Ende der Hauptstraße liegt dann unterhalb sehr schöner, zweifarbiger Kliffs der schönste und längste Sandstrand der Insel, an dem auch FKK üblich ist: Gerakas. Die beiden Strandbars sind illegal erbaut, das Wachhäuschen der Schildkrötenschützer nicht mehr besetzt, weil

193

der Dienst sich als lebensgefährlich erwies (s. S. 15f.).

Jeder Urlauber, der diese Dünenlandschaft besucht, muß sich freilich bewußt sein, daß die Strände als Reservate der Meeresschildkröten unter Naturschutz stehen. Viele der Bauten dort wurden illegal errichtet, und gerade die Benutzung von Sonnenschirmen und der gesamte Wassersport gefährden das Überleben der Tiere besonders. Bleibt die Frage, ob man an diesen Stränden nicht auf solche Angebote verzichten kann, ob man nicht auch ohne die Coke von einer illegalen Strandbude auskommen kann...

Kalamaki, Laganas und Keri

Der kilometerlange Sandstrand vor den beiden ursprünglich winzigen Dörfern war die Voraussetzung für den touristischen Aufstieg der Insel. Sein Hinterland ist inzwischen mit Tavernen und Unterkünften aller Art locker bebaut, ein kleines Zentrum findet man nur direkt in **Laganas.** Sehenswürdigkeiten gibt es zwar in beiden Orten nicht, doch Wassersport und andere Urlaubsvergnügen werden groß geschrieben.

Limni Keriu im Süden des weiten Golfs lohnt auf jeden Fall einen Abstecher. Schon die Fahrt dorthin durch dichte Olivenhaine ist ein landschaftliches Erlebnis; der kleine Fischerort selbst wirkt noch so wie ein altes zakinthisches Dorf.

Der Kies-Sandstrand ist klein und wenig attraktiv, dafür sind die Olivenhaine ein schönes Areal für Spaziergänge.

Ins Inselinnere hinein erstreckt sich ein unter Naturschutz stehendes, der Kirche gehörendes Sumpfgebiet, das durch einige Wege erschlossen ist. Einer davon ist beschildert und führt zu den schon im Altertum berühmten **Pechquellen von Keri.** Sie sind allerdings weitgehend zugewachsen und nur schwierig zu erkennen. Das Erdpech liegt knollenförmig auf dem Boden der Wasserlöcher; wie in der Antike kann es auch heute noch heraufgeholt werden, wenn man mit Zweigen danach fischt. Die teerähnliche Substanz wurde noch bis in dieses Jahrhundert hinein zum Kalfatern von Booten und Schiffen benutzt.

Von Limni Keriu kann man noch weiterfahren ins Bergdorf **Keri** am Hang eines 413 m hohen, ebenfalls Skopos genannten Berges; eine Piste führt weiter zum Leuchtturm von Keri oberhalb einsamer Steilküsten.

Inselrundfahrt

Die ganze übrige Insel an einem einzigen Tag kennenzulernen, ist selbst für Frühaufsteher unmöglich. Zwei Tage benötigt man dafür mindestens, mit Badepausen sicherlich noch länger.

Am interessantesten ist ein Ausflug in den Süden und Westen der

Insel. Man fährt zunächst nach **Macherado** im Inselinnern. Im Zentrum des großen Dorfes erhebt sich ein hoher Campanile, der zur **Wallfahrtskirche Agia Mavra** gehört. In dem Gotteshaus aus dem 19. Jh., im Stil der Ionischen Schule ausgemalt, wird insbesondere eine italienisch anmutende Ikone der Heiligen aus dem frühen 16. Jh. verehrt, die mit einem schönen Silbermantel aus dem 19. Jh. bedeckt ist. Sie ist leicht an dem ihr reichlich gestifteten Schmuck und an den zahlreichen Votivtäfelchen zu erkennen; es handelt sich dabei um Weihegaben von Gläubigen, deren Gebete erhört wurden. Rührend idyllisch wirkt die Darstellung von Adam und Eva im Paradies links oben nahe der Ikonostase: Die Szene mit Schafen, Bananen, einem Löwen und Elefanten erinnert an den malenden Zöllner, Henri Rousseau.

Eindrucksvoller als diese Kirche ist das erst 1961 gegründete **Nonnenkloster Panagia i Eleftherotria,** das am Dorfrand an der nach Kiliomeno weiterführenden Straße liegt. Im ausgemalten Tonnengewölbe erkennt man in der linken Gewölbehälfte von hinten nach vorn die Hadesfahrt Christi und Christi Himmelfahrt, auf der rechten Seite die Kreuzigung und das Pfingstwunder. Das Dach hinter der Ikonostase wird vollständig von der Apostelkommunion ausgefüllt, bei der Christus links den Wein an sechs seiner Apostel, rechts das Brot an die anderen sechs austeilt.

Die Nonne, die dieses Kloster gründete, hat in einem Nebenraum der Kirche eine äußerst kuriose und seltene Sammlung zusammengetragen: Steine von biblischen und anderen heiligen Stätten. Hier findet man säuberlich gekennzeichnet Steine und Steinchen vom See Tiberias und dem Haus Mariens in Nazareth, vom Haus Abrahams in Jericho und vom Grabe Christi in Jerusalem, aber auch von der Höhle der Apokalypse auf Patmos und der Hagia Sophia in Istanbul.

Die Straße führt nun in die zakinthischen Berge hinein, in denen die Dörfer viel weiter auseinanderliegen als in der fruchtbaren Ebene. Hinter Kiliomeno, das vom Tourismus noch völlig unberührt ist, zweigt eine 3 km lange Piste durch ein trostloses Gebiet von Waldbränden vernichteter Bäume zum verlassenen **Kloster Iperagathu Sina** ab, das romantisch am Rande eines fruchtbaren Hochtals liegt.

Durch dieses Tal verläuft die gute Piste weiter ins kleine Bergdorf Lucha, von wo aus eine kurze Asphaltstraße ins gänzlich ursprünglich gebliebene, höchstgelegene Dorf der Insel, nach **Giri** führt. Hier leben jetzt nur noch 60 Menschen und das einzige Kind im Dorf muß täglich mit dem Taxi in die Schule von Maries gefahren werden. Früher hat die Landwirtschaft sehr viel mehr Bewohner ernährt. Angebaut wurden Getreide und Wein, Futterpflanzen und Walnüsse. Als stumme Zeugen ragen in der Umgebung von Giri und Lucha

Beim Weinstampfen

Das nächste Dorf an der Hauptstraße ist Exo Chora, von wo aus eine Asphaltstraße ins Dorf **Kambi** abzweigt, das ebenfalls am Rande einer fruchtbaren Ebene liegt und in dem sogar noch ein Köhler seinem traditionellen Handwerk nachgeht. Die Tavernen am Ortsrand kann man auch mit Ausflugsbussen besuchen – von dort hat man einen schönen Blick entlang der Steilküste und auf zauberhafte Sonnenuntergänge. Was das große Kreuz direkt oberhalb der Steilküste bedeutet, zu dem man auch mit dem Fahrzeug hinauffahren kann, ist auch unter Einheimischen umstritten. Manche behaupten, hier seien 1944 während des griechischen Bürgerkrieges zahlreiche linke Partisanen von bürgerlichen Truppen brutal ins Meer gestürzt wurden. Andere stellen es umgekehrt da: Linke hätten hier Rechte ins Meer gestürzt. Eine neue Version behauptet, die Deutschen hätten hier Griechen ermordet. Eine vierte, vielleicht richtige Version erzählte mir ein ehemaliger linker Partisan in einem Bergdorf. Nach seiner Meinung ist hier gar nichts passiert. Aus Propagandagründen sei das Kreuz während der Junta-Herrschaft aufgestellt worden. Die eigentliche Schande sei, daß man zwar die Plakette am Fuß des Kreuzes nach 1974 abgeschraubt, das Kreuz jedoch stehengelassen habe.

Zwischen dem Dorf und dem Kreuz macht ein kleines Schild ›Mycenaean Cemetery‹ darauf aufmerksam, daß hier unmittelbar un-

noch mehrere Windmühlenstümpfe aus der Landschaft, auf den Terrassen erkennt man noch die großen, runden Dreschplätze. Die Häuser in beiden Dörfern sind vom Erdbeben kaum in Mitleidenschaft gezogen worden. Besonders der Innenhof des einzigen Kafenions von Giri bietet eine Idylle aus vergangenen Zeiten. Bleibt man auf der Hauptstraße, folgt das Dorf Agios Leon. Hier zweigt eine beschilderte Piste ab nach **Porto Limniona,** einem kurzen, schmalen Fjord. Von dort aus kann man Bootsausflüge in die nahen Meereshöhlen und zu den Stränden der Westküste unternehmen.

Kloster Anafonitria

terhalb der Straße mehrere Gräber aus mykenischer Zeit zu sehen sind. Sogar noch ihre Decksteine liegen – was sonst sehr selten ist – an Ort und Stelle.

Das weitläufige Dorf **Anafonitria,** das bereits zur Gemeinde Volimes gehört, ist dann wieder ein bekannteres Ausflugsziel. Am Dorfrand liegt, gut ausgeschildert, das nicht mehr bewohnte Kloster Anafonitria, an dessen wehrhaftem Torturm sich zahlreiche Kapernsträucher emporranken. Die Kirche des bereits im 15. Jh. gegründeten Konvents ist meist verschlossen.

Am Kloster beginnt eine mittelmäßige Piste zum **Ormos Vromi**, von der aus sich unterwegs immer wieder großartige Blicke entlang der Steilküste eröffnen. An der kleinen Bucht mit einer sehr einfachen

Taverne und einigen Fischerbooten bietet sich die Möglichkeit, einen Bootsausflug zu dem spektakulären ›Schiffswrack-Strand‹ zu unternehmen, der nur vom Meer aus zu erreichen ist. Einen Blick auf diesen Bilderbuch-Strand kann man allerdings auch von der Steilküste weiter nördlich aus genießen. Dazu fährt man nach Anafonitria zurück und biegt im Dorf zum **Kloster Agios Georgiu Krimnon** ab. Der nicht mehr bewohnte, wie eine Festung wirkende, große Bau liegt inmitten eines kleinen Wäldchens; im Innenhof erhebt sich ein Festungsturm, der einst als Fluchtburg diente.

197

Nicht immer ist die Landschaft karg:
Frühlingswiese bei Volimes

Fährt man auf der Piste zum Kloster weiter und zweigt nach 200 m nach links ab, gelangt man nach weiteren 1200 m zu einem einfachen Parkplatz. Von hier aus geht man zu Fuß einige hundert Meter auf kleinen Trampelpfaden an der Küste gen Norden entlang und erblickt dann plötzlich tief unter sich einen von hohen Felsen eingerahmten Sandstrand, auf dem das Wrack eines kleinen Frachters immer mehr zugeweht wird: den **Shipwreck Beach**.

Im großen Bergdorf **Volimes** ist dann wieder die Asphaltstraße erreicht. Von hier aus führt sie weiter zum kleinen Badeort **Agios Nikolaos** und zum Leuchtturm an der Nordwestspitze der Insel. Sowohl vom Ort als auch vom Leuchtturm aus kann man Bootsfahrten zu den **Blauen Grotten** von Zakinthos unternehmen, die auf fast jedem Werbeplakat für die Insel abgebildet sind. Die Höhlen und Felstore an diesem Küstenabschnitt sind mit ihren bizarren Formen und natürlichen Lichteffekten wirklich den Fahrpreis wert; meistens geben die Bootsführer den Urlaubern auch Zeit zu einem kurzen Bad in den Grotten.

Eine andere Asphaltstraße führt von Volimes aus zum Fischerdorf **Makri Jalos** hinunter, in dem noch keine Zimmer vermietet werden, dafür aber die beste Fischtaverne der Insel steht. Dieses Fischlokal mit Namen ›Mikro Nissi – O Kokinos‹ ist fast nur den Einheimischen bekannt. Es wurde über einer großen Zisterne erbaut, deren Schacht im Gastraum endet; Zeitungsausschnitte an den Wänden berichten davon, daß der Enkel des Wirts hier einmal einen neunarmigen Oktopus gefangen hat – eine Seltenheit wie ein Schaf mit zwei Köpfen. Einen Strand gibt es in Makri Jalos nicht, wohl aber 650 m außerhalb des Dorfes in östlicher Richtung (120 m langer Kieselsteinstrand Platis Jalos mit Snack-Bar). Über Volimes fährt man dann in den Ostteil der Insel zurück.

Die Nordküste

Die schmalen Sand- und Kiesstrände von **Tsivili, Ambula** und **Psaru,** die vor der niedrigen, grün bewachsenen Hügelkette entlang der Nordküste liegen, sind inzwischen auch schon für den Tourismus entdeckt worden, jedoch weitaus weniger verbaut als die Küste von Laganas und Argassi. Einen Ausflug lohnt das Dorf **Ano Gerakari,** mit einer Nikolaus-Kirche auf seinem höchsten Punkt, von deren Vorhof aus sich ein weiter Blick bis hinunter zur Skopos-Halbinsel und nach Keri sowie bis zu den Blauen Grotten bietet. Von hier aus überblickt man auch die Salinen am Rande des aufstrebenden Badeortes **Ali-kes,** auf denen seit dem Mittelalter Salz gewonnen wird. Rechts der Zufahrtstraße nach Alikes dient eine gut sichtbare Brücke aus venezianischer Zeit noch immer ihrem ursprünglichen Zweck.

Oberhalb von Alikes liegt das Dorf **Katastari** am Nordhang des höchsten Inselberges, des Vrachionas. Folgt man von hier aus der Straße in Richtung Volimes und biegt nach dem ersten Steinbruch linkerhand auf einen unbeschilderten Feldweg ein, gelangt man nach 400 m zum verlassenen **Kloster Prodromos,** das idyllisch in einsamer Umgebung liegt, aber nicht besichtigt werden kann.

Praktische Informationen für Zakinthos

Flugverbindungen: Ein- bis zweimal täglich mit Athen.

Schiffsverbindungen: Zwischen Zakinthos-Stadt und Killini auf dem Peloponnes mehrmals täglich (Fahrzeit ca. 70 Min.). Zwischen Ag. Nikolaos/Skinari und Pessada auf Kefallinia von Mai bis Oktober zweimal täglich (Fahrzeit 75 Min.).

Verkehr: Linienbusse verbinden Zakinthos-Stadt stündlich mit Kalamaki und Laganas; in die anderen Orte fahren die Busse meist nur zweimal täglich. Ein Flughafenbus existiert nicht. Autos, Mopeds und Motorräder werden in Kalamaki/Laganas und Zakinthos-Stadt sowie im Sommer auch in Argassi und Alikes vermietet.

Unterkunft: In der Stadt:
Strada Marina (4*): Bestes Hotel der Stadt, an der Uferstraße. Sauna, Pool auf dem Dach. 112 Zimmer, Odos K. Lomvardu 16, ☎ 06 95/2 27 61.
Bitzaro (4*): Ruhig und doch zentral gegenüber vom Strandbad gelegenes, familiär geführtes Hotel. 39 Zimmer, Odos Roma 46, ☎ 06 95/2 36 44.
Außerhalb der Stadt:
Caravel (4*): Strandhotel bei Planos. Tennisplatz, Pool, 80 Zimmer, ☎ 06 95/2 52 61.
Porto Koukla (3*): Sehr ruhig gelegenes Strandhotel mit sangesfreudigem Wirt, etwa 2 km von Laganas entfernt. 34 Zimmer, Koukla, ☎ 06 95/5 15 77.
Apelati (2*): Absolut ruhig gelegene Pension aus der Hochebene von Keri, 2 km vom Strand und Dorf entfernt. Eingebettet in Ölbäume und Weingärten des Wirts, der auf dem Grundstück auch Hühner und Truthähne hält. 9 Zimmer, an der Straße von Limni Keriu nach Keri, ☎ 06 75/3 33 24 und 3 32 22.
Kastello (2*): Pension am Rande von Limni Keriu. ☎ 06 75/3 33 08 und 3 33 70.

 Restaurants:
Galaxy: Familiär geführtes Restaurant am Ortsrand von Anafonitria. Spezialität des Hauses ist Kaninchen.
Hayati: Von Ex-Hippes geführtes vegetarisches Restaurant in Laganas (kommt man vom Meer, biegt man von der Hauptstraße 20 m hinter der Abzweigung der Straße nach Kalamaki links ein).
Mikro Nissi – O Kokinos: Ausgezeichnetes, aber sehr einfaches Fischrestaurant in Makri Jalos. Eine exzellente Vorspeise ist Oktapodi ksidato, in Essig eingelegter Oktopus mit Oliven und Oregano.

Panorama: Restaurant in Bochali mit großer Auswahl und herrlichem Blick auf die Stadt Zakinthos.
Prince of India: Indisches Restaurant an der Straße von Laganas nach Kalamaki. Unter gleichem Dach findet man auch ein gutes zypriotisches Restaurant.
Tyler's Place: Englisches Pub an der Uferstraße von Zakinthos-Stadt. Erstklassiges englisches Frühstück bis spätabends; Treffpunkt der auf der Insel ständig lebenden Ausländer.
Musiklokale, in denen abends griechische Musik live (mit Kantades) zu hören ist: Aladdin, Arekia und Alivizos. Alle drei liegen unmittelbar nebeneinander an der Uferstraße auf Höhe des Strandbades.

 Information: Touristenpolizei, Lombardou 62, ☎ 06 95/4 25 50

 Banken: Nur in Zakinthos-Stadt

 Post/Telefon: Hauptpost in Zakinthos-Stadt, Zweigstellen in Katastari, Laganas, Macherado und Volimes. Telefonamt in Zakinthos-Stadt und in Macherado.

Feste: Ostermontag: Panagia Keriotissa in Limni Keriu; 1. Sonntag im Juni: Agia Mavra in Macherado; 26. Juli: Agia Paraskevi in Volimes; August: Festival des mittelalterlichen Theaters in Zakinthos-Stadt; 15. August: Mariä Entschlafung in Alikes, im Kloster Anafonitria und in Vasilikos; 24. August: Agios Dionisios in Zakinthos-Stadt (mit Feuerwerk); 8. November: Fest der Erzengel in Orthonies; 17. Dezember: Agios Dionisios in Zakinthos-Stadt.

Den alten Griechen auf der Spur: Ausflüge aufs Festland

Olympia und seine Spiele

Nikopolis und Preveza

Ioannina und Dodoni

An der Geburtsstätte der Olympischen Spiele:
Das antike Olympia

Den alten Griechen auf der Spur – Ausflüge aufs Festland

Das antike Griechenland hat auf den Ionischen Inseln nur wenige Spuren hinterlassen. Aber einige berühmte archäologische Stätten auf dem Festland sind nah. Und in Ioannina und Preveza ist sogar noch etwas orientalisches Flair zu spüren, das auf den von Venedig geprägten Inseln fehlt.

Auf eigene Faust kann man von allen Ionischen Inseln aus Ausflüge aufs Festland unternehmen. Regelmäßig von Reisebüros organisiert werden hingegen nur Touren von Zakinthos und Kefallinia nach Olympia sowie gelegentlich – bei ausreichender Teilnehmerzahl – von Korfu aus nach Ioannina und Dodoni. Leicht selbst zu organisieren ist eine Tagestour von Lefkas nach Preveza und Nikopolis.

Olympia

Der Ort, an dem über 1100 Jahre lang die Olympischen Spiele der Antike stattfanden, liegt zwischen den grünen Hügeln der peloponnesischen Landschaft Elis. Das Ausgrabungsgelände mit seinen imposanten Resten von Tempeln, Herbergen und dem Stadion gehört zu den schönsten Griechenlands; das Museum von Olympia birgt wertvolle Schätze. Der Ausflug lohnt für jeden, der auch nur ein wenig historisches Interesse hat.

Die schriftlich nachweisbare Geschichte der Olympischen Spiele, des größten panhellenischen Festes der Griechen, beginnt im Jahre 776 v. Chr. Der Stadionlauf über eine Distanz von 192,28 m war damals noch die einzige Wettkampfdisziplin. 724 v. Chr. kam der doppelte Stadionlauf hinzu, vier Jahre später ein Langstreckenlauf über etwa 4600 m. Ein Fünfkampf, bei dem die Athleten sich im einfachen Stadionlauf, im Speer- und Diskuswerfen, im Ringen und einer Art Fünfsprung aus dem Stand beweisen mußten, wurde zum erstenmal 708 v. Chr. ausgetragen. Später kamen weitere Wettkampfarten wie der Faustkampf, der Wettlauf mit Waffen, das Wettreiten und das Wagenrennen hinzu. Teilnahmeberechtigt waren nur männliche freie Griechen, in römischer Zeit dann auch Römer. Als Zuschauer waren nur Männer zugelassen; schmuggelten sich Frauen ein, wurden sie mit dem Tode bestraft. In späterer Zeit gab es auch Wettspiele für Knaben und für Mädchen.

Bis zum Jahre 472 v. Chr. wurden alle Wettkämpfe an einem einzigen Tag ausgetragen, danach fanden sie über fünf Tage verteilt statt. Die Vorbereitung der Spiele begann zehn Monate vor den Kämpfen mit der Wahl der Schiedsrichter. Es waren grundsätzlich (seit ca. 570 v. Chr.) Männer aus der Landschaft Elis; zunächst zwei, später zehn. Nach ihrer Wahl wurden Gesandte in alle Teile Griechenlands ausgeschickt, die den genauen Termin der Spiele (immer zur Zeit des Vollmonds nach der Sommersonnenwende) und des damit verbundenen ›heiligen Friedens‹ verkündeten.

Die Wettkämpfer erschienen bereits einen Monat vor Beginn der Spiele in Olympia, um sich gemeinsam darauf vorzubereiten. Zugleich opferten sie gemeinschaftlich den Göttern und wurden in die Wettkampfregeln eingewiesen. Die Sieger wurden am letzten Tag der Spiele geehrt und genossen in ihren Heimatorten später nicht nur großen Ruhm, sondern auch viele durchaus materielle Vorteile.

Im Jahr 394 n. Chr., 1170 Jahre nach der ersten schriftlichen Aufzeichnung der Sieger, erloschen die Olympischen Spiele, als Kaiser Theodosios I. alle heidnischen

Olympia

1 Zeus-Tempel   2 Werkstatt des Phidias   3 Leonidaion   4 Süd-Thermen   5 Römische Gästehäuser   6 Kladeos-Thermen   7 Griechische Bäder   8 Palästra   9 Gymnasion   10 Hera-Tempel   11 Pelopion   12 Philippion   13 Exedra des Herodes Attikus   14 Schatzhäuser   15 Echohalle   16 Stadion   17 Ost-Thermen

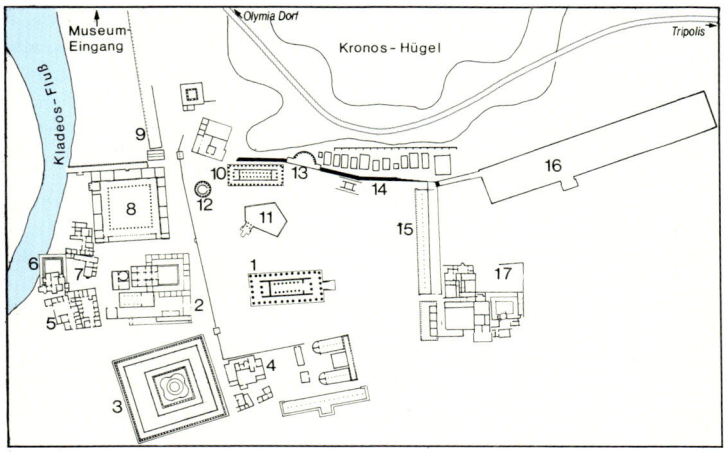

Die Werkstatt des Phidias wurde später zu einer frühchristlichen Basilika umfunktioniert

Feste verbot. Die Götterstatuen und Tempel von Olympia wurden zerstört. Im 6. Jh. taten Erdbeben ein übriges; später überdeckten Überschwemmungen des Kladeos-Flusses das Gelände mit Geröll. Erst 1723 wurden die Ruinen wiederentdeckt; 1875 begannen deutsche Archäologen unter Leitung von Ernst Curtius mit Ausgrabungen – den ersten wissenschaftlich fundierten der Archäologiegeschichte. 1936, aus Anlaß der Olympischen Spiele in Berlin, wurden sie fortgesetzt und in den 80er Jahren bis in bronzezeitliche Schichten vorgetrieben.

Rundgang

Der eindrucksvollste Bau der antiken Kultstätte (Mo bis Fr 8–19 Uhr, Sa und So 8.30–15 Uhr) war der **Tempel des Zeus.** Zu Ehren des Göttervaters wurden die Spiele ja auch veranstaltet. Zahlreiche unglaublich dicke Säulentrommeln liegen noch in der Umgebung herum. Sie gehören zu den einst 36 über 10,5 m hohen dorischen Säulen, die den Tempel auf allen vier Seiten umringten. Im Innern der Cella, der fensterlosen Kulthalle hinter den Säulen, stand die 14 m hohe Statue des Zeus. In der Antike galt dieses Werk des Phidias als eins der Sieben Weltwunder. Es war aus Gold, Silber, Elfenbein und Edelsteinen gearbeitet und wurde seines Materialwerts wegen 394 n. Chr. zur Ausschlachtung nach Konstantinopel gebracht.

Hergestellt worden war dieses Meisterwerk antiker Bildhauerkunst vermutlich in der **Werkstatt des Phidias** gegenüber dem Zeus-Tempel. Die Archäologen fanden hier einen Becher mit der Inschrift ›ich gehöre dem Phidias‹. In christlicher Zeit wurde diese Werkstatt in eine kleine Kirche umgewandelt. Eindrucksvoll sind auch die Grundmauern des **Leonidaion,** einer Herberge für Ehrengäste aus dem 4. Jh. v. Chr., das in römischer Zeit durch ein verspieltes Wasserbecken ergänzt wurde.

Vor dem **Hera-Tempel** am Fuß des Kronos-Hügels wird heute noch alle vier Jahre das Olympische Feuer entzündet, das dann von hier aus an den jeweiligen Austragungsort der Olympiade gebracht wird. Einige Säulen des Tempels wurden wieder aufgerichtet; sie lassen das hohe Alter dieses Baus erkennen, der aus dem 7. Jh. v. Chr. stammt und damit zu den ältesten griechischen Steintempeln zählt.

Südlich vor dem Hera-Heiligtum, auf dem Platz des Pelopion, brachten Grabungen Ende der 80er Jahre Fundamente von Kultanlagen ans Tageslicht, die bis in die Frühbronzezeit (2800 v. Chr.) zurückreichen. Im nur noch in den Quadersteinen der Umfassungsmauer erkennbaren **Pelopion** wurde bis zur hellenistischen Zeit der Heros Pelops (nach dem auch der Peloponnes benannt ist, s. S. 208) verehrt; sein Kult scheint sogar älter zu sein als der des Zeus. Der Rundtempel des **Philippion** wurde von dem Makedonenkönig Philipp gestiftet und von seinem Sohn Alexander dem Großen vollendet.

Unmittelbar nordöstlich des Hera-Tempels ist eine Brunnenanlage aus römischer Zeit, die sogenannte **Exedra des Herodes Attikus,** deutlich zu erkennen. An sie schließen sich etwas erhöht auf einer Terrasse elf aneinandergereihte **Schatzhäuser** an, in denen verschiedene großgriechische Stadtstaaten ihre wertvollsten Weihegeschenke für den Zeus-Tempel aufbewahrten.

Zwischen dem östlichen Ende der Schatzhausterrasse und der langgestreckten, nur noch in Fundamenten erhaltenen **Echohalle** aus dem 4. Jh. v. Chr. liegt der Zugang zum Stadion. Er war einst in voller Länge von einer gewölbten Decke überspannt, von der ein kleiner Teil, der jetzt wie ein Bogen wirkt, wieder aufgerichtet wurde. Das **Stadion** selbst ist gut erkennbar. 40 000 Zuschauer fanden in ihm Platz; steinerne Sitze gab es nur für die Schiedsrichter. An beiden Enden sind die Start- und Ziellinien aus Steinplatten noch deutlich zu erkennen, erstere mit zwei den Start erleichternden Rillen.

Museum

Die Prunkstücke des Archäologischen Museums (Mo 12.30–19 Uhr, Di bis Fr 8–19 Uhr, Sa und So 8.30–15 Uhr) sind der Ost- und Westgiebel vom Tempel des Zeus, beides Werke der frühklassischen

Kunst aus der Zeit um 460 v.Chr. Der Ostgiebel stellt den Bezug zum Gründungsmythos von Olympia her. Der Ort des Geschehens wird durch die liegenden Figuren in beiden Ecken bestimmt, die Götter der beiden Flüsse, zwischen denen Olympia liegt, Kladeos und Alpheos. Im Zentrum des Giebels steht Zeus als Schiedsrichter im Wagenrennen, das Oinomaos und Pelops austragen werden. Er hat sich Pelops zugewendet, damit den Sieger schon andeutend.

Oinomaos war König von Elis. Ein Orakel hatte ihm verkündet, er werde durch seinen Schwiegersohn den Tod erleiden. Um dem zu entgehen, mußten alle Freier seiner Tochter Hippodame ein Wagenrennen gegen Oinomaos austragen, dessen Rosse freilich unbesiegbar waren. Die Köpfe von 13 Bewerbern zierten schon seinen Palast. In Pelops allerdings hatte sich Hippodame verliebt. Sie bestach den königlichen Wagenlenker Myrtilos, Manipulationen am Rad des Wagens vorzunehmen. Im Wettkampf stürzte Oinomaos dann, Pelops versetzte ihm mit der Lanze den Todesstoß, vermählte sich mit Hippodame und floh mit ihr und dem Wagenlenker. Auf der Flucht ermordete er den Myrtilos, um ihn als Zeugen zu beseitigen. Doch noch im Todeskampf verfluchte Myrtilos den Pelops und sein ganzes Geschlecht, und tatsächlich war das Schicksal seiner Nachkommen – der Könige von Mykene – von furchtbarer Schuldverstrickung geprägt: Atreus, Thyestes, Agamemnon, Orest. Nicht zuletzt war auch der Trojanische Krieg eine Folge dieses Fluches.

Der Ostgiebel zeigt links von Pelops Hippodame gesenkten Hauptes, sich ihrer Schuld bewußt. Neben ihr kniet der Wagenlenker des Pelops, hinter seinem Pferd blickt ein Seher düster in die Zukunft. Auf der anderen Seite des Zeus steht siegessicher der bärtige Oinomaos, neben ihm seine Gattin Sterope. Hinter seiner Quadriga ist ein zweiter Seher zu erkennen, der besonders ausdrucksstark gestaltet ist und ebenfalls die düstere Zukunft seines Herrn erahnt.

Im Westgiebel ist der Kampf der Kentauren gegen die Lapithen dargestellt. Die Metopen vom Zeus-Tempel zeigen die Taten des Herakles. Zu den Glanzstücken im Museum gehören auch der Hermes des Praxiteles (um 340 v.Chr.) und die Terrakottagruppe Zeus entführt den Ganymed (um 470 v.Chr.). Von historischem Interesse sind unter den zahlreichen Weihegaben insbesondere der Trinkbecher des Phidias und der Helm des Miltiades, des in der Schlacht bei Marathon gegen die Perser siegreichen Athener Feldherrn.

Praktische Informationen zu Olympia

Information: Tourist Information in der Hauptstraße und Touristenpolizei in der Odos Duma 13 (✆ 06 24/2 25 50).

Anreise: Mit öffentlichen Verkehrsmitteln ist Olympia vom 74 km entfernten Fährhafen Killini aus für Eintagesausflügler nur schlecht zu erreichen. Wer sich keinem organisierten Ausflug angeschlossen hat, nimmt am besten ein Taxi. Mit dem Linienbus muß man zunächst nach Pirgos fahren und dort umsteigen.

Preveza und Nikopolis

Das Städtchen Preveza (12 000 Ew.) liegt an der Einfahrt zum Amvrakischen Golf, der über 35 km tief ins griechische Festland vordringt und wie ein sehr großer Binnensee wirkt. Preveza gegenüber trägt der Weiler Aktion einen großen historischen Namen. Heute hat er nur noch als Fähranleger Bedeutung, von dem aus die Autofähren in dichtem Abstand zur zehnminütigen Überfahrt nach Preveza auslaufen; als einziger historischer Bau ist noch ein venezianisch-türkisches Fort direkt am Anleger erhalten. In der Antike stand in Aktion das Apoll geweihte Bundesheiligtum der akarnanischen Städte; vor allem aber gab der Ort einer der berühmtesten Seeschlachten der Geschichte seinen Namen: der Seeschlacht von Actium 31 v. Chr.

Octavian und Antonius hatten die Cäsar-Mörder Cassius und Brutus samt deren Truppen vernichtet und die Reichsverwaltung unter sich aufgeteilt. Antonius hatte sich in Ägypten mit Kleopatra verbündet und stellte sich nun bei Actium dem Octavian zur Entscheidungsschlacht um die Alleinherrschaft über das Römische Reich. Die 250

Nikopolis
1 Römische Stadtmauer
2 Basilika
3 Südtor
4 Byzantinische Stadtmauer
5 Museum
6 Basilika
7 Basilika
8 Theater
9 Odeon
10 Thermen
11 Stadion
12 Theater

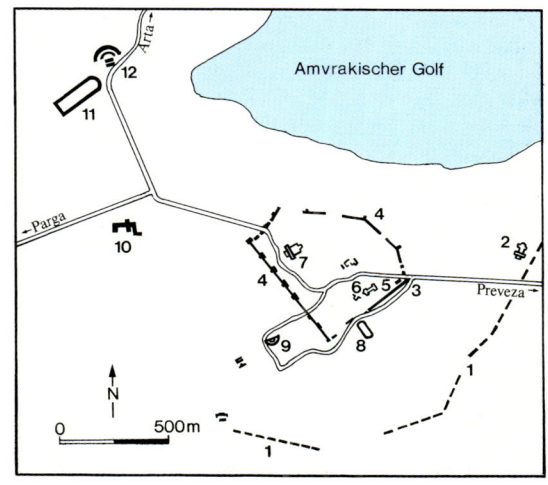

Kriegsschiffe des Octavian lagen nördlich von Actium, die 500 von Antonius und Kleopatra südlich. Als es zur Schlacht kam, floh die ägyptische Pharaonin bald mitsamt ihrer 60 Schiffe. Antonius folgte ihr kopflos, obwohl der Kampf noch unentschieden war. Zur Erinnerung daran gründete Octavian, der spätere Kaiser Augustus, eine neue Stadt: Nikopolis.

Der Weg nach Nikopolis führt durch **Preveza.** Das äußerst lebhafte Städtchen mit seinen vielen kleinen Läden, der Markthalle, unzähligen Tavernen und Kaffeehäusern sowie vielen mehr oder minder gut erhaltenen Häusern aus dem 19. Jh. lohnt einen kurzen Bummel. Hier findet man jenes orientalische Flair, das die Städte auf den Ionischen Inseln vermissen lassen.

Die Ruinen von **Nikopolis** vermitteln dann vor allem ein anschauliches Bild vom Aussehen einer Provinzstadt in byzantinischer Zeit. Die Stadtmauer aus dem 6. Jh. mit ihren Türmen und Toren ist auf weite Strecken noch in voller Höhe erhalten. Man erkennt die Überreste frühchristlicher Basiliken und kann das Odeon, in dem alljährlich noch Aufführungen antiker Dramen stattfinden, sowie das große römische Theater und die noch in byzantinischer Zeit benutzten römischen Thermen besichtigen. Ein kleines Museum (geöffnet Di bis So 8.30–15 Uhr) verwahrt einige nicht allzu eindrucksvolle Funde aus Nikopolis, das erst im 13. Jh. aufgegeben wurde.

Praktische Informationen zu Preveza und Nikopolis

Information: Tourist Information an der Uferstraße im Zentrum von Preveza, ✆ 0682/281 20.

Anreise: Linienbusverbindung zwischen Lefkas-Stadt und Preveza mehrmals täglich. Nach Nikopolis (8 km) nimmt man am besten ein Taxi, außerdem halten dort die Linienbusse nach Ioannina, Arta u. v. a.

Ioannina und Dodoni

Ioannina (sprich: *Jannina*) ist mit seinen mehr als 40 000 Einwohnern die größte Stadt im Nordwe-

Halbinsel angelegt, ist noch vollständig von ihren mittelalterlichen Stadtmauern umgeben, deren Krönung die weitläufige Festung mit Moscheen und Garnisonsbauten darstellt. In den Gassen der Altstadt geht das Leben noch einen althergebrachten Gang, hier wie im Geschäftsviertel der gar nicht so neuen Neustadt bestimmen kleine Handwerker, unzählige Geschäfte und niedrige Häuser, die zumeist noch aus dem letzten Jahrhundert stammen, das Bild. Anders als auf manchen Inseln überwiegt die Zahl der Einheimischen noch die der Touristen. Weil Ioannina zudem schon seit 1341 und noch bis 1913 türkisch war, besitzt die Stadt fast orientalischen Charakter.

Die bedeutendste Persönlichkeit in der Geschichte Ioanninas war der aus Albanien stammende Ali Pascha, der 1788 vom Sultan als Pascha über Ipiros eingesetzt wurde und es verstand, sein Paschalik weitgehend unabhängig zu beherrschen, bis er schließlich 1822 von Vertrauten des Sultans ermordet wurde.

Auf der **Insel im See,** zu der ständig kleine Boote hinüberfahren, kann der letzte Zufluchtsort von Ali Pascha besichtigt werden. Er vermittelt einen guten Eindruck von einem türkischen Wohnhaus des letzten Jahrhunderts. Sehenswerter noch sind die byzantinischen Klö-

sten Griechenlands. Sie ist nicht nur Verwaltungszentrum des Regierungsbezirks von Ipiros, sondern auch Hauptquartier der griechischen Grenztruppen und Universitätsstadt. So fallen hier, ganz anders als auf den Inseln, im Straßenbild die vielen jungen Einheimischen auf, die teils studieren, teils ihren Wehrdienst ableisten.

Die Stadt erstreckt sich über eine weite Strecke zwischen den Bergen des Mitsikeli (im Norden) und des Tomaros (im Süden) entlang dem Ufer eines großen, flachen Sees. Die historischen Bauten sind zahlreich. Auf einer Insel im See stehen mehrere byzantinische Klöster. Die Altstadt von Ioannina, auf einer

ster mit ihren Wand-
malereien, allen vor-
an die Klöster Agios
Nikolaos Spanos
(um 1300) und
Panagia Eleussa

Fetiye-Moschee in
Ioannina

(16. Jh., Fresken um 1800). In den
Restaurants des Inselchens steigt
jedem Tierfreund die Zornesröte
ins Gesicht: Als Spezialitäten werden lebende Frösche in Säcken zu-
sammengepfercht vorrätig gehalten, Aale und andere Fische in viel
zu engen Aquarien. Da vergeht
manchem – aber leider viel zu wenigen Griechen – der Appetit.

Auf dem höchsten Punkt
der Altstadt-Halbinsel
steht die **Zitadelle**
der Stadt.

Wo Eleni lebte
Griechenland und Albanien

Die Nordwestküste Korfus und Albaniens Süden liegen nur 2 km weit auseinander. Von der Küste aus zieht sich die griechisch-albanische Grenze 160 km weit durch Ipiros. Der Norden und damit fast die Hälfte dieser historischen griechischen Provinz wurde 1912 Albanien zugeschlagen. Damals lebten dort etwa 120 000 Griechen, die bis 1939 noch 400 Kirchen und 360 Schulen betrieben. Heute gibt die albanische Regierung die Stärke der griechischen Minderheit im Land der Skipetaren mit 50 000 an, Athener Schätzungen gehen von 400 000 aus. Ganze Städte sind noch immer griechisch geprägt, so Sarande, das alte Agii Saranda, und Gjiirokaster, das alte Argyrokastron.

Trotz der guten wirtschaftlichen Beziehungen zwischen Albanien und Griechenland und einer politischen Entspannung (Olympic Airways flog beispielsweise als erste westliche Fluggesellschaft Tirana an) war es den Griechen in Albanien bis Ende 1990 verwehrt, das Land zu verlassen. Seit der Auflösung des Ostblocks versuchten immer wieder albanische Griechen, über die Grenze zu flüchten; viele davon wurden erschossen und zur Abschreckung anderer von albanischen Grenzern einfach tot in den Bergen liegengelassen. In der Weihnachtszeit 1990 änderte die albanische Regierung plötzlich ihre Politik. Die Grenzer wurden zurückgezogen, die Griechen offenbar zur Massenflucht ermutigt. Angeblich sollen viele von ihnen sogar in Bussen zur Grenze gefahren worden sein. Allein am Neujahrstag 1991 meldeten sich in Ipiros über 2000 Flüchtlinge aus Albanien. Die griechischen Behörden waren überfordert, fürchteten einen bewußten Export von Arbeitslosigkeit nach Hellas und forderten die Griechen in Albanien auf, in ihren Heimatdörfern zu bleiben und auf eine demokratische Entwicklung Albaniens zu vertrauen. Die Aufforderung hat nichts genutzt. Inzwischen halten sich nicht nur Hunderttausende griechischer Albaner illegal in Griechenland auf, sondern dazu auch eine unbekannte Zahl moslemischer Albaner. Man sieht sie inzwischen überall. Viele von ihnen verdingen sich als wandernde Landarbeiter. Während die Regierung sie noch immer zurückschicken will, nutzen viele Griechen sie gern als billige Arbeitskräfte.

Ein Großteil der Flüchtlinge überquerte die Grenze in den Bergen zwischen Filiates und Lias, die von Korfu aus an klaren Tagen deutlich zu sehen sind. Gut 50 Jahre zuvor war dieses Gebirgsland ebenso gefürchtet wie in der Zeit vor der Grenzöffnung: Während des griechischen Bürgerkrieges bezogen die kommunistischen Partisanen nicht nur ihren Nachschub aus Albanien, sondern entführten auch die Kinder der Dorfbewohner zwecks sozialistischer Erziehung über die Berge.

Der Bürgerkrieg tobte von 1946 bis 1949. Nachdem der Zweite Weltkrieg Griechenland schon 300 000 Hungertote, 70 000 von Deutschen, Italienern und Bulgaren Hingerichtete, 16 000 Gefallene und 7000 Bombentote gekostet hatte, forderte der Bürgerkrieg noch einmal 158 000 Todesopfer. 50 000 linke Griechen emigrierten an seinem Ende in die sozialistischen Länder, darunter auch nach Albanien. Die Ionischen Inseln blieben von ihm zwar im wesentlichen verschont; Ipiros hingegen war eins der Hauptzentren der Kämpfe zwischen den kommunistischen Partisanen der EAM auf der einen und der Armee der bürgerlichen Regierung sowie den konservativen Partisanen der EDES auf der anderen Seite.

Eindringlich beschrieben sind die Schrecken jener Jahre in dem Buch »Eleni« von Nicholas Gage (dtv-Taschenbuch 10733). Es spielt in seinem Heimatdorf Lias, das man bequem auf einem Tagesausflug im eigenen oder gemieteten Wagen von Korfu aus über Igumenitsa erreichen kann. In den 40er Jahren wurde seine Schule noch von 200 Schülern besucht, heute hat das ganze Dorf nur noch 150 ständige Einwohner. Das 670 m hoch gelegene Lias am Hang des bis zu 1806 m aufragenden Berges Murganas, das wegen der Nähe zur albanischen Grenze bis 1974 nur mit einer Sondergenehmigung besucht werden durfte, erhielt erst 1959 einen Straßenanschluß zur Außenwelt und wurde gar erst 1965 elektrifiziert. Inzwischen haben Lioten aus dem Ausland dort sogar ein kleines, hervorragend in die Landschaft eingepaßtes Hotel errichtet (Lias Inn, ✆ 06 83/3 12 08; Lena Vrakas, die Wirtin, spricht deutsch).

Das Gasthaus wird hauptsächlich von Fremden besucht, die auf den Spuren von Eleni wandeln wollen. Wer Glück hat, trifft dort sogar den Autor Nicholas Gage oder seinen Freund Antonis Venetis, einen Athener Rechtsanwalt, der zugleich Vorsitzender des Lias-Vereins in der griechischen Hauptstadt ist. Antonis Venetis zeigt Fremden, die ein wenig Griechisch sprechen, gern die Schauplätze des Buches. Er führt sie zur Ruine des Hauses von Eleni und macht sie mit den beiden letzten noch lebenden Figuren aus dem Buch bekannt. Für den, der es zuvor gelesen hat, wird diese Begegnung mit Zeugen und Zeugnissen eines grausamen Jahrzehnts inmitten herrlicher Landschaft und stiller Dorfidylle zu einem Erlebnis von eigenartiger Faszination.

Dort ist vor dem Eingang zur Fetiye-Moschee Ali Pascha beigesetzt worden. Von den Mauern aus hat man einen schönen Blick über den See und die Altstadt. In der nahen Aslan-Aga-Moschee wurde ein kleines **Volkskundemuseum** eingerichtet, in der Neustadt zeigt ein modernes **Archäologisches Museum** vor allem Funde aus Dodoni, Ikonen aus den Klöstern der Insel im See und prächtige Silberschmiedearbeiten, für die Ioannina auch heute noch berühmt ist.

Dodoni liegt 22 km südwestlich von Ioannina (täglich 9 Uhr bis Sonnenuntergang; So ab 10 Uhr). Der Ort war in der Antike eine in ganz Griechenland berühmte Orakelstätte, in der schon seit Beginn der Einwanderung griechischer Stämme Zeus verehrt wurde. Neben mehreren Tempelfundamenten und den Überresten einer frühchristlichen Basilika ist vor allem das gut erhaltene Theater aus dem 3. Jh. v. Chr. sehenswert, das einst 18 000 Zuschauern Platz bot. Im August werden hier an einigen Abenden antike Dramen aufgeführt.

Praktische Informationen zu Ioannina und Dodoni

 Information: Griechische Zentrale für Fremdenverkehr (EOT)

Farbenfrohe Fischerboote prägen das Bild in griechischen Häfen

in Ioannina, Odos Napeleondos Zerva 2, ✆ 06 51/2 50 86; Touristenpolizei, Odos 28 Oktowriu, ✆ 06 51/2 56 73.

Anreise: Von Igumenitsa, Parga und Preveza fahren mehrmals täglich Linienbusse nach Ioannina. Das 21 km entfernte Dodoni ist von Ioannina aus am besten per Taxi zu erreichen; mindestens zweimal täglich besteht auch eine Linienbusverbindung.

Literaturempfehlungen

Agoropoulou-Birbilis, Aphrodite: Griechische traditionelle Architektur – Korfu. Athen o. J. (Verlag Melissa). Nur in Griechenland erhältlich.

Baumann, Hellmut: Die griechische Pflanzenwelt in Mythos, Kunst und Literatur. München 1982 (Hirmer). Ein Pflanzenbuch, das den botanischen Rahmen überschreitet.

Durrell, Gerald: Meine Familie und anderes Getier. Frankfurt/M., Berlin 1990 (Ullstein-Taschenbuch 22733). Sehr humorvolle Schilderung von Erlebnissen auf Korfu in den 30er Jahren, in der sich auch viele gute Beschreibungen der einheimischen Tierwelt finden.

Durrell, Gerald: Vögel, Viecher und Verwandte. Reinbek 1971 (Rowohlt). Humorvolle Fortsetzung von ›Meine Familie und anderes Getier‹.

Durrell, Lawrence: Schwarze Oliven. Korfu – Insel der Phäaken. Reinbek 1963 (Rowohlt Taschenbuch 1102). Literarisch anspruchsvolle Schilderung seines Aufenthalts auf Korfu in den 30er Jahren.

Gage, Nicholas: Eleni. München 1987 (dtv-Taschenbuch 10733). Spannend geschriebene Lebensgeschichte der Mutter des Autors während der 40er Jahre.

Gaitanides, Johannes: Griechenland ohne Säulen. München 1990 (list Bibliothek). Das Standardwerk über Land und Leute sowie über die neugriechische Geschichte.

Giebel, Marion: Sappho. Reinbek 1980 (Rowohlts Monographien 291).

Hamann, Brigitte: Elisabeth, Kaiserin wider Willen. München 1982

Kaiser Wilhelm II.: Erinnerungen an Korfu. Berlin 1924. Nur noch antiquarisch erhältlich.

Lord Byron: Briefe und Tagebücher. Frankfurt/M. 1985 (S. Fischer).

Politis, Linos: Geschichte der Neugriechischen Literatur. Köln 1984 (Romiosini).

Störtenbecker, Rainer: Griechenland ganz anders: Kulte, Mysterien, Rituale. Vis-à-Vis Verlag, Buxtehude 1994. Unglaubliche Geschichten über ein Land, das bis heute mit der Mystik lebt.

Karten: Die beste Übersichtskarte ist Clyde Leisure Map, Corfu and the Ionian Islands. Die beste Karte für Korfu stammt aus dem gleichen Verlag. Für die übrigen Inseln sind die Karten aus dem griechischen Verlag Toubis noch am besten.

Tips und Adressen

Reisevorbereitungen

Informationsstellen

Griechische Zentrale für Fremdenverkehr:

In Deutschland
60311 Frankfurt,
Neue Mainzer Straße 22,
✆ 0 69/23 65 62
10789 Berlin
Wittenbergplatz 3A
✆ 0 30/2 17 62 62
20149 Hamburg,
Abteistraße 33,
✆ 0 40/45 44 98
80333 München,
Pacellistraße 2,
✆ 0 89/22 20 35

In Österreich
1015 Wien,
Opernring 8,
✆ 02 22/5 12 53 17

In der Schweiz
8001 Zürich,
Löwenstraße 25,
✆ 01/2 21 01 05

Botschaften der Republik Griechenland

In Deutschland
53179 Bonn-Bad Godesberg,
An der Marienkapelle 10–12,
✆ 02 28/8 30 10

In Österreich
1040 Wien,
Argentinier Straße 14,
✆ 02 22/50 55 79 10

In der Schweiz
3005 Bern,
Jungfraustraße 3,
✆ 0 31/44 16 37

Einreisebestimmungen

Zur Einreise nach Griechenland genügt für Deutsche, Österreicher und Schweizer ein gültiger **Personalausweis.** Kinder unter 16 Jahren müssen im Paß der mitreisenden Eltern eingetragen sein oder benötigen einen Kinderausweis (ab 10 Jahren mit Lichtbild).

Bei Einreise mit dem **eigenen Fahrzeug** nach Griechenland muß zumindest der Fahrer einen Reisepaß mitnehmen, da das Fahrzeug darin eingetragen wird. Mitzuführen sind in diesem Fall außerdem der nationale Führerschein und der Kraftfahrzeugschein. Die Internationale Grüne Versicherungskarte ist nicht mehr zwingend vorgeschrieben, aber ebenso wie Zusatzversicherungen (Vollkasko, Auslandsschutzbrief) empfehlenswert.

Für **Hunde** müssen mitgeführt werden: Ein internationaler Impfpaß mit amtstierärztlichem Gesundheitszeugnis (max. 14 Tage alt) und Bescheinigung über erfolgte Tollwutimpfung (max. 12 Monate alt) in englischer oder französischer Sprache.

In griechischer **Landeswährung** dürfen pro Person höchstens 100 000 Drachmen eingeführt werden. Da der Wechselkurs in Griechenland günstiger ist, empfiehlt es sich jedoch, nur sehr viel weniger Landeswährung mitzunehmen – gerade genug, um einen zweitägigen Bankenstreik überstehen zu können. Devisen dürfen in unbeschränkter Höhe eingeführt werden. Wer pro Person mehr als den Gegenwert von 1000 US-Dollar auch wieder ausführen will, sollte die Devisen bei der Einreise deklarieren.

Zollbestimmungen: Im Verkehr zwischen den EU-Ländern bestehen keine Mengenbegrenzungen für Waren, die zum persönlichen Verbrauch bestimmt sind. Es gibt jedoch sogenannte »Indikativmengen«: Wer mehr als 800 Zigaretten, 10 Liter Spirituosen oder 90 Liter Wein mit sich führt, muß nachweisen, daß er nicht damit handeln will.

Für Waren, die in Duty-free-Shops oder zollfrei an Bord von Schiffen und Flugzeugen gekauft wurden, gelten jedoch weiterhin die alten Mengenbegrenzungen. Sie sind auch für Schweizer gültig: 200 Zigaretten, 1 l Spirituosen, 2 l Wein, 250 g Kaffee und 50 g Parfüm.

Gesundheitsvorsorge

Besondere Schutzimpfungen müssen bei der Einreise nach Griechenland nicht nachgewiesen werden; die Tetanus-Impfung sollte jedoch aufgefrischt werden. Griechische Apotheken sind in der Regel gut bestückt, führen jedoch nicht alle bei uns bekannten Medikamente. Wer auf ein bestimmtes Mittel angewiesen ist, bringt es besser mit.

Griechische Ärzte verschreiben auch schon bei leichten Infektionen gern harte Antibiotika. Homöopathische Medikamente sind in Griechenland kaum erhältlich. Wer also lieber seinen Hausmitteln bei kleinen Wehwehchen vertraut, muß sie mitnehmen.

Krankenschein: Zwischen der BR Deutschland und Griechenland besteht ein Sozialversicherungsabkommen; deutsche Urlauber können sich also auch in Griechenland auf Krankenschein behandeln lassen. In der Praxis jedoch ist das kaum ratsam: die Zahl der Kassenärzte ist klein, ihre Praxen sind meist überfüllt. Man muß zudem vor dem Aufsuchen des Kassenarztes den Auslandskrankenschein E 111 (erhältlich bei der heimischen Krankenkasse) noch von der griechischen Krankenversicherung IKA umschreiben lassen – so geht schnell ein Urlaubstag verloren. Darum schließt man besser für die Urlaubsdauer eine Auslandskrankenversicherung ab, zahlt Arzt- und Arzneikosten selbst und läßt sie sich später zurückerstatten.

Wer auch in Deutschland privat krankenversichert ist, braucht diese zusätzliche Versicherung nicht, da private Krankenversicherungen europaweit gültig sind.

Kleidung und Reisezeit

So sonnensicher, wie es die Reiseprospekte versprechen, sind die Ionischen Inseln nur zwischen Mai und September. Im März, April und Oktober muß man mit Wolken, etwas Regen und recht kühlen Nacht-Temperaturen rechnen. In den Wintermonaten zwischen November und Februar gerät eine Reise auf die Inseln zum Glücksspiel: Es kann tagelang nahezu ununterbrochen regnen, aber ebenso tagelang auch sonnig und nahezu wolkenlos sein. Einen Vorteil haben Reisen im Winter auf jeden Fall: Man trifft kaum andere Touristen und kann in den wenigen geöffneten Hotels mit besonders günstigen Preisen rechnen.

Neben Sommerkleidung – am besten aus leichten Baumwollstoffen – sollte man ganzjährig auch die passende Garderobe für kühlere Abende und eventuelle Regenschauer mitnehmen. Wer öfters spazierengehen oder wandern will, braucht mindestens Turnschuhe und im Sommer auf jeden Fall eine Kopfbedeckung. Da die Strände häufig steinig oder kieselig sind, gehören Badeschuhe ins Gepäck.

Anreise nach Griechenland

Mit dem Schiff

Korfu ist ganzjährig durch täglich verkehrende Autofähren mit den italienischen Häfen Ancona, Bari und Brindisi verbunden. In den Sommermonaten bestehen außerdem Verbindungen zwischen Venedig, Triest, Ortona und Otranto und Korfu.

Im Sommer sind auch einige der anderen Inseln direkt mit Italien verbunden. Im Sommer 1995 verkehren Fährschiffe auf folgenden Routen: Ancona – Kefallinia; Brindisi – Paxos – Kefallinia – Ithaki – Zakinthos; Bari – Kefallinia. Alle Fähren transportieren Autos; Eisenbahnfähren gibt es nicht.

Mit dem Flugzeug

Charterflüge verbinden im Sommer die Inseln Zakinthos, Kefallinia und Korfu sowie Preveza bei Lefkas direkt mit vielen Flughäfen in den deutschsprachigen Ländern.

Im Sommer fliegt die Lufthansa samstags von München nach Korfu.

Alle anderen Linienflüge führen über Athen oder Thessaloniki.

Mit dem Auto

Bei Redaktionsschluß für diesen Reiseführer (Mai 1995) herrschte in großen Teilen des ehemaligen Jugoslawien Krieg. Für die, die dennoch über Land nach Griechenland reisen wollten, empfahl der ADAC folgende Strecke: München – Salzburg – Wien – Nickelsdorf – Györ – Budapest – Szeged – Novi Sad – Belgrad – Nis – Gevegelija – Thessaloniki (Gesamtlänge München – Thessaloniki 1711 km).

Es empfiehlt sich, bei den Automobilclubs jeweils aktuelle Reiseroutenempfehlungen einzuholen.

Erholsamer ist auf jeden Fall die Reise durch Italien bis zu einem Fährhafen. Von Frankfurt bis Ancona sind es nur 1210 km, von Frankfurt bis Brindisi 1755 km über hervorragend ausgebaute Autobahnen. Die Mautgebühren betrugen im Frühjahr 1995 für einen Mittelklassewagen bis Ancona für Hin- und Rückfahrt etwa 166 DM, bis Brindisi etwa 260 DM (incl. Brennerautobahn).

Informationen über die Durchreiseländer sind erhältlich bei:

*   *Italienisches Fremdenverkehrsamt*, Kaiserstraße 65,

60329 Frankfurt,
✆ 069/23 74 30
*   *Österreich Werbung*, Postfach 12 31, 82019 Taufkirchen, ✆ 089/66 67 01 00
*   *Schweizer Verkehrsbüro*, Kaiserstr. 23, 60311 Frankfurt, ✆ 069/25 60 01 35

Mit der Bahn

Eine Bahnfahrt ist strapaziös und daher kaum empfehlenswert. Mit der Bahn fährt man für Korfu am besten bis Thessaloniki, für die anderen Inseln am besten bis Athen und steigt dann dort jeweils in einen Bus zum Ziel ein. Mit der Bahn zu erreichen sind auch die Fährhäfen Ancona, Triest, Bari und Brindisi.

Mit dem Bus

Europabusse verbinden viele Städte in den deutschsprachigen Ländern ganzjährig mit Thessaloniki und Athen sowie mit Bari und Brindisi in Italien. Preis- und Fahrplanauskünfte erhält man bei:

Deutsche Touring GmbH, Am Römerhof 17, 60468 Frankfurt, ✆ 069/70 47 14.

Reisen in Griechenland

Mit dem Flugzeug

Flughäfen besitzen die Inseln Korfu, Kefallinia und Zakinthos. Lefkas ist über den nahen Festlandsflughafen Preveza gut zu erreichen. Zwischen den Inseln besteht jedoch nur eine zweimal wöchentlich beflogene Verbindung zwischen Kefallinia und Zakinthos.

Korfu ist per Jet bis zu viermal täglich mit Athen verbunden, Kefallinia, Preveza/Lefkas und Zakinthos ein- bis zweimal täglich (zum Teil per Jet, zum Teil per 50-sitziger Propeller-Maschine).

Mit dem Schiff

Das Reisen zwischen den einzelnen Ionischen Inseln ist umständlicher als zwischen den Inseln in der Ägäis. Zum einen sind sie nicht zueinander hin, sondern aufs Festland orientiert; zum anderen besitzen fast alle Inseln mehrere Häfen, von denen aus unterschiedliche Strecken bedient werden. In diesem Buch sind für jede Insel alle Verbindungen jeweils bei der entsprechenden Inselbeschreibung angegeben. Um Inselspringern die Planung zu erleichtern, sei hier aber noch einmal kurz zusammengefaßt die beste Route für eine Rundreise über nahezu alle Inseln genannt:

• *Von Korfu*
...auf die Inseln Mathraki, Othoni und Erikussa ab Sidari oder Korfu-Stadt
...nach Paxos per Linienschiff ab Korfu-Stadt oder per Ausflugsboot ab Kavos, jeweils nach Gaios; nach Antipaxos per Bootstaxi oder Ausflugsboot ab Gaios
...nach Lefkas per Fähre nach Igumenitsa, dann per Bus nach Preveza, dann per Bus nach Lefkas
...nach Vathi auf Ithaki oder Sami auf Kefallinia ein- bis dreimal wöchentlich per Autofähre ab Korfu-Stadt

• *Von Paxos*
...nach Vathi auf Ithaki oder Sami auf Kefallinia im Hochsommer per Autofähre
...nach Lefkas ab Gaios per Fähre nach Parga oder Igumenitsa auf dem Festland, von dort mit dem Bus nach Preveza und weiter nach Lefkas

• *Von Lefkas*
...nach Frikes auf Ithaki per Autofähre von Nidri
...nach Piso Aetos auf Ithaki per Autofähre ab Vassiliki
...nach Fiskardo auf Kefallinia per Autofähre von Nidri und Vassiliki
...nach Sami auf Kefallinia per Ausflugsboot ab Vassiliki
...nach Meganissi per Autofähre von Nidri

• *Von Ithaki*
...nach Fiskardo auf Kefallinia per Autofähre von Frikes und Piso Aetos
...nach Sami auf Kefallinia im Hochsommer per Autofähre von Vathi
...nach Agia Evfimia auf Kefallinia per Ausflugsboot ab Vathi

• *Von Kefallinia*
...nach Skinari auf Zakinthos per Autofähre ab Pesada

Tragflügelboote
In den Sommermonaten werden immer mehr Tragflügelboote im Passagierverkehr eingesetzt. Sie fahren von Patras über Zakinthos – Kefallinia – Preveza – Ithaki – Lefkas – Paxi – Igumenitsa – Korfu bis nach Brindisi.

Fahrplanauskünfte und Schiffstickets
Entsprechend der Vielzahl der Abfahrtshäfen und der beteiligten Fährgesellschaften oder auch nur Bootseigner ist es äußerst kompliziert, zuverlässige Fahrplanauskünfte zu erhalten. Man muß ganz einfach so viele Reisebüros wie möglich aufsuchen, zusätzlich bei der Touristeninformation nachfragen und vielleicht auch noch bei der Hafenpolizei, deren Mitarbeiter aber häufig nur Griechisch sprechen.

Hat man sich dann zu einer Schiffsverbindung entschlossen, muß man das Reisebüro wiederfinden, das die Fahrkarten verkauft.

Hin- und Rückfahrtickets sind unbekannt, kostenlose Reiseunterbrechungen auf Linien, die mehrere Häfen anlaufen, ebenso. Mit anderen Worten: Für jede Teilstrecke braucht man ein neues Ticket.

Will man ein Ausflugsboot als Transportmittel für eine einfache Fahrt benutzen, verhandelt man am besten mit dem Kapitän, der in der Regel nichts gegen einen Zusatzverdienst hat.

Reservierungen zumindest am Tag vor dem Reisetermin sind für Autourlauber dringend zu empfehlen, da viele der interinsularen Autofähren nur über begrenzte Plätze verfügen.

Mit dem Taxi

Taxis fahren in allen griechischen Städten; in nahezu jedem Dorf ist ein *Agoreon* stationiert. Der Unterschied zwischen beiden: Taxis sind mit einem Taxameter ausgerüstet, Agorea nicht. Die Fahrpreise sind jedoch identisch und sehr viel niedriger als bei uns. Reist man zu viert, zahlt man für ein Taxi kaum mehr als für vier Busfahrscheine. Da die Tarife staatlich festgesetzt und die Taxifahrer in aller Regel ehrlich sind, sind Preisverhandlungen nur dann üblich, wenn man einen Wagen für einen ganztägigen Ausflug anmieten will.

Weil die Taxipreise für die Fahrer kaum zum Überleben reichen, versuchen sie gern, mehrere Fahrgäste mitzunehmen, die in etwa

223

das gleiche Ziel haben. Dabei zahlt jeder Fahrgast den vollen Fahrpreis. Machen die Fahrgäste jedoch den Eindruck, daß sie zusammengehören, ist nur der einfache Fahrpreis fällig.

Taxis können an Wartesständen bestiegen, am Straßenrand angehalten oder auch telefonisch bestellt werden. In den Dörfern erkundige man sich am besten in einem Kaffeehaus nach dem Taxi.

Eine Quelle häufiger Mißverständnisse sind die zulässigen Aufschläge. In der Oster- und Weihnachtszeit sind etwa 1 DM als Festtagsgeschenk zu zahlen; festgelegte Zuschläge sind auch bei Nachtfahrten, für Gepäck und für Fahrten von und zu Häfen und Flughäfen fällig. Tarife müssen in allen Taxis und Agorea zur Einsicht vorhanden sein.

Mit dem Auto

Die Verkehrsvorschriften in Griechenland ähneln den unseren, das Verkehrsverhalten ist jedoch sehr verschieden. Vor allem dürfen die Griechen als Weltmeister im Kurvenschneiden gelten. Deswegen sollte man auf den gebirgigen Straßen der Inseln immer langsam und äußerst rechts fahren und vor völlig unübersichtlichen Kurven kräftig hupen. Auf sehr gut ausgebauten Straßen ist es üblich, auch den durch eine durchgehende weiße Linie markierten Seitenstreifen, der eigentlich als Stand- und Kriech-

spur gedacht ist, mitzubenutzen. Man weicht immer dann auf ihn aus, wenn im Rückspiegel ein schnelleres Fahrzeug entdeckt wird und voraus kein Fußgänger oder Esel zu sehen ist.

Die zulässige Höchstgeschwindigkeit beträgt innerorts 50 km/h, auf Landstraßen 80 km/h und auf den festländischen Autobahnen 100 km/h (Motorräder grundsätzlich nur 70 km/h). Alkohol am Steuer ist ab einer Promillegrenze von 0,5 verboten.

Leihfahrzeuge

Pkw, Mopeds und Motorräder werden auf allen größeren Inseln vermietet. Die Preise entsprechen in etwa den bei uns üblichen. Das Mindestalter beträgt 21 Jahre, der nationale Führerschein genügt. Mopeds und Motorräder (ab 125 ccm Motorradführerschein erforderlich) sollten vor der Übernahme gründlich auf den Zustand der Bremsen, Autos auch auf den Zustand der Reservereifen untersucht werden.

Mit dem Bus

Linienbusse sind das wichtigste öffentliche Verkehrsmittel in Griechenland. Sie verbinden die Inseln direkt (per Bus und Fähre) mit Athen, Thessaloniki und den nächstgelegenen Festlandsstädten und die Inselhauptorte mit allen Inseldörfern. Die Fahrpreise sind so niedrig wie der Komfort – dafür bieten Busfahrten aber eine gute

Klimatabelle

(Korfu, ohne Berücksichtigung jüngster Klimaveränderungen)

	Jan	Feb	Mär	Apr	Mai	Jun	Jul	Aug	Sep	Okt	Nov	Dez

Durchschnittliche Tageshöchsttemperatur in Celsius:

Jan	Feb	Mär	Apr	Mai	Jun	Jul	Aug	Sep	Okt	Nov	Dez
14	14	16	19	24	28	31	32	28	23	19	16

Durchschnittliche Meerwassertemperatur in Celsius:

Jan	Feb	Mär	Apr	Mai	Jun	Jul	Aug	Sep	Okt	Nov	Dez
14	14	14	16	18	21	23	24	23	21	18	16

Regentage pro Monat:

Jan	Feb	Mär	Apr	Mai	Jun	Jul	Aug	Sep	Okt	Nov	Dez
13	11	9	7	5	2	1	1	5	9	12	15

Quelle: Deutscher Wetterdienst

Gelegenheit, das einheimische Leben hautnah kennenzulernen.

Für die Fernstrecken aufs Festland kauft man die Tickets bereits vor Reiseantritt am Busbahnhof der jeweiligen Inselhauptstadt. Für die regionalen Insellinien sind die Fahrkarten im Bus erhältlich. Fahrpläne hängen an den Busbahnhöfen aus, nicht jedoch an den Haltestellen entlang der Strecke. Am besten erkundigt man sich in einem Kaffeehaus nach den Abfahrtszeiten. In den großen Touristenzentren hängen auch viele Hotels die Busfahrpläne für ihre Gäste aus.

Unterkunft und Verpflegung

Hotels

Hotels gibt es auf allen Ionischen Inseln mit Ausnahme von Kastos, Kalamos und Mathraki. Außerhalb der Inselhauptstädte haben sie meist nur von Ostern bis Ende Oktober geöffnet. Reservierungen sind insbesondere für den Hochsommer zu empfehlen.

Alle griechischen Hotels werden staatlicherseits klassifiziert: von ›Luxus‹ über ›A‹ bis ›E‹. Für die Hotels der Kategorien A bis C gelten festgelegte Mindestpreise. Die vom Hotelier nach dieser Richtlinie individuell gestalteten Preise müssen einmal jährlich vom Staat genehmigt und dann die ganze Saison über eingehalten werden. Die

225

Durchschnittspreise für Hotels
(in der Hauptsaison 1995)

Kategorien		Einzelzimmer	Doppelzimmer
A	(≈ 3–4*)	100 DM	130 DM
B	(≈ 2*)	75 DM	90 DM
C	(≈ 1*)	50 DM	70 DM

tatsächlichen Preise dürfen bis zu 25 % höher als die Mindestpreise liegen. Andererseits werden in der Vor- und Nachsaison auf die ohnehin offiziell um bis zu 40 % reduzierten Zimmerpreise auf Nachfrage häufig weitere, eigentlich unzulässige Preisnachlässe gewährt.

Hotels der Kategorien D und E sind meist nur geringfügig preiswerter als einfache Häuser der C-Kategorie. Die Hotels der Luxus-Kategorie sind oft doppelt so teuer wie A-Hotels, bieten im internationalen Vergleich aber nur den Standard von First Class-Häusern. Der Einfachheit halber sind die Hotels im Reiseteil anhand der geläufigeren Sterne kategorisiert. Die entsprechende Kategorie nach der griechischen Klassifikation ist der Tabelle (oben) zu entnehmen.

Pensionen und Privatzimmer

Pensionen gibt es ebenfalls auf allen größeren Inseln in großer Zahl, doch sind sie häufig nicht offiziell klassifiziert. Wird doch eine Kategorie genannt, entspricht diese der nächsttieferen Hotelkategorie. Eine B-Pension also ist in Standard und Preis einem C-Hotel vergleichbar.

Meistens bezeichnen Privatleute, die mehrere Zimmer vermieten, ihr Haus als Pension; erkennbar durch den Aushang ›Rent rooms‹ – Zimmer zu vermieten. Bei den Privatzimmern gibt es ebenfalls staatlich festgesetzte Kategorien: A, B und C. Hier kostet die Übernachtung in der Hauptsaison zwischen 2500 und 4000 Drs. pro Person. Außerhalb der Hauptsaison stehen die Privatzimmervermieter häufig schon am Hafen oder Flughafen, um Gäste zu finden.

Ferienhäuser und Apartments

Die meisten Ferienhäuser und Apartments auf den Ionischen Inseln sind fest in den Händen britischer Reiseveranstalter. Es gibt jedoch auch einige kleinere deutsche Unternehmen, die solche Unterkünfte vermitteln. Ihre Inserate findet man vor allem in deutschen überregionalen Zeitungen.

Wer auf eigene Faust reist und erst an Ort und Stelle nach einem

Ferienhaus oder Apartment sucht, kann sich an die örtlichen Reisebüros wenden oder über die Werbetafeln am Straßenrand orientieren.

Jugendherbergen und Camping

Auf den Ionischen Inseln verfügt nur Korfu über eine Jugendherberge, und zwar in Kontokali, ☎ 0661/91202 (Internationaler Jugendherbergsausweis erforderlich).

Das freie Zelten ist in Griechenland offiziell verboten, wird an entlegenen Stränden aber dennoch praktiziert. Es gibt aber inzwischen auf den Ionischen Inseln schon eine ganze Reihe offizieller und gut gepflegter Campingplätze, die man der Umwelt zuliebe benutzen sollte. Man zahlt im Durchschnitt etwa 6 DM pro Person und noch einmal den gleichen Betrag für das Zelt und das Auto.

Die griechische Küche

Die Gerichte, die man in den Restaurants erhält, sind überwiegend rustikal-einfach und nicht sehr ideenreich. Vergleiche mit dem, was griechische Köche im Ausland zaubern, führen zumeist zu einer Enttäuschung. Bei der Zubereitung findet Olivenöl reichlich, Gewürz hingegen nur spärlich Verwendung. Zwei Standardsoßen begleiten fast alle Gerichte: meist eine Tomatentunke, manchmal auch

eine Ei-Zitronensoße. Grillgerichte kommen à la nature auf den Tisch, wobei die einfachste Sardine ebenso simpel auf Holzkohle gegrillt wird wie der teuerste Fisch.

Wurde früher jedes Gericht als Einzelportion serviert, so haben sich auch die Griechen mittlerweile dem mitteleuropäischen Geschmack angepaßt. Heute dürfen Pommes frites als ›typisch griechische‹ Beilage zu allen Fleischgerichten gelten. An den zunächst vielleicht befremdlichen Umstand, daß die meisten Gerichte (außer Grilladen) lauwarm serviert werden, kann man sich freilich schnell gewöhnen. Da statt der härteren tierischen Fette nur Olivenöl benutzt wird, bleiben die Speisen auch in weniger heißem Zustand schmackhaft.

Auch wenn Griechenland nicht unbedingt ein Paradies für Feinschmecker ist, kann man doch manch interessante Streifzüge durch die Speisekarten unternehmen. Zu finden sind da etliche Spezialitäten:

Vorspeisen
Eljés – Oliven
Dolmadákja – kalt servierte gefüllte Weinblätter
Féta – Schafskäse
Gígantes – große weiße Bohnen
Melindsána Saláta – Auberginenpüree
Sadsíki – Joghurt mit Gurken und Knoblauch
Táramo Saláta – Püree aus Fischrogen und Kartoffeln

Suppen

Domátosúpa – Tomatensuppe
Fasoláda – Bohnensuppe
Patsá – deftige Suppe mit Innereien
Psarósupa – Fischsuppe

Salate

Angúri Saláta – Gurkensalat
Domáto Saláta – Tomatensuppe
Koriátiki Saláta – gemischter
Salat mit Schafskäse
Láchano Saláta – Krautsalat
Marúli Saláta – Endiviensalat

Hauptgerichte

Astakós – Hummer
Barbúnja – Rotbarbe, ein kleiner
und grätenreicher, aber feiner und
bei Griechen sehr beliebter See-
fisch
Biftéki – Frikadelle
Briám – eine Art Ratatouille
Brisóla – Kotelett (Rind oder
Schwein)
Dolmádes – warm in einer Ei-Zitro-
nensoße servierte, gefüllte Wein-
blätter
Garídes – Scampi
Gurunópulo – Spanferkel
Jemistés – gefüllte Tomaten und Pa-
prikaschoten
Kalamarákja – Tintenfisch
Keftédes – Hackfleischbällchen
Kokorétsi – Innereien vom Spieß
Kunélli – Kaninchen
Ksifías – Schwertfisch
Láchano Dolmades – Dolmades,
für die Kohl- statt Weinblätter be-
nutzt werden
Makarónja me kimá – Spaghetti
Bolognese
Mussaká – Auberginenauflauf

Oktapódi – Krake
Paidákja – Lammkoteletts
Papútsi – gefüllte Aubergine
Pastítsjo – Makkaroni-Auflauf mit
Hackfleisch
Sikóti – gebratene Leber
Sofríto – Rinderschmorbraten in
einer Knoblauchmarinade; eine
Spezialität Korfus
Stíffado – Rindfleisch mit Zwiebel-
gemüse
Suvláki – Fleischspieß (Rind oder
Schwein)

Vegetarische Gerichte

Bamjés – Okraschoten
Fassólja – grüne Bohnen
Kolokithákja – Zucchini

Obst

Achládi – Birne
Fráules – Erdbeeren
Karpúsi – Wassermelone
Mílo – Apfel
Peppóni – Honigmelone
Portokáli – Orange
Síka – Feigen
Staffílja – Weintrauben

Getränke

Wasser *(Neró)* ist dem Griechen
das wichtigste Getränk. Man trinkt
es zum Essen ebenso wie zu Kuchen und Süßspeisen, zu Kaffee
und Ouzo und manchmal sogar zu
Bier oder Wein. Noch bis vor kurzem wurde überall bedenkenlos
eisgekühltes Leitungs- oder Zister-
nenwasser genossen; heute setzt
sich zunehmend in Plastikflaschen

abgefülltes – leider viel Müll verursachendes – Tafelwasser durch.

Fast schon mehr als ein Getränk ist der griechische Kaffee *(Kafés ellinikós)*, der in kleinen Mokkatassen serviert und zu jeder Tageszeit bei vielerlei Gelegenheiten getrunken wird. Da Kaffee, Zucker und Wasser gemeinsam aufgekocht werden, muß man schon bei der Bestellung angeben, wie man ihn wünscht:

Kafé skétto – ohne Zucker
Kafé métrio – mit etwas Zucker
Kafé glikó – mit viel Zucker

Auch Instant-Kaffee ist inzwischen in fast jedem griechischen Kaffeehaus und Privathaushalt zu finden. Bei der Bestellung muß man auf jeden Fall sagen, ob man ihn heiß oder kalt will:

Neskafé sestó – heißer Instant-Kaffee
Frappé – kalter Instant-Kaffee

Beim Frappé muß man außerdem wie beim griechischen Kaffee den gewünschten Süßegrad angeben; beide Arten von Instant-Kaffee gibt es mit oder ohne Milch:

me gála – mit Milch
chorís gála – ohne Milch

Tee *(Tsai)* wird immer mit Teebeuteln aufgebrüht. Heiße Schokolade *(Gála sokoláta)* ist nur selten erhältlich. Säfte *(Chími)* werden weitaus seltener angeboten, als es vor allem der Zitrusreichtum Griechenlands erwarten läßt; bei den sonstigen Erfrischungsgetränken sind vor allem die internationalen Marken präsent. Zu kennen braucht man hier eigentlich nur drei Begriffe:

Lemonáda – Limonade
Portokaláda – Orangeade
Sóda – Mineralwasser mit Kohlensäure

Mehrere Biersorten werden in ausländischer Lizenz in Griechenland selbst gebraut: Amstel, Henninger und Löwenbräu. Bier *(Bíra)* vom Faß schenkt man nur selten aus.

Wein *(Krassí)* wächst auf allen Ionischen Inseln. Neben den Flaschenweinen von Korfu, Kefallinia und Zakinthos werden auf den Inseln auch viele Weine vom Festland angeboten; in einfachen Tavernen und auf den Dörfern erhält man gelegentlich auch lokalen Wein vom Faß *(Chimá)*. Die meisten griechischen Weine sind entweder trocken oder halbtrocken. Eine griechische Spezialität, die fast immer aus Attika kommt, ist der mit dem Harz der Aleppo-Kiefer versetzte *Retsína*-Wein.

Unter den Spirituosen gilt der Anisschnaps *Ouzo* als Nationalgetränk. Man trinkt ihn pur oder mit Wasser vermischt. In wenigen einfachen Lokalen erhält man auch den vom Festland eingeführten Tresterschnaps *Tsípuro*, der einem einfachen italienischen Grappa gleicht.

Frühstück

Die Griechen selbst frühstücken gar nicht oder kaum. Darum ist die Zubereitung eines Frühstücks für sie noch immer ein Problem. In den besseren Urlauberhotels haben sich inzwischen Frühstücks-buffets durchgesetzt, in den einfacheren Hotels muß man jedoch damit rechnen, zum Frühstück nur Zwieback, ein Päckchen Butter und Marmelade sowie heißes Wasser und einen Portionsbeutel Nescafé vorgesetzt zu bekommen. In den Ferienorten, in denen britische Gäste überwiegen, bieten viele Restaurants schon morgens ein englisches Frühstück an; in den Städten kann man in Konditoreien oder Milchhandlungen zum Frühstück Joghurt (*Jaúrti*) oder Spiegeleier (*Awgá mátja*) bestellen.

Restaurants

Die meisten griechischen Restaurants sind einfach eingerichtet, aber sauber. Im Sommerhalbjahr sitzt man ohnehin im Freien, da muß für die Inneneinrichtung nicht viel investiert werden. Die Speisekarten sind fast durchweg auf griechisch und englisch abgefaßt, manchmal auch zusätzlich auf deutsch oder italienisch. Zusätzliche Saisonangebote werden aber meist nur auf griechisch genannt. Man kann nach der Karte auswählen, kann sich aber auch wie ein Grieche vom Kellner beraten lassen oder in die Küche bzw. an den Warmhaltetresen gehen und schauen, was es gibt.

Wer verschiedene Gerichte nacheinander in einer bestimmten Reihenfolge serviert erhalten möchte, muß das dem Kellner deutlich machen. Normalerweise bringt er sonst alles gleichzeitig. Als erstes kommt ein Korb mit Brot, Bestecken und Papierservietten auf den Tisch, die die Gäste selbst untereinander verteilen.

Ein Nachtisch wird von griechischen Restaurants nur selten angeboten – Ausnahme: frisches Obst. Ein Kaffee nach dem Essen ist nur in Lokalen erhältlich, die sich schon touristischen Wünschen angepaßt haben.

Die Rechnung bringt der Kellner normalerweise für die ganze Tischgemeinschaft, die *Paréa*. Getrennt zu zahlen nennt man in Griechenland ›die deutsche Art‹; bei den Einheimischen streitet man eher um die Ehre, die Rechnung für alle übernehmen zu dürfen. In den Urlaubszentren macht der Wunsch nach getrennter Bezahlung den Kellnern inzwischen keine Schwierigkeiten mehr, anderswo kann man ja anschließend die Rechnung unter sich aufteilen, wie es mittlerweile auch manch junge Griechen tun.

Ohnehin ist der eben beschriebene Typ der griechischen Taverne in den Urlaubszentren häufig in der einen oder anderen Weise schon an touristische Vorstellungen angepaßt; dort gibt es auch schon eine Reihe von Lokalen, in denen die Tische eingedeckt sind, Stoffservietten neben den Tellern liegen und Kerzen flackern. Die Preise sind dort freilich höher, denn je ›europäischer‹ ein Restaurant ist, um so mehr zahlt man.

Griechische Restaurants sind in der Regel von etwa 9 Uhr morgens bis Mitternacht geöffnet. Nur die ›europäischen‹ Restaurants in den Städten und Urlaubszentren kennen engere Tischzeiten, die etwa zwischen 12 und 15 sowie 19 und 24 Uhr liegen. Die Griechen selbst essen abends sehr spät: am liebsten erst gegen 22 Uhr.

Sprachführer Griechisch

Man kommt in weiten Teilen Griechenlands heute auch ohne griechische Sprachkenntnisse gut zurecht. In der Schule und durch die vielen anglo-amerikanischen Filme im Fernsehen sowie durch die auf den Ionischen Inseln besonders zahlreichen britischen Touristen ist Englisch die Fremdsprache Nummer Eins. Man spricht aber auch Italienisch sowie Deutsch. Viele ältere Insulaner haben einmal in Deutschland gearbeitet, die jüngeren lernen es auf einer Abendschule, in Hotels, Restaurants und Diskotheken.

Fast alle Hinweisschilder sind in griechischer und in lateinischer Schrift abgefaßt, so daß die Orientierung keinerlei Schwierigkeiten bereitet. Vor Abzweigungen und Kreuzungen sind die lateinischen Schilder allerdings erst dann zu erkennen, wenn es fast schon zu spät ist.

Freilich lohnt es sich allemal, das griechische Alphabet ein wenig zu üben. Man kommt sich dann nicht mehr als völliger Analphabet vor. Außerdem macht es Spaß, ein paar griechische Wörter und Sätze zu sprechen, denn insbesondere die Landbevölkerung freut sich über Besucher, die so Interesse für ihre griechischen Gastgeber zeigen.

Doch bietet gerade die Umschrift der griechischen Buchstaben einige Schwierigkeiten. Zum einen findet man immer wieder abweichende Schreibweisen aufgrund der noch nicht abgeschlossenen Sprachreform – erst 1976, nach dem Sturz des Militärregimes, wurde die Umgangssprache der einfachen Bevölkerung, die *Dimótiki,* anerkannt (s. S. 48). Zum anderen hat sich eine der deutschen Aussprache der Buchstaben angenäherte Transkription noch nicht herauskristallisiert. Daher mag als Faustregel gelten, daß eine englische Aussprache der lateinischen Umschrift der korrekten griechischen am nächsten kommt, z. B. ›th‹ wie in *thief* etc. Die Aufstellung Seite 232 gibt eine kleine Hilfestellung für die Aussprache und weist auch häufig benutzte Umschriften aus.

Das griechische Alphabet

Groß-buchstabe	Klein-buchstabe	Ausspracheregeln	häufige Umschrift
A	α	kurzes a	a
B	β	zwischen v und w	v, w
Γ	γ	g (vor a, o, u) oder j vor e und i	g, j, y
Δ	δ	stimmhaftes englisches th, wie in ›the‹	d, dh
E	ε	kurzes e	e
Z	ζ	stimmhaftes s wie in ›Sahne‹	s, z
H	η	kurzes i	i, e
Θ	ϑ	hartes englisches th, wie in ›thief‹	th
I	ι	kurzes i, unbetont vor Vokal	i
K	κ	k	k
Λ	λ	l	l
M	μ	m	m
N	ν	n	n
Ξ	ξ	ks wie in ›Axt‹, nach m oder n weicher: gs	x, ks

Die wichtigsten Redewendungen

Die Akzente geben die richtige Betonung an, die sehr wichtig ist, um verstanden zu werden.

Begrüßungsformeln

káli méra	Guten Tag (bis etwa 17 Uhr)
káli spéra	Guten Abend (ab etwa 17 Uhr)
káli níchta	Gute Nacht (ab 22 Uhr, nur beim Abschied zu verwenden)
jássu	Hallo, Tschüß, Prost (einem einzelnen gegenüber, Du-Form)

O	o	offenes o wie in ›Gott‹	o
Π	π	p	p
P	ρ	gerolltes r	r
Σ	σ, ζ	stimmloses s wie in ›Tasse‹	ss, s
T	τ	t	t
Y	υ	meist kurzes i, kein Anklang von ü	i, y
Φ	φ	f wie in ›falsch‹	f, ph
X	χ	ch wie in ›Bach‹ (vor a, o, u), ch wie in ›Milch‹ (vor e, i)	ch
Ψ	ψ	ps wie in ›Gips‹	ps
Ω	ω	offenes o wie in ›oft‹	o

Buchstabenkombinationen:

AI	αι	e wie in ›Brett‹	e, ä
ΓΓ	γγ	ng wie in ›lang‹	ng, gg
EI	ει	langes i wie in ›lieb‹	i
EY	ευ	ef wie in ›heftig‹	ef
ΜΠ	μπ	im Anlaut weiches b; sonst mb	b, mb
NT	ντ	d wie in ›deutsch‹ im Anlaut, im Wort nd, nt	d, nd
OI	οι	langes i wie in ›Liebe‹	i
OY	ου	langes u wie in ›Lupe‹	u, ou

jássas	Hallo, Tschüß, Prost (mehreren gegenüber, zugleich Sie-Form)
jámmas	Prost (wörtl.: auf unsere Gesundheit)
chérete	Seien Sie gegrüßt (nur auf dem Lande üblich)
ti kánis/ti kanéte?	Wie geht es Dir/Ihnen?
adío/adíosas	Auf Wiedersehen (gegenüber einem/mehreren)

Höflichkeitsformeln

parakaló/efcharistó	Bitte/Danke
nä/óchi	Ja/Nein

233

típota	Nichts
singnómi	Entschuldigung
den pírasi	Macht nichts
endáxi	In Ordnung, okay
kaló/kalí	Gut (männlich/weiblich)
kakó/kakí	Schlecht (männlich/weiblich)
den katálawa	Ich habe nicht verstanden

Nationalitäten

germanós, germanída, germanía	Deutscher, Deutsche, Deutschland
afstriakós, afstriakí	Österreicher, Österreicherin
(afstriakiá), afstría	Österreich
elwetós, elwetída, elwetía	Schweizer, Schweizerin, Schweiz
ápo pu ísse?	Woher kommst Du?

Bank, Post, Arzt, Reisen

trápesa/sinállagma	Bank/Geldwechsel
tachi dromío/gràmatósima	Post/Briefmarken
jatrós/jatrío/nosokomío	Arzt/Praxis/Krankenhaus
stathmós/leoforío/taxí	Bahnhof/Bus/Taxi
limáni/plío/karáfi	Hafen/Schiff/Schiff
aeropláno/aerodrómio	Flugzeug/Flughafen
isitírio/ispráktoros	Fahrkarte/Fahrkartenverkäufer
póte tha féwji?	Wann fährt er/es weg?
poté tha ftáni?	Wann kommt er/es an?
póssa chiliómetra?	Wieviel Kilometer?
kaló taxídi!	Gute Reise!

Einkaufen/Essen

períptero/magasí	Kiosk/Laden
pandopolío/fúrnos	Gemischtwarenhandlung/Bäckerei
estiatório/tawérna	Restaurant/Taverne
kafenío/sacharoplastío	Kaffeehaus/Konditorei
kréas/psári	Fleisch/Fisch
gála/tirí/awgá	Milch/Käse/Eier
psomí/frúta/lachaniká	Brot/Obst/Gemüse
pósso káni aftó?	Wieviel kostet das?
íne akriwós!	Es ist teuer!
to logarjasmó, parakaló!	Die Rechnung, bitte!

Wochentage

deftéra/tríti/tetárti	Montag/Dienstag/Mittwoch

pémpti/paraskewí   Donnerstag/Freitag
sáwato/kiriakí   Samstag/Sonntag

Tageszeiten
to prói/to mísomeri   der Vormittag/der Mittag
to apógewma/to wrádi   der Nachmittag/der Abend
i níchta   die Nacht
ti óra íne?   Wie spät ist es?

Zahlen

1	*éna, mía*	40	*saránda*
2	*dío*	50	*penínda*
3	*tría, tris*	60	*exínda*
4	*téssera, tésseris*	70	*eftomínda*
5	*pénde*	80	*októnda*
6	*éxi*	90	*enenínda*
7	*eftá*	100	*ekatón*
8	*októ*	200	*diakósja*
9	*enéa*	300	*triakósja*
10	*déka*	400	*tetrakósja*
11	*éndeka*	500	*pendakósja*
12	*dodéka*	600	*exakósja*
13	*dekatría*	700	*eptakósja*
14	*dekatéssera*	800	*oktakósja*
	usw.	900	*enjakósja*
20	*íkossi*	1000	*chílja*
30	*triánda*	2000	*dio chiljádes*
		Million	*ekatomírrio*

Urlaubsaktivitäten

Baden und Tauchen

Die Ionischen Inseln sind mit einer Vielfalt von Stränden gesegnet, darunter auch etlichen guten Sandstränden. Vielerorts werden Sonnenschirme und Liegestühle vermietet (3–5 DM/Tag); an nahezu jedem etwas belebten Strand gibt es auch eine Taverne. Sicherheitseinrichtungen wie Lebensretter oder auch nur fest installierte Rettungsringe fehlen jedoch völlig. Außer im Meer kann man auch in vielen Hotel-Pools baden, die jedermann offenstehen. Dort wird als Gegenleistung dann nur Verzehr erwartet.

Anders als in der Ägäis ist vor den meisten Küsten der Ionischen Inseln das Tauchen mit Preßluftflaschen erlaubt. Tauchschulen und -stationen gibt es auf Korfu, Kefallinia, Paxos und Zakinthos.

Jachten und Motorboote

Die Ionischen Inseln sind ein ideales Bootsrevier, das insbesondere im Juli und August stark – vor allem von Italienern – genutzt wird. Die großen Inseln mit ihren vielen Buchten und das immer nahe Festland bieten zahlreiche Möglichkeiten zu interessanten Törns.

Jachten können sowohl von Deutschland, Österreich und der Schweiz aus als auch direkt in Griechenland reserviert werden. Bis hin zum Luxus-Cruiser steht ein breites Angebot zur Verfügung. Auskunft geben:
Hellenic Professional Yacht Owners Association, Odos Freatidu 43, Piräus
✆ 01/4 52 63 35
Greek Bareboat Yacht Owners Association, Odos Vassileon Paolu 56, Kastella, Piräus
✆ 01/4 52 54 65

Segeljollen und nicht sonderlich umweltfreundliche Motorboote, angetrieben von bis zu 135 PS starken Dieselmotoren, können in nahezu allen Urlauberzentren auf den Ionischen Inseln stunden- und tageweise ausgeliehen werden. Ein Segel- oder Bootsführerschein wird dafür nicht verlangt.

Wasserski und Surfen

Auf allen vier großen Inseln werden an mehreren Stränden Wasserski, Surfboards, Tretboote und Kanus verliehen. Bananarides werden ebenso angeboten wie Fallschirmsegeln und andere hypermoderne Wassersportarten.

Wandern

Alte Hirtenpfade und moderne, geschotterte Wirtschaftswege, Fußwege durch die Olivenhaine und kleine, kaum befahrene Straßen bieten auf den Ionischen Inseln zahlreiche Wandermöglichkeiten. Flexibilität muß der ›Wanderer auf eigene Faust‹ allerdings mitbringen. Es gibt weder genaue topographische Karten noch gekennzeichnete Wanderwege. Außerdem verstehen die Griechen nicht so recht, daß jemand auf uralten Pfaden zu Fuß gehen will, wo er doch auch auf relativ modernen Straßen mit dem Auto fahren könnte. Fragt man nach dem Weg, raten sie daher immer von der Benutzung der romantischen Wege ab und weisen den Fremden auf die Autostraße hin. Wer sich davon nicht irritieren läßt und einfach aufs Geradewohl aufbricht, wird Landschaft, Dörfer und

Menschen intensiv erleben. Am Ende einer Wanderung kann man sich ja jederzeit für wenig Geld ein Taxi kommen lassen und zum Ausgangsort zurückfahren.

Feste Schuhe, Kopfbedeckung und ein guter Sonnenschutz sind für Wanderungen unerläßlich. Trotz der Temperaturen sind lange Hosen Shorts oder Röcken vorzuziehen, da man sich gelegentlich auch durch unwegsames Gelände mit dornigen Sträuchern schlagen muß. Wer das Risiko scheut, kann bei mehreren Wanderreiseveranstaltern in den deutschsprachigen Ländern auch gut organisierte und fachkundig geführte Wanderreisen zu den Ionischen Inseln buchen (Auskunft in Reisebüros).

Kurzinformationen von A bis Z

Auskunftsbüros

Auskünfte kosten nichts – deswegen gibt es auf den Ionischen Inseln auch nur wenige Auskunftsbüros. Die vorhandenen bieten meist nur lustloses Personal und dürftige Broschüren. Meistens informieren private Reisebüros besser. Das offizielle Auskunftsbüro für die gesamten Ionischen Inseln ist:
Griechische Fremdenverkehrszentrale EOT, Platia Eleftherias 1, Korfu-Stadt
✆ 06 61/3 75 20 u. 3 76 38
(manchmal ist bei Fähränkünften auch der Auskunftsschalter im Fähr-Terminal besetzt)

Diplomatische Vertretungen in Griechenland

Botschaft der BR Deutschland, Karaoli 3 & Dimitriou, Kolonaki, Athen, ✆ 01/7 28 51 11

Konsulat der BR Deutschland, Odos Guilford 57, Korfu-Stadt
✆ 06 61/3 14 53

Österreichische Botschaft, Leoforos Alexandras 26, Athen
✆ 01/8 21 10 36

Schweizer Botschaft, Odos Jassiu 2, Athen, ✆ 01/7 23 03 64

Eintrittsgelder

Im Unterschied zum Festland ist der Besuch der archäologischen Stätten auf den Inseln kostenlos. Museen hingegen verlangen Eintrittsgebühren, im Durchschnitt 400 Drs. pro Person. Kinder bis zu 12 Jahren haben freien Eintritt; Schüler und Studenten mit Internationalem Schüler- bzw. Studentenausweis zahlen die Hälfte; auch EU-Senioren erhalten Ermäßigung. **Sonntags ist der Eintritt für alle frei!**

Elektrizität

Überall 220 Volt Wechselstrom. Flachstecker nach Din-Norm passen meist.

Feiertage

An den nationalen Feiertagen sind Behörden und Geschäfte geschlossen, zum Teil auch die Museen. Reisebüros, Autovermietungen und Souvenirgeschäfte verlegen das Feiern auf den Winter.

1. 1. Neujahr *(Protokronjá)*

6. 1. Dreikönigsfest *(Epifanía)*

25. 3. Nationalfeiertag, Beginn des Befreiungskampfes gegen die Türken im Jahre 1821; gefeiert mit Paraden, an denen auch viele Schüler in Nationaltrachten teilnehmen.

Rosenmontag *(Kathará Deftéra);* Kinder tragen Kostüme, Picknicks im Freien, mancherorts Karnevalsumzüge (26. 2. 96, 10. 3. 97).

Karfreitag *(Megáli Paraskewí)*

Ostern *(Páska)*, oft anders gelegen als bei uns, da die orthodoxe Kirche den Termin nicht nach dem Gregorianischen, sondern nach dem Julianischen Kalender berechnet (Ostersonntag am 14. 4. 96, 28. 4. 97).

1. 5. Tag der Arbeit *(Protomajá)*

Pfingstmontag *(Déftera tis Pendikósti)* (4. 6. 96, 17. 6. 97).

15. 8. Mariä Entschlafung *(Kímisis tu Theotóku)* – nicht Mariä Himmelfahrt genannt, weil Maria nach Vorstellung der orthodoxen Kirche nicht leibhaftig gen Himmel gefahren ist.

28. 10. Nationalfeiertag *(I Méra tu óchi)*; gedacht wird des ›Historischen Nein‹, das der griechische Diktator Metaxas gegenüber einem Ultimatum Mussolinis, sich kampflos zu ergeben, aussprach. Damit wurde Griechenland auf seiten der Alliierten in den Zweiten Weltkrieg hineingezogen.

24. 12. Heiligabend *(Paramoní Christójennon)*; halbtägiger Feiertag

25. 12. Weihnachten *(Christújenna)*

31. 12. Silvester *(To Wrádi tis Protochronjás);* halbtags

Festspiele

In Korfu-Stadt, in Lefkas und in Vathi auf Ithaki werden alljährlich im Sommer Kulturfestspiele veranstaltet, die sich jedoch hauptsächlich an die Einheimischen und an griechische Besucher wenden. Auf Korfu liegt der Schwerpunkt auf Opernaufführungen und klassischen Konzerten; auf Ithaki steht die Musik des 20. Jahrhunderts im Vordergrund. Auf Lefkas widmet man sich der neugriechischen Literatur und dem Theater.

Fotografieren

Filme sind in Griechenland sehr teuer; spezielle Filme gar nicht oder erst nach längerem Suchen zu bekommen. Man sollte deswegen einen ausreichenden Vorrat mitnehmen. Wer seine Ergebnisse nicht abwarten kann, findet in allen Städten und Urlaubszentren Geschäfte, die binnen einer Stunde Farbfilme entwickeln und Abzüge liefern.

Wegen der Intensität des Lichts gehört bei Farbaufnahmen grundsätzlich ein UV-Filter vors Objektiv. Die besten Fotos schießt man vor 11 Uhr morgens und nach 17 Uhr.

Militärische Objekte dürfen nicht fotografiert werden. Entsprechende Hinweisschilder gelten aber meist nur im Umkreis von wenigen Metern. In den Museen ist das Fotografieren ohne Stativ kostenlos; für Aufnahmen mit Stativ oder Videoaufnahmen ist eine nur umständlich in Athen erhältliche Genehmigung erforderlich. Besonders an den eintrittspflichtigen Ausgrabungsstätten auf dem Festland werden Videofilmer geschröpft: die Genehmigung kostet hier häufig sechsmal mehr als der Eintritt.

Geld und Geldwechsel

Die griechische Währungseinheit ist die Drachme (Dr./Drs.). Es gibt Münzen zu 1, 2, 5, 10, 20, 50 und 100 Drachmen sowie Banknoten zu 50, 100, 500, 1000, 5000 und 10000 Drachmen. Da die kleinen Münzen knapp sind, wird in Geschäften und Restaurants oft auf den nächsten Zehner aufgerundet, ohne daß ein Grieche dieses als Betrugsversuch auffaßt.

Devisen, Reise- und Euroschecks (Höchstbetrag pro Euroscheck 45000 Drs.) können in allen Banken und Postämtern in griechisches Bargeld verwandelt werden. Die Kurse sind überall gleich. Reisebüros und Hotels hingegen wechseln zwar auch zum Bankkurs, verlangen aber 2 % Provision. Abhebungen vom Postsparbuch sind in Griechenland nicht möglich; telegraphische Postanweisungen dürfen den Betrag von 7000 DM nicht überschreiten. An den Bargeldautomaten der National Bank können mit der EC-Karte bis zu 100000 Drs. abgehoben werden; die Gebühren sind günstiger als die für die Einlösung eines Euroschecks und unabhängig vom abgehobenen Betrag.

Am Flughafen von Korfu unterhält die Post in der Gepäckausgabehalle einen Wechselschalter. Auf den anderen Flughäfen der Ionischen Inseln gibt es solche Einrichtungen nicht. Es ist daher empfeh-

---

Wechselkurs (Stand Mai 1995): 1 DM = 160 Drachmen; 100 Drachmen = 0,62 DM.

lenswert, einen kleinen Drachmen-betrag bereits von zu Hause mitzu-bringen; grundsätzlich jedoch ist der Wechselkurs in Griechenland günstiger.

Die Banken sind montags bis donnerstags von 8.30–14 Uhr ge-öffnet, freitags nur bis 13.30 Uhr; Postämter montags bis freitags von 7.30–15 Uhr.

Kreditkarten werden von vielen Reisebüros, Souvenirgeschäften und Autovermietungen sowie von den besseren Hotels und einigen Re-staurants akzeptiert. Auch mit Kre-ditkarten kann an vielen Automa-ten Bargeld abgehoben werden, wenn der PIN-Code bekannt ist.

Gesundheit

Die ärztliche Grundversorgung ist auf allen Ionischen Inseln gesi-chert. Die gut ausgebildeten Ärzte verfügen aber nur über wenig mo-dernes Gerät. Der Hygienestandard in Arztpraxen und Krankenhäusern ist umständehalber niedrig. Griechen werden bei ernsthaften Erkrankun-gen und schwereren Unfällen nach Athen gebracht; Ausländer sollten in kritischen Fällen sofort den Heimflug antreten (siehe auch S. 219). In Notfällen wendet man sich am besten an den Hotelportier, ei-nen Kaffeehauswirt oder einen Ta-xifahrer, die den nächsten Arzt be-nachrichtigen können.

Mit AIDS ist wirklich nicht zu scherzen: Kondome heißen hier *Profilaktiká* und sind in der Apo-

theke und an vielen Kiosken erhält-lich.

Kinder

Mit Kindern zu reisen ist in Grie-chenland kein Problem. Die Grie-chen akzeptieren Kinder als kleine Mitmenschen, denen gegenüber man weder besondere Rücksicht übt noch viele Verbote ausspricht. So fehlen Babystühle und spezielle Kinderteller in nahezu allen Re-staurants; andererseits stört sich niemand daran, wenn Kinder auch noch am späten Abend in Hotel-Lobbies und Tavernen spielen. Sie dürfen nur nicht zu laut sein: dann wird auch einmal körperliche Ge-walt angewandt, um sie zur Räson zu bringen. Kinder werden von den Einheimischen häufig mit Nüssen, Obst und anderen kleinen Gaben beschenkt. Spezielle Ermäßigungen gewähren ihnen aber nur Museen, manche Fluggesellschaften und ge-legentlich auch Fährschiffagentu-ren. Windeln und Babynahrung sind auf allen Inseln erhältlich; Ba-bysitter können die Hotelrezeptio-nen beschaffen.

Kirchen- und Klosterbesuche

Beim Besuch von Kirchen und Klö-stern sollten Knie, Schultern und Oberkörper bedeckt sein, der Son-nenhut in der Hand gehalten wer-den. Man legt weder die Hände auf den Rücken noch kehrt man Ikonen unmittelbar den Rücken zu. Bei Klosterbesuchen ist die Mittagsruhe von Mönchen und Nonnen zu respektieren: zwischen 13 und 17 Uhr sind Gäste zumeist unwillkommen.

In allen Kirchen liegen Kerzen aus, die auch Nicht-Orthodoxe gern kaufen und entzünden können. Man wundere sich aber nicht, wenn die Kerze von einer Kirchendienerin schon nach wenigen Minuten gelöscht wird: das geschieht auch mit den Kerzen der Einheimischen, um das Wachs einer Wiederverwertung zuzuführen. Der Akt des Entzündens ist wichtig, nicht das vollständige Abbrennen der Kerze.

Kiosk

Griechische Kioske sind vom Boden bis unter die Decke mit Waren vollgestopft. Hier findet man, was man an Kleinigkeiten so braucht. Zigaretten, Streichhölzer und Feuerzeuge gehören ebenso zum Standardsortiment wie einzelne Aspirin-Tabletten, Zahnpasta, Seife, Kugelschreiber und Kaffee in Portionsbeuteln. Die Kioske sind vom frühen Morgen bis in die späte Nacht hinein geöffnet.

Nacktbaden

Unverhüllte Frauenbusen sind den Griechen inzwischen zwar ein gewohnter, aber immer noch nicht ganz selbstverständlich akzeptierter Anblick. Ganz ›ohne‹ zu baden wird immer noch nur an solchen Stränden geduldet, wo es weder Einheimische noch Tavernen gibt. Dort läßt sich dann auch nie Polizei sehen, obwohl das Nacktbaden eigentlich außerhalb von offiziellen Nacktbadezonen verboten ist. Auf den Ionischen Inseln gibt es solche nicht. Ohnehin gelten die Strände fast als exterritoriales Gebiet, auf dem die Fremden das Sagen haben. Viel beleidigender für die Griechen sind all jene Urlauber, die in Strandkleidung durch ihre Städte und Dörfer bummeln. Zumindest darauf sollte man in jedem Fall Rücksicht nehmen.

Öffnungszeiten

Montags, mittwochs und samstags dürfen die Geschäfte nach dem Gesetz von 8.30–14.30 Uhr geöffnet sein; dienstags, donnerstags und freitags von 8.30–13.30 Uhr und von 17–20 Uhr. Für Apotheken, Friseursalons und Bäckereien gelten andere Ladenschlußzeiten; Souvenirgeschäfte halten die Türen immer dann geöffnet, wenn noch oder schon Kundschaft zu erwarten ist. Aber auch andere Läden nehmen es mit den gesetzlichen Vorschriften nicht sonderlich ernst. Zu den Geschäftszeiten von Banken und Postämtern s. S. 240. Die Öffnungszeiten von Museen variieren stark und sind daher im jeweiligen Fall angegeben.

Polizei

Die griechische Polizei wirkt unauffällig und zurückhaltend. Verkehrskontrollen sind selten; Strafzettel für falsches Parken werden kaum verteilt. Nur auf verkehrsreichen Kreuzungen zeigt ein Polizist ab und zu pfeifend, daß die Staatsgewalt auch auf den Inseln präsent ist. Kommt man allerdings in ein Polizeirevier, weil man für die Reisegepäckversicherung einen Diebstahl anzeigen will, wird man mit Formularen überhäuft. Da die Kriminalitätsrate auf den Inseln jedoch äußerst niedrig ist, erlebt kaum ein Urlauber die preußischen Prozeduren der griechischen Polizei.

Post und Telefon

Post- und Telefondienst sind in Griechenland zwei verschiedene Einrichtungen. Ihre Ämter findet man, von einigen kleinen Orten abgesehen, immer voneinander getrennt.

Postämter sind montags bis freitags von 7.30–15 Uhr geöffnet. Briefe und Postkarten nach Mitteleuropa werden grundsätzlich per Luftpost befördert; die Laufzeit bis Deutschland beträgt zwischen vier Tagen und zwei Wochen.

Telefonate führt man am besten von den zahlreichen Kartentelefonen aus, die man inzwischen selbst in den kleinsten Dörfern findet. Telefonkarten sind an vielen Kiosken

sowie in den Telefonämtern (OTE) erhältlich. Es gibt sie im Wert von 100, 500 und 1000 Einheiten. Karten für 100 Einheiten kosten 1000 Drs., für 500 Einheiten 4500 Drs. und für 1000 Einheiten 8000 Drs.

Außerdem kann man Telefonate auch von den OTE-Ämtern sowie von vielen Kiosken aus zum Originaltarif führen. Andere Geschäfte, Reisebüros und Hotels erheben hingegen einen Aufschlag.
Auslandsvorwahl:
Deutschland 00 49
Österreich 00 43
Schweiz 00 41
Dann die Vorwahl der gewünschten Stadt ohne die Null eingeben.

Rundfunk, Presse und TV

Viele größere Hotels haben Satellitenantennen installiert, so daß man dort auch die deutschsprachigen Programme von SAT 1 und EUROSPORT empfangen kann. Der griechische Rundfunk strahlt zwei Programme, ET 1 und ET 2, aus; außerdem gibt es zwei große und viele kleine private Fernsehsender.

Rundfunkprogramme werden vom griechischen Rundfunk, aber auch von zahlreichen lokalen und regionalen Privatsendern ausgestrahlt. Außerdem sind auf den Ionischen Inseln einige italienische Sender gut zu hören. Der Staatsrundfunk ER sendet täglich von 7.40–8 Uhr Nachrichten in deutscher Sprache. Darüber hinaus ist auf den Ionischen Inseln das Programm der Deutschen Welle problemlos zu empfangen.

Deutschsprachige Zeitschriften und Zeitungen sind in allen Städten und Urlaubszentren am Tag nach ihrem Erscheinen erhältlich. Außerdem bekommt man häufig auch die Athens News, eine täglich außer montags erscheinende griechische Tageszeitung in englischer Sprache. Manchenorts ist auch die zweimal monatlich erscheinende deutschsprachige Athener Zeitung erhältlich.

Toiletten

In allen besseren Hotels entsprechen die Toiletten europäischem Standard. Anderswo sind sie zwar meist sauber, aber fast immer ohne Sitzbrillen. Außerhalb der guten Hotels wirft man das benutzte Toilettenpapier grundsätzlich in einen neben der Toilette stehenden Eimer oder Papierkorb, da die Abflußrohre einen zu geringen Durchmesser haben und leicht verstopfen.

Souvenirs

Souvenirs werden so ziemlich überall angeboten, wo zumindest gelegentlich einige Urlauber vorbeikommen. Typische Mitbringsel von den Inseln sind Schnitzereien aus Olivenholz, Wein und Liköre, Süßigkeiten, Kräuter, Olivenöl und Honig sowie Eau de Toilette, das auf Zakinthos und Kefallinia produziert wird. Nicht von den Inseln, aber aus anderen Teilen Griechenlands stammen zahlreiche weitere Souvenirs, so etwa Keramik und Schmuck, Kleidung und Webarbeiten.

Zeit

Griechenland gehört zur osteuropäischen Zeitzone (OEZ); Sie müssen Ihre Uhr also eine Stunde vorstellen. Dies gilt auch während der Sommerzeit, die in Griechenland zu gleichen Terminen beginnt und endet wie im übrigen Europa.

Erläuterung kunsthistorischer und fremdsprachiger Begriffe

Agia/Agios Griechisch für Heilige/Heiliger

Apsis Halbrunder Raum, der sich zu einem Hauptraum öffnet

Apotropäisch Übelabwehrend

Campanile Freistehender Glockenturm einer Kirche

Cella Hauptraum des antiken Tempels, der das Kultbild barg, häufig zugleich Allerheiligstes

Fresko Wandmalerei, auf feuchtem Putz aufgebracht

Gorgonen Ungeheuer der griechischen Mythologie mit fratzenhaften Zügen und Schlangenhaar; als Schreckfratze wird das Gorgonenhaupt als magisch-apotropäisches Zeichen verwendet

Ikone Geweihtes Tafelbild in der byzantinisch-orthodoxen Sakralmalerei

Ikonostase Bilderwand zwischen Altar- und Gemeinderaum in der orthodoxen Kirche

Illuminiert nennt man eine Handschrift, die mit Bildern, ausgeschmückten Buchstaben und ornamentalen Randborden verziert ist

Kaïki Griechisch für Boot

Kenotaph Ehrendes Grabmal für einen Toten, dessen Gebeine jedoch an anderer Stelle beigesetzt sind

Konche Halbkreisförmige Nische mit Halbkuppel als oberem Abschluß

Kreuzkuppelkirche Kirchenbau in Form eines griechischen Kreuzes (mit vier gleichlangen Armen) und einer Kuppel über dem Zentralraum

Mandilion Heiliges Tuch mit dem Abdruck des Antlitzes Christi – nach orthodoxer Überlieferung ein Geschenk Jesu an den armenischen Herrscher Abgar

Mariä Entschlafung Der Tod Mariens (Kimesis); da die orthodoxe Kirche das Dogma der leiblichen Himmelfahrt nicht kennt, wird der 15. August als Tag gefeiert, an dem Christus die Seele seiner Mutter zu sich nahm

Mitropolis Bischofskathedrale der Orthodoxen Kirche

Narthex Schmale, meist geschlossene Vorhalle der byzantinisch-orthodoxen Kirchen

Odeion Theaterähnliches, antikes Gebäude für musikalische Aufführungen und dramatische oder lyrische Rezitationen

Odos Neugriechisch für Straße

Oklad Verkleidung, Schutzhülle von Ikonen aus zieliertem, oft auch vergoldetem Silberblech, die die Darstellung der Ikone reliefartig wiederholt und nur die Figuren freiläßt

Panagia Die Allheilige, also Maria

Pantokrator Der thronende Christus als ›Allherrscher‹, dargestellt mit Evangelienbuch und erhobener Rechten

Pilaster Einer Wand vorgesetzter, vertikaler Halbpfeiler mit Basis und Kapitell

Platia Neugriechisch für Platz

Relief Halbplastisch aus einer Fläche herausgearbeitetes Bild aus Stein, Metall oder Ton

Sakral Heilig, Heiliges betreffend

Sarkophag Prunksarg

Spolien Wiederverwendete Bauteile (Säulentrommeln, Grabplatten u. a.) aus älteren Gebäuden

Stele Frei stehende, mit einem Relief oder einer Inschrift versehene Säule oder Platte als Votivstein oder Grabmal

Templon Abschrankung des Altarraums durch eine kleine Säulengalerie, Frühform der Ikonostase

Tonnengewölbe Gewölbe mit halbkreisförmigem Querschnitt; einfachste Gewölbeform

Volta Das abendliche Flanieren der Einheimischen auf Hauptstraßen und -plätzen

Bitte schreiben Sie uns, wenn sich etwas geändert hat!

Alle in diesem Buch enthaltenen Angaben wurden vom Autor nach bestem Wissen erstellt und von ihm und dem Verlag mit größtmöglicher Sorgfalt überprüft. Gleichwohl sind – wie wir im Sinne des Produkthaftungsrechts betonen müssen – inhaltliche Fehler nicht vollständig auszuschließen. Daher erfolgen die Angaben ohne jegliche Verpflichtung oder Garantie des Verlages oder des Autors. Beide übernehmen keinerlei Verantwortung und Haftung für etwaige inhaltliche Unstimmigkeiten.
Wir bitten dafür um Verständnis und greifen Korrekturhinweise gerne auf.
DuMont Buchverlag, Mittelstr. 12–14, 50672 Köln

Verzeichnis der Karten und Abbildungen

Register

Um die Handhabung zu erleichtern, wird bei Ortsnamen zusätzlich die jeweilige Insel genannt. Abkürzungen: Korfu (K), Korfu-Stadt (KS), Paxos (P), Lefkas (L), Meganissi (M), Ithaki (I), Kefallinia (Ke), Zakinthos (Z).

Register

DUMONT
REISE-TASCHENBÜCHER

»Was den DUMONT-Leuten gelungen ist: Trotz der Kürze steckt in diesen Büchern genügend Würze. Immer wieder sind unerwartete Informationen zu finden, nicht trocken eingestreut, sondern lebhaft geschrieben... Diese Mischung aus journalistisch aufgearbeiteten Hintergrundinformationen, Erzählung und die ungewöhnlichen Blickwinkel, die nicht nur bei den Farb- und Schwarzweißfotos gewählt wurden – diese Mischung macht's. Eine sympathische Reiseführer-Reihe.«
Südwestfunk

»Zur Konzeption der Reise-Taschenbücher gehören zahlreiche, lebendig beschriebene Exkurse im allgemeinen landeskundlichen Teil wie im praktischen Reiseteil. Diese Exkurse vertiefen zentrale Themen der Geschichte, Kunst und des sozialen Lebens und sollen so zu einem abgerundeten Verständnis des Reiselandes führen.«
Main Echo

Dresden
Sächsische Schweiz

Schottland

Mallorca

Rügen
Hiddensee

Florida

Rhodos
Symi · Karpathos · Chalki · Tilos · Nissyros · Kasos · Kastellorizo

Weitere Informationen über die Reihe DUMONT Reise-Taschenbücher erhalten Sie bei Ihrem Buchhändler oder beim DUMONT Buchverlag • Postfach 10 10 45 • 50450 Köln.